Uni Taschenbücher Band 572

UTB

Eine Arbeitsgemeinschaft der Verlage

Birkhäuser Verlag Basel und Stuttgart
Wilhelm Fink Verlag München
Gustav Fischer Verlag Stuttgart
Francke Verlag München
Paul Haupt Verlag Bern und Stuttgart
Dr. Alfred Hüthig Verlag Heidelberg
Leske Verlag + Budrich GmbH Opladen
J. C. B. Mohr (Paul Siebeck) Tübingen
C. F. Müller Juristischer Verlag – R. v. Decker's Verlag Heidelberg
Quelle & Meyer Heidelberg
Ernst Reinhardt Verlag München und Basel
F. K. Schattauer Verlag Stuttgart-New York
Ferdinand Schöningh Verlag Paderborn
Dr. Dietrich Steinkopff Verlag Darmstadt
Eugen Ulmer Verlag Stuttgart
Vandenhoeck & Ruprecht in Göttingen und Zürich
Verlag Dokumentation München

Arbeitsmarkttheorie und Arbeitsmarktpolitik

Arbeitsmarkttheorie und Arbeitsmarktpolitik

herausgegeben von Michael Bolle

Leske Verlag + Budrich GmbH, Opladen

CIP-Kurztitelaufnahme der Deutschen Bibliothek

Arbeitsmarkttheorie und Arbeitsmarktpolitik
Herausgegeben von Michael Bolle.
1. Auflage - Opladen: Leske, 1976.
 (Uni-Taschenbücher 572)
 ISBN 978-3-322-92462-9 ISBN 978-3-322-92461-2 (eBook)
 DOI 10.1007/978-3-322-92461-2

NE: Bolle, Michael (Hrsg.)

© 1976 by Leske Verlag + Budrich GmbH
Satz: Hagedornsatz, Berlin

Inhaltsverzeichnis

Vorwort 7

0. Einleitung 10

I. Nachfrageorientierte oder produktionsorientierte
   Arbeitsmarktkonzeptionen 25
   Michael Bolle
   Vollbeschäftigung: Theorie und Politik 27
   Elmar Altvater
   Arbeitsmarkt und Krise 48

II. Strukturelemente des Arbeitsmarktes 69
    Dieter Freiburghaus
    Zentrale Kontroversen der neueren Arbeitsmarkttheorie ... 71
    Sabine Gensior/Beate Krais
    Gesellschaftstheoretische Erklärungsmuster von Arbeitsmärkten 92

III. Arbeitsmarkt und Bildungswesen 115
     Ulrike Fischer
     Bildungssystemplanung als Arbeitsmarktpolitik? 117
     Hajo Riese
     Kritik der Flexibilitätskonzeption 133
     Hans-Joachim Möbes
     Die Filterfunktion des Bildungswesens 148

IV. Alternative arbeitsmarktpolitische Strategien 163
    Günther Schmid
    Zur Konzeption einer aktiven Arbeitsmarktpolitik 165
    Fritz Vilmar
    Notwendig: Systematische Arbeitszeitverkürzung 186
    Jürgen Straßburger
    Aspekte der Arbeitsmarktpolitik in der DDR 201

Literaturhinweise 220

Zu den Autoren 227

Vorwort

Vor dem Hintergrund der Arbeitsmarktentwicklung auch in der Bundesrepublik erscheint die Thematik des vorliegenden Bandes von besonderer Bedeutung. Mit den vorliegenden Beiträgen sollen den theoretischen Aspekt betonende Entwicklungen der Arbeitsmarkt- und Berufsforschung vorgestellt und mit eher empirische Problembereiche betonenden Forschungszusammenhängen konfrontiert, problematisiert und auf mögliche wirtschaftspolitische Optionen geprüft werden.
Die Beiträge sind aus einem einwöchigen Kontaktseminar „Arbeitsmarkttheorie und -politik" entstanden, das an der Freien Universität Berlin mit Mitarbeitern des Instituts für Arbeitsmarkt- und Berufsforschung der Bundesanstalt für Arbeit Anfang Oktober 1975 durchgeführt wurde. Die den Beiträgen zugrunde liegende Systematik erlaubt Studenten der Sozialwissenschaften, wesentliche Aspekte der Arbeitsmarkttheorie und -politik zusammenhängend zu prüfen. Die Referate wurden für den vorliegenden Band teilweise überarbeitet und aktualisiert. Einige Beiträge mußten bedauerlicherweise gekürzt werden. Auf eine Fülle von Fußnoten und ausführliche Literaturbelege wurde zugunsten des auch im Seminar zum Ausdruck kommenden „Work-Shop-Charakters" verzichtet. Dafür wurden am Schluß des Bandes Literaturhinweise aufgenommen.
Die Verantwortung für die Herausgabe des vorliegenden Bandes liegt bei mir. Die einzelnen Beiträge sind von den Autoren bzw. Referenten zu vertreten. Das Kontaktseminar bzw. die Herausgabe des Bandes wurde von der Bundesanstalt für Arbeit, dem Präsidialamt der FU Berlin und dem Fachbereich Politische Wissenschaft der FU verständnisvoll unterstützt. Ihnen, dem Verlag und Herrn Dipl.-Vw. J. Kühl (IAB), der bei der Vorbereitung des Seminars besonders beteiligt war, ist ebenso zu danken, wie Frau Golf und Frl. Schildknecht, die bei der redaktionellen Arbeit liebenswürdigerweise geholfen haben.

Michael Bolle

Ein Kontaktseminar, das zu einer kritischen Auseinandersetzung außeruniversitärer Forschung und in der Universität diskutierten theoretischen Arbeiten führen kann, ist für beide Seiten fruchtbar. Universitäre Forschung bedarf der Kooperation mit direkter praxisbezogener Arbeit. Stärker empirisch orientierte außeruniversitäre Forschung muß ihrerseits neue Theorieentwicklungen in die eigene Arbeit einbauen. Ein Kontaktseminar mit der doppelten Zielsetzung, Entwicklungen der Theorie durch Konfrontation mit Erfahrungen praxisbezogener Arbeit und empirische Forschung durch Diskussion von neueren Theorieentwicklungen zu fördern, verdient daher besondere Unterstützung auch von der Hochschule. Universitäre Forschung nutzt die Chancen einer notwendigen Kooperation zwischen universitärer und außeruniversitärer Arbeit oft zu wenig. Die FU sucht diese Kooperation und unterstützt Initiativen, die dazu beitragen.

Rolf Kreibich
Präsident der Freien Universität Berlin

Vorwort 9

Die wissenschaftlichen Mitarbeiter des Instituts für Arbeitsmarkt- und Berufsforschung besuchen alljährlich für eine Woche eine Universität, um den Kontakt zwischen hochschulfreier empirischer Forschung und der theoretischen Arbeit an den Hochschulen auf den für ihre Aufgaben relevanten Gebieten zu wahren.
Im Herbst 1975 veranstaltete der Fachbereich „Politische Wissenschaft" der Freien Universität Berlin ein solches Kontaktseminar. Es befaßte sich diesmal mit Fragen der Arbeitsmarkttheorie und der Arbeitsmarktpolitik. Angesichts der ernsten Arbeitsmarktlage war und ist kritische Diskussion zwischen der Hochschule und der empirischen Arbeitsmarktforschung geboten und fruchtbar. Obwohl durchaus kontroverse Auffassungen blieben, sollen die veröffentlichten Seminarbeiträge einen breiteren Interessentenkreis zur arbeitsmarktpolitischen Auseinandersetzung anregen und die Theoriebildung in Arbeitsmarktfragen fördern.
Wir danken der gastfreundlichen Freien Universität Berlin und wünschen dieser Schrift weite Verbreitung.

Dr. Dieter Mertens
Direktor des Instituts für Arbeitsmarkt- und Berufsforschung

Einleitung

Politiker, speziell Wirtschaftspolitiker mit ökonomischer Schulung — ob mit professoraler Würde oder schlicht diplomiert — neigen zu gemäßigtem Optimismus: Mit Hilfe einer rationalen Wirtschaftspolitik können marktwirtschaftliche — kapitalistische — Systeme stabilisiert werden. Für den ökonomischen Sektor ist das Stabilisierungsziel — so etwa auch im Gesetz zur Förderung der Stabilität und des Wachstums der Wirtschaft — mit den Ecken des „magischen" Polygons beschrieben: Vollbeschäftigung, Preisniveaustabilität, außenwirtschaftliches Gleichgewicht und stetiges und angemessenes wirtschaftliches Wachstum sind im Rahmen der marktwirtschaftlichen Ordnung gleichzeitig zu garantieren.
Berufsmäßiger Optimismus in der politischen Auseinandersetzung hinsichtlich der Möglichkeiten stabilitätssichernder Politik sind das eine, wissenschaftliche Theoreme über die Stabilitätseigenschaften kapitalistischer Systeme etwas anderes. Aber auch die herrschende ökonomische Theorie neigte zunächst unter dem Eindruck der wirtschaftlichen Entwicklung der Nachkriegszeit und der Erfolge wirtschaftspolitischer Maßnahmen zu der Auffassung, daß die Probleme der Stabilität kapitalistischer Systeme weitgehend gelöst seien. Die Entwicklung in der Bundesrepublik jedenfalls schien zu Beunruhigungen keinerlei Anlaß zu geben. Bei erheblichen Wachstumsraten, seit 1959 kaum unterbrochener Vollbeschäftigung und „gemäßigten" Inflationsraten schien zumindest die Stabilitätsproblematik eher unerheblich. Die Rezession 1967 schließlich war relativ rasch überwunden. Die Erfüllung der Vollbeschäftigungsaufgabe schien angesichts einer wachsenden Wirtschaft größere Anstrengungen unnötig werden zu lassen.
Die neuere kritische Diskussion um das System der sozialen Marktwirtschaft oder — allgemeiner — um kapitalistische Systeme setzte daher auch weniger an der Stabilitätsproblematik — Beschäftigung, Wachstum und Preisniveaustabilität — denn an Verteilungs- und Allokationsproblemen sowie Argumenten zu politischen Krisen an.

Einleitung

Noch 1973 schrieb *Vogt:* „Auch würden die meisten Ökonomen heute bejahen, daß die staatliche Globalsteuerung die Stabilitätseigenschaften des ökonomischen Systems wirkungsvoll verbessert. Die entscheidende Frage, ..., scheint heute zu sein, ob nicht durch staatliche Stabilisierung des ökonomischen Sektors politische oder soziale Krisen induziert werden, ..."[1]
In der politologischen Debatte und der politischen Soziologie wird teilweise die Auffassung vertreten, daß mit dem Übergang vom liberalen Kapitalismus zu einem organisierten Kapitalismus sich auch neue Krisentypen herausgebildet haben. Bei wachsenden Staatseingriffen seien die traditionellen Formen der ökonomischen Krise überdeckt und von Rationalitätskrisen, Legitimationskrisen und Motivationskrisen abgelöst[2]. Das Denkmuster dieser kritischen Diskussion ist deutlich von der Auffassung der relativen Stabilisierbarkeit des ökonomischen Sektors inspiriert.
In der ökonomischen Debatte spielt das Argument eine Rolle, daß sich eine Kritik an kapitalistischen Systemen zunehmend mit Verteilungs- und Allokationsproblemen zu beschäftigen hat. Bei ungleichmäßiger Verteilung der Einkommen und Vermögen sind auch die Chancen zur Bedürfnisbefriedigung bzw. Organisierung von Lebensbereichen ungleich verteilt. Allokationsprobleme schließlich sind mit dem Hinweis auf Disproportionalitäten zwischen der privaten Konsumgüterproduktion und der Versorgung mit öffentlichen Gütern sowie auf zunehmend erkennbare Schäden durch wirtschaftliches Wachstum thematisiert. Als Fazit dieser, meist über die Theorie der externen Effekte bzw. Divergenzen zwischen „private and social returns and costs" geführten Diskussion folgt für die Kritik an überwiegend marktgeregelten Systemen das von *Meißner* wie folgt formulierte Credo: „Mit dem keynesschen Instrumentarium konnten die ökonomischen Probleme der Stagnation und Massenarbeitslosigkeit, ..., wirtschaftspolitisch gelöst werden. ... Der Eingriff in wichtige Nachfragekomponenten ... und die Distribution des Bruttosozialproduktes hat die Stabilität- und Verelendungsproblematik entschärft. Die Abstimmung der Produktionssphäre, ihre Lenkung durch das Profitmotiv ist tendenziell zu einem immer offener werdenden Mangel geworden und sollte ein Ansatzpunkt heutiger Kapitalismuskritik sein[3]."
Unter dem Eindruck der Verhältnisse auch in der Bundesrepublik hat sich ,Theorie' neu besonnen. Bei über einer Million Arbeitsloser, über einer halben Million Kurzarbeiter, stagnierendem bzw. negativem wirtschaftlichen Wachstum und einem erheblichen Inflationssockel im Jahre 1975 ist es nicht verwunderlich, daß Probleme der Beschäfti-

gungspolitik in den Vordergrund der theoretischen und politischen Debatte rücken. Dabei sind die Perspektiven nicht sonderlich erfreulich: Die mittelfristige Projektion der Bundesregierung[4] bis 1980 geht bei wohl realistischen Annahmen eines wirtschaftlichen Wachstums von 3,5 v. H., einer Produktivitätsentwicklung von 4,2 v. H. und einem Arbeitszeitrückgang um 0,8 v. H. in jedem Jahr davon aus, daß die jährliche Arbeitslosenquote bei etwa 2,5—3 v. H. liegen dürfte. 1974 galt eine Arbeitslosenquote von 0,7—1,2 v. H. noch als Vollbeschäftigungsnorm. Die Anpassung von Zielvorstellungen an tatsächliche Entwicklungen scheint für politische Entscheidungsträger offenbar der einfachste Ausweg aus einem konstatierten Dilemma. Das Dilemma jedenfalls ist deutlich:
— Ein steigendes Arbeitskräfteangebot auf der einen Seite und Wachstum mit sinkender Arbeitskräftenachfrage auf der anderen äußern sich in einer neuen Arbeitsmarktqualität: Seit 1974 übersteigt in der Bundesrepublik das Arbeitskräfteangebot die Zahl der zur Verfügung stehenden Arbeitsplätze.
— Es ist zu befürchten, daß auch ein nachhaltiges wirtschaftliches Wachstum in den nächsten Jahren nicht zu einem entsprechenden Abbau der „Sockelarbeitslosigkeit" führt, Wachstum bei Unterbeschäftigung kennzeichnet die neuere wirtschaftliche Entwicklung zumindest mittelfristig.

An Vorschlägen zur Bewältigung des Arbeitsmarktproblems fehlt es nicht. Die traditionellen Bewältigungsmuster gehen in Richtung auf staatliche Budgetpolitik. Entsprechend dem Denkmuster keynesianischer Beschäftigungspolitik sollen Steuersenkungen, steuerliche Anreize über Gewinnentlastung zur Investitionsförderung und über Verschuldung finanzierte Ausweitung der staatlichen Ausgaben für Güter- und Dienstleistungen nachfragestimulierend mit der Konsequenz eines steigenden Beschäftigungsgrades wirken. Stärker an Allokationskonzepten orientieren sich Maßnahmen, die Arbeitsmarktstrukturen korrigieren wollen. Ungleichgewichte aufgrund Strukturdisfunktionalitäten zwischen Arbeitskräftebedarf und Arbeitskräfteangebot stehen hier zur Debatte. Den allokativen Aspekt greifen eine Fülle von auch praktizierten arbeitsmarktpolitischen Maßnahmen auf, wie etwa regionale und sektorale Förderungsprogramme, Programme zur Erhöhung der Mobilität und Flexibilität bei der Besetzung von Arbeitsplätzen durch Fortbildung und Umschulung nach dem Arbeitsförderungsgesetz. Unter dem Eindruck sinkender Wachstumsraten und der Kritik am „Wachstumsfetischismus" wird schließlich eine Politik der Arbeitszeitverkürzung diskutiert. Eine Reduzierung der Zahl der Erwerbstätigen

Einleitung

bzw. Senkung der durchschnittlichen Arbeitszeit soll bei bewußter Drosselung des wirtschaftlichen Wachstums Vollbeschäftigung sichern. Die genannten Politiken benennen Paradigmata, nicht die einzelnen Maßnahmen[5]. Auch in den in diesem Band vorgestellten Beiträgen ist auf die Implementierung nur zum Teil eingegangen, zur Debatte steht das Verständnis über wirtschaftliche Zusammenhänge, das geplanten oder praktizierten Politiken unterliegt.

Die Schwächen einer konjunkturorientierten Beschäftigungspolitik keynesianischer Provenienz werden zunehmend gesehen und — abgesehen von der eher politisch angesetzten Debatte um die „Gesundung" der Staatsfinanzen — im wesentlichen auf der Preisseite georet. Reagieren die Unternehmungen auf eine keynesianisch angesetzte Politik mit Preiserhöhungen und Rationalisierungsinvestitionen, bleibt der erwünschte Beschäftigungseffekt aus. Zusätzliche, keynesianische Politik unterstützende Maßnahmen werden daher vorgeschlagen. Sie betreffen im wesentlichen die einkommenspolitische, außenwirtschaftliche und preispolitische Absicherung der „offenen" Flanken.

Empirische Evidenz scheint jedenfalls für die Vermutung zu sprechen, daß Vollbeschäftigung und Preisniveaustabilität nicht vereinbar sind. Um das Problem der Kompatibilität zwischen dem Beschäftigungsziel und dem Postulat der Preisniveaustabilität kreist die sich an der Phillips-Kurve orientierende theoretische und politische Debatte. Wird mit der Phillips-Kurve[6] eine negative Korrelation zwischen Arbeitslosenquote und Inflationsrate konstatiert, folgert die politische Diskussion allzu leicht einen möglichen Zielkonflikt: Lediglich eine Second-Best-Lösung ist möglich, sinkende Arbeitslosigkeit muß mit einer steigenden Inflationsrate erkauft werden.

Empirische Evidenz ersetzt keine Ursachenklärung, Politiken, die sich an empirischer Evidenz orientieren, greifen allenfalls zufällig und verdecken mögliche Problemlösungen. Über empirische Evidenz hinaus liegen eine Fülle von Erklärungen für den Zusammmenhang zwischen Arbeitslosenquoten und Inflationsraten vor. Traditionelle Denkmuster zielen auf Argumente wie vermachtete Märkte, Kostenimpulse aufgrund gewerkschaftlicher Lohnpolitik bzw. steigender Preise für importierte Rohstoffe und vom Ausland übertragene Inflations- bzw. Beschäftigungswirkungen bei zunehmender außenwirtschaftlicher Verflechtung. Als Fazit folgt eine eher pessimistische Auffassung, die im Anschluß an eine vom wirtschafts- und sozialwissenschaftlichen Institut des Deutschen Gewerkschaftsbundes (WSI) veranstaltete Tagung noch 1975 so formuliert wurde: „Die Instabilitätsproblematik bringt neue Herausforderungen an Wissenschaft und Politik. Letztlich umstritten blieb die zentrale Frage, ob das herkömmliche Instrumentarium — sei es theoretisch konzipiert oder praktisch vorgeschlagen — die Probleme nicht nur vordergründig löst. Die Folge davon wäre: Die Suche nach Alternativkonzepten bleibt als Aufgabe bestehen[7]."

Die in diesem Band zusammengestellten Beiträge sollen bei dieser Suche helfen. Die Diskussion um die Grenzen traditionell keynesianischer Politik und orthodoxer Erklärungsmuster für Unterbeschäftigungsprobleme wird in den Beiträgen von *Bolle* und *Altvater* im Rahmen einer stabilitäts- bzw. krisentheoretisch orientierten Argumentation versucht. *Bolle* vermutet, daß traditionelle Erklärungsmuster, die die Ursachen für Arbeitslosigkeit in Nachfragedefiziten am Gütermarkt orten und über den Gütermarkt auf Arbeitsmarktsituationen schließen, nicht ausreichen. *Bolles* These lautet, daß in orthodoxer kurzfristiger Analytik die intertemporalen Marktprozesse über ein implizites Gleichgewichtskonzept wegdefiniert werden und so die Zusammenhänge zwischen Produktions- bzw. Beschäftigungsniveau und der durch intertemporale Allokationsentscheidungen bestimmten Produktionsstruktur nicht gefaßt werden können. Erst eine Analyse des Marktes als intertemporaler Allokationsregler erlaubt eine hinreichende Durchdringung auch des Beschäftigungsproblems. *Bolle* vermutet eine mangelnde Effizienz des Marktes als Regler für Produktionsstrukturen, die Vollbeschäftigung und effiziente keynesianische Politik erlauben.

Altvaters Ansatz stützt sich auf die These, daß die Entwicklung des Arbeitsmarktes von der Entwicklung der Kapitalverwertung bestimmt ist. Kapitalverwertung wird dabei über Rentabilitätsziffern gefaßt, die wiederum über die Arbeitsproduktivität, die Kapitalintensität und die Lohnkosten bestimmt sind. Den Zusammenhang zwischen einer langfristig sinkenden und zyklisch schwankenden Rentabilität des Kapitals und Arbeitsmarktentwicklungen versucht *Altvater* sowohl auf der theoretischen als auch der empirischen Ebene nachzuweisen. *Altvater* will dabei vor allem auch die Grenzen staatlicher Interventionen zur Lösung von Arbeitsmarktproblemen in kapitalistischen Systemen bestimmen.

Betonen *Bolle* und *Altvater* stabilitäts- bzw. krisentheoretische Erklärungsmuster, werden in den folgenden Beiträgen stärker Strukturmomente des Arbeitsmarktes untersucht. Kann man der in dem Beitrag von *Freiburghaus* diskutierten Konzeption der Job Search and Labor Turnover Theory Glauben schenken, bestimmen Informationsprozesse und Wanderungsbewegungen Lage und Verlauf der Phillips-

Kurve. Als politische Option folgt, daß informations- bzw. transparenzerhöhende Maßnahmen und Steigerung der Qualifizierungsmöglichkeiten stärker als traditionelle Stabilitätspolitik zur Lösung beschäftigungspolitischer Aufgaben betont werden müssen. *Freiburghaus* stellt in diesem Zusammenhang auch ein Konzept vor, in dem Strukturelemente des Arbeitsmarktes ein noch entscheidenderes Gewicht für Beschäftigungspolitik beigemessen wird. Die vor dem Hintergrund der Arbeitsmarktsituation in den USA entwickelte Dual Labor Market Theory behauptet, daß mit zunehmender Dualisierung der Wirtschaft in einen monopolistischen Bereich mit standardisierter Produktion und einen Konkurrenzbereich mit nicht standardisierbarer Produktion auch der Arbeitsmarkt segmentiert wird: Der primäre Arbeitsmarkt ist durch „Good Jobs" gekennzeichnet, die stabil und relativ gut bezahlt sind. „Bad Jobs" des sekundären Arbeitsmarktes sind dagegen instabil und schlecht bezahlt. Ist dies richtig, läuft die arbeitsmarktpolitische Option auf die Betonung gesellschaftlicher Strukturveränderungen hinaus.

Der Zusammenhang zwischen Gesellschaftsstrukturen und Arbeitsmarktbeziehungen wird in dem Beitrag von *Gensior/Krais* systematisch aufgenommen. *Gensior/Krais* führen ihre Argumente über die Analyse von zwei wichtigen Konzeptionen der Arbeitsmarkttheorie in Richtung auf den Zusammenhang zwischen Arbeitsmarkttheorie und einer Theorie der Gesellschaft. Die These lautet, daß Arbeitsmarkttheorie in eine umfassende Analyse gesellschaftlicher Strukturbeziehungen und ökonomischer Entwicklungstendenzen systematisch eingebettet werden muß. *Gensior/Krais* vermuten, daß der Ansatz von *Mertens,* den Arbeitsmarkt als System zu fassen, zwar die Entwicklung von ersten Hypothesen und Kausalzusammenhängen erlaubt, gesellschaftliche Bedingungen jedoch aufgrund des funktionalistischen Interdependenzansatzes lediglich ex-post abbilden kann. Auf der anderen Seite gehen die vom Institut für sozialwissenschaftliche Forschung (ISF) vorgetragenen Versuche zwar — wie *Gensior/Krais* zeigen — vom Betrieb als „Agens gesellschaftlicher Strukturen und Prozesse" aus. *Gensior/Krais* vermuten aber, daß mit diesem Ansatz Inkonsistenzen in bezug auf die Beziehungen Betrieb—Gesellschaft impliziert sind. Als Fazit werden Ansatzpunkte für die Formulierung des Verhältnisses zwischen handelnden Individuen und objektiven sozialen Gesetzmäßigkeiten in bezug auf Arbeitsmarktprobleme entwickelt.

In dem Abschnitt „Arbeitsmarkt und Bildungssystem" werden Überlegungen aufgenommen, die den Einfluß von Qualifikationen auf das

Angebot an und die Nachfrage nach Arbeitskräften diskutieren. *Fischer* zeigt, daß bildungsökonomische Forschung und Bildungspolitik als Gleichgewichtskonzeptionen auf den Ausgleich von Arbeitskräfteangebot und Arbeitskräftenachfrage gerichtet waren. Der Bedarfsansatz der Bildungsforschung sucht eine Antwort auf die Frage nach der für ein bestimmtes ökonomisches Wachstum notwendigen Struktur des Bildungswesens, der Angebotsansatz betont dagegen die Wünsche der Auszubildenden und hofft auf eine Anpassung der Art und Zahl der Arbeitsplätze an das Qualifikationsangebot. *Fischer* vermutet, daß auch die neueren Entwicklungen der Bildungsforschung — Absorptionsansatz, sozioökonomische Kausalanalyse und Integrationsansatz — nur wenig zur Lösung des Konfliktes zwischen Angebots- und Nachfrageorientierung beigetragen haben. Vielmehr stellen auch die neueren Konzepte auf die Nachfrage nach Arbeitskräften ab, die wiederum über Marktrationalität bei Defiziten behebender Planrationalität (z. B. Social Indicators) bestimmt ist.

Ist es richtig, daß zwischen Qualifikationsbedürfnissen und Qualifikationsanforderungen Diskrepanzen bestehen, folgt als mögliche Lösung das Flexibilitätspostulat. Die Ursachen für Ungleichgewichte zwischen Arbeitskräftebedarf und Arbeitsnachfrage werden — dies ist wohl vor allem *Mertens* Ansatz — als Mangel an Flexibilität geortet und vermutet, daß eine Erhöhung der Flexibilität diese Ungleichgewichte zumindest tendenziell beseitigen kann. *Riese* nimmt in seinem Beitrag zu diesem Konzept Stellung und ortet Defizite dieses Ansatzes insbesondere für die Formulierung einer expansiven Bildungspolitik. Die Möglichkeit einer offensiven Bildungspolitik sieht *Riese* in einer „Akademisierung von Berufen" durch stärkere horizontale Differenzierung des Hochschulsystems bei vertikaler Differenzierung berufsqualifizierender Abschlüsse.

Ähnlich äußert sich *Möbes*. *Möbes* nimmmt einen Ansatz auf, der die Funktionalität des Bildungswesens untersucht und die Marktprozesse problematisiert, die durch bildungspolitische Maßnahmen ausgelöst werden. Entsprechend informationstheoretischen Ansätzen wird die Funktion des Bildungswesens als „Filter" bzw. „Signalgeber" gesehen. Der Prozeß der Beschäftigung wird in dieser Konzeption, die *Möbes* ausführlich schildert, als „unternehmerische Investition unter Unsicherheit" gewertet; das Bildungssystem liefert die Informationen zur Verringerung der Unsicherheit. Hinsichtlich der daraus folgenden bildungspolitischen Konsequenzen ist *Möbes* jedoch skeptisch und begreift das Filtermodell zwar als wichtigen Ansatz zur Beurteilung der Folgen der Durchführung bildungspolitischer Strategien, schätzt jedoch

die Leistungsfähigkeit traditioneller Ansätze für die Entwicklung von Strategien selbst höher ein.
Der Untersuchung alternativer arbeitsmarktpolitischer Strategien sind auch die letzten Beiträge gewidmet. Zur Debatte stehen die Zielorientierung von Arbeitsmarktpolitik und daraus folgende Maßnahmen. Traditionelle ökonomische Forschung hat sich dem Problem der Bestimmung gesellschaftlicher Rationalitätskonzepte gewidmet. Die Ergebnisse finden sich in der Rubrik „Wohlstandsökonomie" und sind offensichtlich für praktische Politik wenig ergiebig[8]. In der neueren Diskussion spielen Ansätze eine Rolle, die normative Bedürfnispotentiale sozialer Gruppen vorgeben und so Rationalitätskategorien bzw. Zielsetzungen für Politiken — hier Arbeitsmarktpolitiken — zu fassen suchen. Gewerkschaftlich orientierte Konzepte formulieren mit diesem methodischen Ansatz eine „arbeitsorientierte" Rationalität, die als Grundlage einer arbeitsorientierten Theorie und Politik dienen soll[9]. Wird dieser Ansatz Grundlage einer schlichten Dichotomisierung zwischen Kapitalorientierung und Arbeitsorientierung, scheint der Ansatz zu kurz zu greifen. Die Schwierigkeiten, in die sich eine subjektiv-normativ ansetzende Theorie arbeitsorientierter Rationalität bzw. arbeitsorientierter Politik begibt, liegen jedoch tiefer: Die Vorgabe arbeitsorientierter Zielsetzungen für arbeitsmarktpolitische Maßnahmen bleibt beliebig, da individualistisch angesetzt. Auch die Berufung auf einen erwünschten gesellschaftlichen Zustand hilft bei der Ableitung der Inhalte einer arbeitsorientierten Rationalität meist wenig. In der Konkretisierung der Ziele einer arbeitsorientierten Politik werden kontroverse Auffassungen über die „richtige" Rationalität sehr schnell deutlich.
Eine an Allokationsergebnissen orientierte und die Relevanz marktkonformer Maßnahmen betonende Politik ist oft eher reaktive, denn aktive Politik. Reaktive Politik folgt strukturellen Veränderungen im Produktionssystem, ohne die produktionsstrukturellen Veränderungen selbst entsprechend gesellschaftlichen Rationalitätskonzepten zu steuern. Wird dagegen bei einer aktiven Arbeitsmarktpolitik auf die Steuerung des Arbeitsmarktes abgestellt, wird diesem Ansatz die Zielorientierung selbst zum Problem. Bei formulierter Zielorientierung sind dann u. U. Steuerungsmechanismen zu formulieren, die in der gesellschaftlichen Wirklichkeit der Bundesrepublik zu leicht unter das Verdikt nicht systemkonformer Maßnahmen geraten.
Probleme einer Bestimmung „aktiver" oder „zielorientierter" Arbeitsmarktpolitik versucht *Schmid*. *Schmid* analysiert mögliche Dimensionen aktiver Arbeitsmarktpolitik in Auseinandersetzung mit vorliegen-

den Denkmustern. Über die Kritik am Policy-Science-Ansatz entwickelt *Schmid* eine Typologie der Dimensionen aktiver Politik. Auf der Grundlage dieser Typologie formuliert *Schmid* dann Thesen zur Notwendigkeit und Zielsetzung aktiver Arbeitsmarktpolitik und vergleicht Arbeitsmarktpolitiken in der BRD mit den in Schweden praktizierten Maßnahmen. Schweden ist deshalb gewählt, weil schwedische Arbeitsmarktpolitik oft als Vorbild für eine aktive Arbeitsmarktpolitik gilt. *Schmid* ist der Auffassung, daß die Arbeitsmarktpolitik beider untersuchter Länder — Bundesrepublik/Schweden — eher in der Mitte zwischen „mehr aktiv — mehr reaktiv" liegt.

Vilmar plädiert für eine dem Gedanken der Wirtschaftsdemokratie verpflichtete Arbeitsmarktpolitik. Unter dem Zwang zu Wachstumsbegrenzungen, die *Vilmar* auch als volkswirtschaftlich und gesellschaftspolitisch erwünscht wertet, sieht er in der Verkürzung von Arbeitszeit einen entscheidenden Beitrag für eine an gesellschaftspolitischen Kriterien orientierte Vollbeschäftigungspolitik. *Vilmar* betont jedoch die zusätzlichen Erfolgsbedingungen für eine Strategie der systematischen Arbeitszeitverkürzung als gesellschaftspolitisch optimale Lösung: Volkswirtschaftliche Arbeitszeitplanung unter gegebenen privatwirtschaftlichen Verhältnissen kann „nur im Zusammenhang eines funktionierenden Systems ökologischer, gesellschaftlicher und volks- bzw. (mindestens europa-)wirtschaftlicher Rahmenplanung" (Vilmar) durchgesetzt werden.

Stehen in den bisher vorgestellten Beiträgen Probleme der Arbeitsmarkttheorie bzw. -politik kapitalistischer Systeme zur Debatte, referiert *Straßburger* arbeitsmarkttheoretische Grundlagen und deren arbeitsmarktpolitische Implikationen in sozialistischen Systemen am Beispiel der DDR. Die Zielorientierung der gesellschaftlichen Organisation der Arbeit ortet *Straßburger* im höchstmöglichen und stetigen Wachstum der Arbeitsproduktivität als ökonomischem Gesetz des Sozialismus: *Straßburger* zeigt im einzelnen Instrumente der Arbeitskräfteplanung und -lenkung in der DDR und kommt im Vergleich zur analysierbaren Praxis zu dem Ergebnis, daß die entwickelten Instrumente zum Teil nicht greifen, die Arbeitskräfteplanung und -lenkung mit Planteilen des Volkswirtschaftsplanes und betrieblichen Plänen kollidieren und häufig von falschen und unrealistischen Ansätzen ausgegangen wird.

Mit den vorliegenden Beiträgen sollen Diskussionsprozesse zwischen empirischer Forschung, theoretischer Arbeit und praktischer Politik gefördert werden. Wir meinen, daß dieser Band auch in der Lehre fruchtbar verwendet werden kann.

Einleitung

Die Beiträge orientieren sich an einer Systematik von Arbeitsmarktforschung, die
— Beschäftigungstheorie im System des Güter-, Geld- und Arbeitsmarktes,
— Theorie der Arbeitsmarktstrukturen und
— den Zusammenhang zwischen Qualifizierungsprozessen und Arbeitsmarktentwicklungen

aufnimmt, prüft und auf politische Optionen untersucht. Die Beiträge erlauben so eine zusammenhängende Prüfung relevanter Teilbereiche von Arbeitsmarktproblemen.

Es wird heute oft vermutet, daß sich ökonomische Theorie — um einen Satz von Robinson aufzunehmen[10] — in einer zweiten Krise befindet. Bei einem zu konstatierenden Theoriedefizit der Arbeitsmarktforschung kann dieser Satz für die „Arbeitsökonomie" oder „Labor Economics" bestätigt werden.

Der Schwerpunkt der Arbeitsmarkt- und Berufsforschung lag in der Bundesrepublik auf empirischen Arbeiten, die — wie z. T. vermutet wird — „überwiegend beschreibende, weniger erklärende Ergebnisse lieferten[11]." Nun ist zweifellos richtig, daß Empiriedefizite theoretischen Defiziten geschuldet sind. Ebenso richtig ist, daß Arbeitsmarktprobleme in der Bundesrepublik in zu geringem Maß in Forschungspraxis übernommen wurden und eine systematische Arbeitsmarkt- und Berufsforschung einen eher nachrangigen Stellenwert in der Forschung hat. Gesellschaftswissenschaftliche und gerade ökonomische Forschung neigt zu einer Betonung jener Problemfelder, deren gesellschaftliche Konfliktträchtigkeit gerade evident ist. Angesichts einer wachsenden Wirtschaft bei dauernder Vollbeschäftigung war für die wissenschaftliche Diskussion eine systematische Entwicklung einer Theorie der Arbeit offenbar kein Thema.

Was ökonomische Theorie zum Arbeitsmarkt oder zu einer „Theorie der erwerbswirtschaftlichen Arbeit" zu sagen weiß, findet sich verstreut im Rahmen allgemeiner Allokations-, Verteilungs- und Stabilitätstheorie. Wird dagegen vermutet, daß ein eigenständiger Gegenstandsbereich „Theorie der Arbeit" zu bestimmen ist, landet man schnell in konventionellen Denkmustern: „Da auch die Arbeit ein knappes Gut darstellt, dessen Preis von Angebot und Nachfrage abhängt, könnte man versucht sein, in den Mittelpunkt der Arbeitsökonomik die Analyse des Arbeitsmarktes zu stellen[12]." Das Paradigma dieses Ansatzes ist deutlich genug: Vor dem Hintergrund des traditionellen neoklassischen Ansatzes, ökonomische Forschung auf die Untersuchung der Verwendung knapper Güter für alternative Zwecke zu reduzieren,

wird Arbeit als Gut wie jedes andere auch behandelt. Neoklassisches Räsonnement behandelt Arbeit lediglich als Produktionsfaktor und befaßt sich mit der marktmäßigen Steuerung des knappen Gutes Arbeit. Die Anwendung der Marktformenlehre auf den Arbeitsmarkt und die Preisbildungsprozesse für „Arbeit" stehen im Mittelpunkt einer so konzipierten „Arbeitsökonomik". Wird eher trivial konstatiert, daß auch nach Abschluß eines Arbeitsvertrages Beziehungen zwischen Arbeitgebern und Arbeitnehmern bestehen und daß der Staat steuernd in Verteilungsprozesse eingreift, ist der Gegenstandsbereich der „Arbeitsökonomik" schnell bestimmt: Lohntheorie und -politik, betriebliche Sozialpolitik und Lohnpolitik des Staates[13].
Ohne die Relevanz einer so angesetzten Arbeitsökonomik zu leugnen, kann versucht werden, über diese traditionellen Konzepte hinaus die Bereiche einer Theorie der Arbeit zu entwickeln. Ein Ansatz ist vor kurzem mit der Entwicklung eines Bezugsrahmens für eine „Theorie der erwerbswirtschaftlichen und kontrahierten Arbeit" vorgelegt worden[14]. Mit diesem Bezugsrahmen sollen Problemfelder bestimmt werden, die eine systematische Orientierung von Forschung über Arbeitsmarktprobleme erlauben. Wir werden diesem methodischen Vorgehen nicht folgen, sondern wollen, ohne systematisch einen Gegenstandsbereich einer Theorie der Arbeit zu bestimmen, aus der Kritik an einer preistheoretisch orientierten Arbeitsökonomie einige Argumente entwickeln.
Wenn von dem Satz ausgegangen wird, daß die Mittel zur Befriedigung von Bedürfnissen knapp sind, impliziert dieser Ansatz die Vorstellung von Vollbeschäftigung und Vollauslastung der Produktionskapazitäten. Ein krisentheoretisches Erklärungsmuster findet in einer so angelegten Konzeption keinen Platz. Vor dem Hintergrund gesellschaftlicher Situationen, in denen Arbeit nicht knapp, sondern Arbeitskräfte unfreiwillig arbeitslos sind, gewinnt ein Knappheitsansatz auch kaum an Glaubwürdigkeit. Wird das Knappheitspostulat dagegen aufgegeben, orientiert sich auch eine Arbeits*markt*konzeption stärker an einem krisen- bzw. stabilitätstheoretischen Muster. Beziehungen zwischen dem „Arbeitsmarkt als System" (*Mertens*) und anderen Märkten sind im Rahmen einer die Interdependenzen zwischen Teilmärkten aufnehmenden Konzeption zu fassen. Zur Konkretisierung stehen unterschiedliche Methoden zur Verfügung, deren Gültigkeitsbereich zweifellos unterschiedlich beurteilt wird und an dieser Stelle nicht gewertet werden muß. Entscheidend ist hier, daß preistheoretisch angesetzte „Labor Economics" in Richtung auf ein krisentheoretisches Erklärungsmuster geöffnet werden können.

Der Satz von den knappen Mitteln und den unbegrenzten Bedürfnissen enthält das bekannte Vorurteil, daß Produktion — und damit auch Arbeit — deswegen positiv zu bewerten ist, da mit mehr Produktion — mehr Arbeit — eine größere Menge von Bedürfnissen zu befriedigen ist. Arbeit wird so schlicht unter ökonomischer Rationalität gemessen, wie sie sich etwa im Pareto-Optimum ausdrückt. Wenn dagegen von der wohl realistischen These ausgegangen wird, daß Mittel nicht a priori knapp sind, sondern Knappheit für Forschung zum Problem wird, ist auch die implizite Gleichsetzung von ökonomischer Rationalität mit gesellschaftlicher Rationalität nicht mehr haltbar. Gesellschaftliche Rationalität muß dann neu definiert werden. Wir haben oben einige Problembereiche benannt, die sich daraus für Forschung ableiten. Politische Strategien sind unter gesellschaftlichen Rationalitätskonzepten zu bewerten, die ihrerseits nicht gesetzt, sondern abgeleitet werden müssen. Labor Economics hat einen Begriff von Arbeit zu entwickeln, der über das traditionelle Denkmuster von Arbeit als Mittel zum Zweck der Produktion hinausgehen wird. Dies folgt noch aus einer anderen Überlegung. Preistheoretisch angesetzte Labor Economics beschränken sich — wie neoklassisches Räsonnement generell — auf die Analyse sozialer Interaktionen, die sich in Geld ausdrücken. Nun ist kaum zu bezweifeln, daß sich über den Arbeitsmarkt vermittelnde Beziehungen nicht auf in Geld ausdrückbare Interaktionen beschränken. Auch eine Theorie des Arbeitsmarktes muß die nicht in Geld ausdrückbaren sozialen Interaktionen fassen können. Bei Aufnahme nicht-monetärer Beziehungen spielen dann Probleme der Arbeitsbedingungen, der Humanisierung der Arbeitswelt und der Freizeitausfüllung, aber auch der betrieblichen und gesellschaftlichen Verteilung von Entscheidungen über Ziele und Struktur der Produktion bzw. Nichtproduktion eine zentrale Rolle. Eine so angesetzte Arbeitsökonomie wird ohne Rekurs auf politologische, soziologische, juristische und medizinische Kategorien nicht auskommen. Dieser Ansatz impliziert jedoch nicht, daß — dieser Vorwurf gilt der „arbeitsorientierten Wirtschaftslehre" — lediglich externe Effekte von Arbeit thematisiert werden, sondern sucht eine integrative Lösung.
Ein anderer Blickwinkel wird betont, wenn dem Angebot an Arbeit stärkeres Gewicht beigemessen wird. Betont preistheoretisch orientierte Labor Economics stärker die Nachfrageseite nach Arbeitskräften, kann für entwickelte Gesellschaften zumindest bei geringeren Wachstumsstörungen eine größere Relevanz der Angebotsseite vermutet werden. Ist dies richtig, öffnet sich Arbeitsökonomie in Richtung auf die syste-

Einleitung

matische Behandlung der Zusammenhänge zwischen Qualifizierungsprozessen und Arbeitsmarktentscheidungen. Die Fixierung auf preisbestimmte Entscheidungen der Anbieter von Arbeit unterschätzt den Einfluß des sozialen Status der abhängig Erwerbstätigen auf ihre Entscheidungsfindung, die gesellschaftliche Diskriminierung einzelner sozialer Gruppen auf ihre Entscheidungsmöglichkeiten und überschätzt die Rationalität staatlicher Politik. Wieder folgt, daß — stärker als preistheoretisch orientierte Labor Economics vermuten — nicht-monetäre Beziehungen die gesellschaftliche Statusverteilung, Partizipationsmöglichkeiten und Lebenschancen bestimmen.

Der vorliegende Band kann nicht für sich in Anspruch nehmen, alle genannten Problembereiche gleichmäßig aufgenommen zu haben. Lohnbildungsprozesse, Probleme der Verteilungskorrekturen, Mitbestimmungsfragen, Analysen zur Veränderung der Arbeitsbedingungen und die Untersuchung spezieller Diskriminierungen sind explizit nicht aufgenommen. Vor dem Hintergrund des Stabilitätsproblems in entwickelten, überwiegend marktgeregelten Systemen zielen die Beiträge in ihrem Zusammenhang stärker auf die systematische Behandlung von sozialen Interaktionen: Wenn Ökonomen Arbeits*markt*probleme diskutieren, ist eine Theorie der Arbeit meist auf den monetären Aspekt reduziert. Andere Disziplinen verkürzen das Problem in die andere Richtung. Nur wenige „Ketzer" suchen die Verbindung, werden aber — wenn unsere Argumente richtig sind — das letzte Wort behalten. Noch ist Bescheidenheit am Platze. Im vorliegenden Band sind Zusammenhänge ersichtlich, die Verknüpfung bleibt Aufgabe.

Michael Bolle

Anmerkungen

1) Vogt, W., Zur langfristigen ökonomischen Entwicklung eines kapitalistischen Systems, in: Leviathan, 1973, Heft 2, S. 166.
2) Habermas, J., Legitimationsprobleme im Spätkapitalismus, 2. Aufl., Frankfurt 1973.
3) Meißner, W., Inhalt und Tendenz der Kritik am Spätkapitalismus, in: Frey, B. S. und Meißner, W. (Hrsg.), Zwei Ansätze der politischen Ökonomie, Frankfurt 1974, S. 88 und 94.
4) Mittelfristige Finanzplanung des Bundes, Bundestagsdrucksache 626/75 vom 17. 10. 1975.
5) Zu einem Überblick vgl. etwa: Der Bundesminister für Arbeit und Sozialordnung (Hrsg.), Arbeitsmarktpolitik. Bericht der Bundesregierung an die OECD, Bonn 1972. Neuauflage 1974.

Einleitung 23

6) Ein Überblick über die Diskussion findet sich bei Maneval, H., Die Phillips-Kurve. Empirisch-theoretische und wirtschaftspolitische Aspekte, Tübingen 1973.
7) WSI-Forum: Stabilisierungspolitik, WSI-Studien zur Wirtschafts- und Sozialforschung, Nr. 27, Köln 1975, S. 287.
8) Ein kurzer Überblick findet sich bei Bolle, M., Art. Wohlstand, in: Eynern, G. v. (Hrsg.), Wörterbuch zur politischen Ökonomie, Opladen 1973.
9) Projektgruppe im WSI, Grundelemente der arbeitsorientierten Einzelwirtschaftslehre, WSI-Studien zur Wirtschafts- und Sozialforschung, Nr. 23, Köln 1974.
10) Robinson, J., Die zweite Krise der ökonomischen Theorie, in: Vogt, W. (Hrsg.), Seminar: Politische Ökonomie, Frankfurt 1973.
11) Kühl, J. u. a., Bezugssystem für Ansätze einer Theorie der erwerbswirtschaftlichen und kontrahierten Arbeit, Mitteilungen aus der Arbeitsmarkt- und Berufsforschung, 8. Jg., Heft 4, Stuttgart usw. 1975, S. 287.
12) Külp, B. und Schreiber, W. (Hrsg.), Arbeitsökonomik, Köln 1972, S. 9.
13) So jedenfalls in dem von Külp/Schreiber herausgegebenen Reader. Vgl. Fn. 12.
14) Kühl, J. u. a., Bezugssystem für Ansätze..., a. a. O.

1.
Nachfrageorientierte oder produktionsorientierte Arbeitsmarktkonzeptionen

Vollbeschäftigung: Theorie und Politik

Michael Bolle

1. Theorievarianten: Steuerung ökonomischer Prozesse

Alle gesellschaftlichen Gruppen sind sich heute über die Relevanz des Beschäftigungszieles einig: Sicherung eines „anhaltend hohen Beschäftigungsstandes auf qualitativ hochwertigen Arbeitsplätzen" — so lautet die doppelte Zielsetzung, die inzwischen auch ausreichend operationalisiert und konkretisiert ist. Es fehlt auch nicht an Vorschlägen, wie dieses (doppelte) Ziel erreicht werden kann[1].

Die Vielfalt der Vorschläge über die richtige, „rationale" Wirtschaftspolitik entspricht der Vielfalt der theoretischen Ansätze zur Erklärung des wirtschaftlichen Prozesses.

Für die die Marktwirtschaft stützende Theorie, den Teilbereich ökonomischer Forschung, der als neoklassische Theorie bezeichnet wird, ist die Welt in mehrfacher Hinsicht heil: Neoklassisches Credo lautet, daß der Marktmechanismus eine optimale Abstimmung der subjektiven Präferenzen und der objektiven Produktionsmöglichkeiten sowie eine leistungsgerechte Entlohnung der Produktionsfaktoren sichert. Schließlich garantiert der Marktmechanismus — abgesehen von kurzfristiger, friktioneller Arbeitslosigkeit — langfristig Vollbeschäftigung. Unfreiwillige Arbeitslosigkeit als dauerndes Phänomen ist neoklassischem Denken fremd. „Stabilität des privaten Sektors" — so lautet das Fazit, das auch in der neueren monetaristischen Diskussion aufgenommen ist[2].

In dem geschilderten Theorieansatz ist für staatliche Politik kein Raum. Der Marktmechanismus sichert die Stabilität des ökonomischen Kernbereiches auch oder gerade ohne staatlichen Eingriff.

Zweifel an der Funktionsfähigkeit des Marktmechanismus sind jedoch auch innerhalb neoklassischer Theoriebildung formuliert. Treten im Zuge der Produktion externe Effekte (Wirkungen, die andere als die Verursacher betreffen und im Marktpreis nicht zum Ausdruck kommen) auf, sind Beeinträchtigungen des gesellschaftlichen Wohlstandes zu erwarten: Umweltverschmutzung, arbeitsbedingte Krankheiten u. ä. sind Standardbeispiele. Staatliche Politik hat diese Beeinträchtigungen des gesellschaftlichen Wohlstands ebenso zu korrigieren, wie sozialpolitisch unerwünschte Konsequenzen hinsichtlich der Möglichkeiten der Bedürfnisbefriedigung bei einer ungleichmäßigen Einkommensverteilung. Die Argumente begründen die Auffassung, daß Marktmechanismen über staatliche Steuerung ergänzt werden müssen. Als politische Option folgt die Notwendigkeit, Defekte des Marktmechanismus über den gezielten Einsatz des wirtschaftspolitischen Instrumentariums zu ergänzen. Wirtschaftspolitik meint in dieser Konzeption Allokationspolitik und Verteilungspolitik, nicht aber Beschäftigungspolitik.

Die Notwendigkeit staatlicher Beschäftigungspolitik folgt allerdings auch innerhalb der Logik neoklassischer Theorie aus Argumenten, die auf Veränderungen der Produktionsstruktur abstellen. Im Zuge wirtschaftlicher Entwicklung expandieren einige Branchen, andere stagnieren. Mit der Entwicklung neuer Technologien entstehen neue Qualifikationsanforderungen. Strukturelle Arbeitslosigkeit folgt dann, wenn bei mangelnder Mobilitätsfähigkeit und -neigung die aufgrund der branchenstrukturellen und technologisch bedingten Qualifikationsveränderungen freigesetzten Arbeitskräfte nicht von neu entstehenden Arbeitsplätzen aufgenommen werden. Als politische Option folgt schlicht Arbeitsmarktpolitik zur Mobilitätserhöhung und Flexibilität in der Ausbildung bei „Life Long Learning". Das Denkmuster ist deutlich genug neoklassisch inspiriert: Insgesamt stehen mittel- und langfristig genug Arbeitsplätze zur Verfügung, um das Arbeitskräfteangebot aufzunehmen.

Die Möglichkeit eines allgemeinen Defizits an Arbeitsplätzen konstatieren Theorievarianten, die vor dem Hintergrund der Weltwirtschaftskrise in zwei Versionen entwickelt wurden:

Die „deutsche" Antwort auf die Weltwirtschaftskrise ist von *Eucken* formuliert. Die neoliberale Konzeption vermutet, daß aufgrund von vermachteten Märkten (zunehmende Oligopolisierung und Monopolisierung) Wettbewerb nicht funktioniert, Macht also die Ursache ökonomischer Instabilität ist. Der Neoliberalismus, der „Freiburger Imperativ", insistiert auf dem Satz, daß durch geeignete Ordnungspolitik — und dies meint in dieser Konzeption Wettbewerbspolitik — die stabile und gute Welt des Modells gerettet werden kann. Die wirtschaftspolitische Aufgabe lautet, die Realität dem Modell anzupassen, die Wettbewerbsbedingungen also wieder herzustellen, die im Modell postuliert sind und zu eben jenem Vertrauen in die Effizienz des Marktmechanismus führen, das oben dargestellt wurde.

Die keynesianische Antwort auf die Weltwirtschaftskrise ist pragmatischer orientiert. *Keynes* und die keynesianische Theorie leben

Vollbeschäftigung: Theorie und Politik 29

— jedenfalls bis zu einem gewissen Grad — mit Marktunvollkommenheiten und fordern eine Theorie, die der Realität gerecht wird. Die keynesianische Revolution bestand in der Neuformulierung des theoretischen Ansatzes.

Es ist viel darüber gestritten worden, was eigentlich das „Neue" an keynesianischer Theorie ist. Wir kommen unten auf diesen Streit zu sprechen und konstatieren an dieser Stelle lediglich keynesianisches Credo: Zu dem herrschenden Preisniveau kann gesamtwirtschaftlich die Nachfrage nach Güter,n- und Dienstleistungen hinter dem bei Vollbeschäftigung der Arbeitskräfte und Vollauslastung der Kapazitäten produzierbaren Angebot an Güter,n- und Dienstleistungen zurückbleiben. Ein stabiler Rückkopplungsmechanismus, der über Preis- und Mengeneffekte die gesamtwirtschaftliche Nachfrage an das Vollbeschäftigungsniveau heranführt, existiert nicht.

Dies alles hat Konsequenzen für den Beschäftigungsgrad. Reagieren die Unternehmungen bei einem Rückgang der gesamtwirtschaftlichen Nachfrage nicht mit einer Preissenkung, sondern mit einer Einschränkung der mengenmäßigen Produktion, bedeutet dies auch Unterbeschäftigung. Die Unternehmungen werden Arbeitskräfte aufgrund der Tatsache entlassen, daß sie Produkte zu dem herrschenden Preisniveau nicht absetzen können. Der Mengeneffekt geht dem möglichen Preiseffekt zeitlich voraus, ein Argument, daß nach Auffassung von *Leijonhufvud* das eigentlich „revolutionäre Element" bei *Keynes* ist[3]. Auch darauf wird unten zurückzukommen sein. Das Argument jedenfalls deutlich genug: Aufgrund einer zu geringen gesamtwirtschaftlichen Nachfrage kommt es zu Produktionseinschränkungen mit der Konsequenz steigender Arbeitslosigkeit.

Die „allgemeine Theorie" von *Keynes* war ursprünglich weniger allgemein, als der Titel „General Theory" ahnen läßt. Es war eine Theorie der Unterbeschäftigung, weniger eine Theorie der Inflation. Die Epigonen keynesianischen Denkens allerdings neigen der Auffassung zu, daß keynesianisches Räsonnieren leicht auf Inflationsfälle übertragen werden kann: Sind die Kapazitäten voll ausgelastet und der Arbeitsmarkt erschöpft, sind (kurzfristig) Mengeneffekte nicht zu erwarten. In diesem Fall läuft der Preiseffekt dem Mengeneffekt voraus. Die Argumentation ist insoweit asymmetrisch: Gehen bei einer zu geringen gesamtwirtschaftlichen Nachfrage Mengeneffekte Preiseffekten voraus, ist die Situation bei einem Überhang der gesamtwirtschaftlichen Nachfrage genau umgekehrt[4].

Wird die Argumentation bis hierher akzeptiert, sind die politischen

Optionen eindeutig: Antiinflations- und Beschäftigungspolitik meint in der keynesianischen Variante Nachfragesteuerung.

In der politischen Praxis ist aus der keynesianischen Argumentation ein Planungstyp entstanden, den *Naschold/Väth* als parametrische Planung bezeichnen[5]. Da das Paradigma keynesianischer Argumentation darin besteht, den Konjunkturverlauf über die Entscheidungen der Wirtschaftssubjekte als determiniert zu betrachten, setzt staatliche Steuerung logisch bei der Beeinflussung der Entscheidungen der Wirtschaftssubjekte — Konsum- und Investitionsentscheidungen — an. Marktkonforme Steuerung meint in dieser Version Verhaltenssteuerung. Die Daten, die den Entscheidungen der Unternehmungen und privaten Haushalte über Investition und Konsum zugrundeliegen, werden so gesetzt, daß ein erwünschtes Verhalten erzeugt wird.

Bei Beschränkung auf das Beschäftigungsproblem wird das eigentliche Anliegen keynesianischer Theorie deutlich: insistiert keynesianische Argumentation auf dem Satz, daß die Resultate des Marktmechanismus lediglich hinsichtlich des Volumens der Beschäftigung, nicht aber der Art der Beschäftigung — das Argument der Produktionsstruktur — negativ zu bewertende Resultate hervorbringt, folgt auch Volumensteuerung, nicht aber Allokationspolitik. *Keynes* und die Keynesianer suchen eine Art „neutrale" Politik, bei der das Volumen der Beschäftigung über die Stabilisierung der gesamtwirtschaftlichen Nachfrage auf dem schmalen Grat der Vollbeschäftigung gesteuert wird, ohne daß die Produktionsstruktur beeinflußt wird: „Ich sehe keinen Grund zur Annahme, daß das bestehende System die gebräuchlichen Produktionsfaktoren falsch behandelt... Es ist die Bestimmung des Volumens, nicht die Richtung der tatsächlichen Verwendung, was zum Zusammenbruch des bestehenden Systems geführt hat[6]."

Das Diktum *Schiller*scher Wirtschaftspolitik in der Bundesrepublik zielt in diese Richtung. *Schiller* vermutet, daß die Versöhnung des „Freiburger Imperativs" und der „Keynesianischen Botschaft" möglich ist. Dies meint, daß die Entscheidung über die Allokation der Produktionsfaktoren dem Mikrobereich vorbehalten bleibt und der politische Entscheidungsträger lediglich das Volumen der gesamtwirtschaftlichen Produktion und damit das Volumen der Beschäftigung auf das erwünschte Niveau steuert. Die Skylla der Arbeitslosigkeit und die Charybdis der Inflation sind, dies ist das keynesianische Credo, beide zu vermeiden. Für keynesianische Ökonomen gibt es nur das Entweder-oder, nicht aber das Sowohl-als-auch.

Der Instrumentenkasten für die „richtige" Beschäftigungspolitik ist jedenfalls nach Auffassung der Optimisten gut gefüllt: Steuersenkun-

gen zur Anhebung des privaten Verbrauchs und zur Stimulierung der unternehmerischen Investitionsentscheidungen auf der einen Seite, Erhöhung der öffentlichen Ausgaben auf der anderen: „Linke" Keynesianer hoffen dabei auf eine soziale Politik: Steuersenkungen für die Bezieher niedriger Einkommen und Ausgaben für den sozialen Wohnungsbau, Schul- und Krankenhausbau, Regionalförderung, Stadtsanierung bei gleichzeitigem Ausbau des Systems der sozialen Sicherung[7]. Gerade in der Krise — so lautet die These — liegt die Chance für eine nachhaltige Verbesserung des gesellschaftlichen Wohlstandes über die gezielte Förderung jener Produktionen, die sonst zugunsten des privaten Konsums zu kurz kommen. Die Finanzierung des notwendig entstehenden Defizits im staatlichen Budget kann über öffentliche Verschuldung erfolgen. Die Bundesbank finanziert über Geldschöpfungsprozesse Einnahmeverluste aufgrund der Steuersenkungen und Ausgabenerhöhungen. Gesellschaftlich positive Resultate: Sinkende Arbeitslosenzahlen und steigende Produktion gesellschaftlich wichtiger Güter- und Dienstleistungen.
Nicht Ausgabensenkung, sondern Ausgabenerhöhung in der Rezession, so lautet die Forderung keynesianischer Politik, gleich ob sie „links"-keynesianisch oder „rechts"-keynesianisch angelegt ist. Wir werden jetzt fragen, worauf sich der Stabilisierungsoptimismus keynesianischer Theorie gründet.
Die These lautet, daß der Stabilisierungsoptimismus keynesianischer Theorie aus der Unfähigkeit folgt, die Beschränkung neoklassischer Argumentation auf die Untersuchung von Gleichgewichtszuständen zu überwinden. Keynesianische Politik greift daher auch eher zufällig in bestimmten Situationen und versagt immer dann, wenn die Zusammenhänge zwischen unternehmerischen Allokationsentscheidungen und staatlicher Stabilisierungspolitik nicht so sind, wie Keynesianer gerne glauben.

2. Gleichgewicht und die Folgen: Von der Orthodoxie zur Neo-Orthodoxie

Der Nachweis für diese Sätze wird im folgenden im Rahmen eines typischen Makromodells geführt, das für die hier zur Diskussion stehenden Probleme unwesentlich vereinfacht ist. Die Vereinfachungen betreffen die Annahmen eines gegebenen Nominallohnniveaus, einer gegebenen Ausstattung der Volkswirtschaft mit technischen Produktionsmitteln und einer gegebenen Investitionsgüternachfrage. Schließlich ist angenommen, daß das Arbeitskräfteangebot kurzfristig konstant und unabhängig von der Lohnhöhe ist.

Die reale (mengenmäßige) Nachfrage (Y_D) läßt sich als Summe der Nachfrage nach Konsumgütern (C) und Investitionsgütern (I) bestimmen. Die Nachfrage nach Konsumgütern ist von der Höhe der Einkommen aus unselbständiger Tätigkeit (L), den Gewinnen (P) und den Konsumquoten (c_L/c_P) der entsprechenden Einkommensempfänger abhängig; die Investitionsgüternachfrage wurde zur Vereinfachung als gegeben angenommen.

$$Y_D = C + I \tag{1}$$

$$Y_D = c_L L + c_P P + I \tag{2}$$

Die Summe aus dem Einkommen aus unselbständiger Tätigkeit und den Gewinnen ergibt die Höhe des Volkseinkommens bzw. des Sozialproduktes. Die Einkommen aus unselbständiger Tätigkeit (L) lassen sich wiederum aus der Multiplikation des Reallohnes mit der Zahl der beschäftigten Arbeitskräfte gewinnen. (L = l_RA). Aus dieser Überlegung folgt dann:

$$Y_D = (c_L - c_P) l_R \cdot A + c_P Y + I \tag{3}$$

$$Y_D = (c_L - c_P) l_N \cdot A/p + c_P Y + I \tag{4}$$

Der Reallohn ergibt sich aus der Division des Nominallohns durch den Preis (index). Bei gegebenem Nominallohn folgt dann, daß die Nachfrage von der Höhe des Preises und des realen Einkommens (Y) bzw. des Beschäftigungsniveaus bestimmt ist.

Die Beziehungen zum Arbeitsmarkt werden über den Zusammenhang zwischen Höhe der Produktion (reales Volkseinkommen) und der Beschäftigung hergestellt, der sich in der üblichen Produktionsfunktion ausdrückt[8].

$$Y = Y(A) \text{ mit } Y_A > 0 \tag{5}$$

(5) beschreibt die übliche (kurzfristige) Produktionsfunktion. Für eine steigende mengenmäßige Produktion werden zusätzliche Arbeitskräfte benötigt: Je höher die mengenmäßige Produktion, desto größer muß der Beschäftigungsgrad sein. Dies alles gilt lediglich kurzfristig. Mit der Bestimmung der mengenmäßigen Produktion ist damit auch

der Beschäftigungsgrad definiert. Y_S (max) beschreibt das Produktionsniveau bei Vollbeschäftigung.
Die Nachfrageseite des Modells ist damit bestimmt: Die gesamtwirtschaftliche Nachfrage ist vom Preisniveau (p) und der realen Produktion abhängig und um so größer, je niedriger das Preisniveau und je höher die reale Produktion bzw. die Beschäftigung ist. Formal schreibt sich dieses auch unmittelbar einsichtige Ergebnis:

$$Y_D = Y_P(Y_P) \text{ mit } Y_D \tag{6}$$

Ein möglicher Verlauf der Beziehung ist in der Abb. 1 dargestellt.

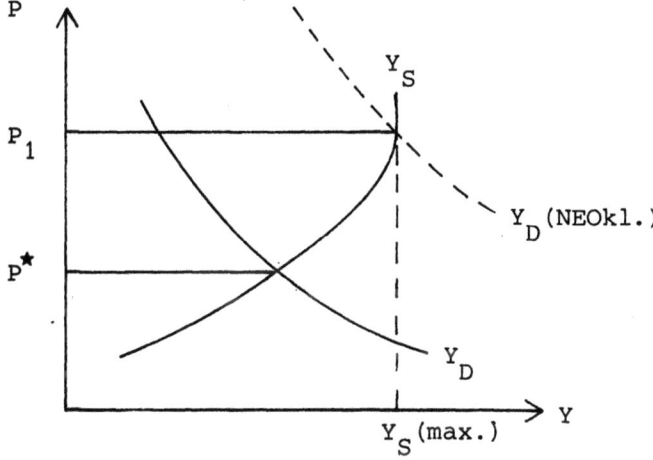

Neben der Nachfrageseite ist die Angebotsseite zu bestimmen. Auch Keynesianer akzeptieren die von der neoklassischen Theorie vorgeschlagene Bestimmung der Nachfrage nach Arbeitskräften entsprechend dem Gewinnmaximierungspostulat: Unternehmungen werden bei einer zusätzlich einzustellenden Arbeitskraft zusätzlich entstehenden Kosten (Nominallohn) und die zusätzlich entstehenden Erlöse (zusätzlich zu produzierenden Mengen, bewertet mit dem Preis pro Produkteinheit) vergleichen, und nur dann Arbeitskräfte nachfragen, wenn die zusätzlich zu erzielenden Erlöse die zusätzlich entstehenden Kosten übersteigen. Aus dieser Überlegung folgt, daß die Nachfrage nach Arbeitskräften bei gegebenem Nominallohn mit steigendem Preisniveau zunimmt. Anders formuliert: Mit steigendem Preisniveau steigt das von den Unternehmungen geplante mengenmäßige Angebot an Gütern- und Dienstleistungen. Formal schreibt sich diese Beziehung:

$$Y_S = Y_S(p) \text{ mit } Y_S' > 0 \tag{7}$$

In der Abb. 1 ist wieder ein möglicher Kurvenverlauf dargestellt. Bis hierher gehört die vorgestellte modelltheoretische Argumentation zum Standardwissen jedes Ökonomen. Was die keynesianische Ökonomie daraus macht, ist jedoch eher verblüffend und neuerdings Gegenstand einiger Kontroversen zwischen Vertretern einer Ungleichgewichtstheorie wie *Clower, Leijonhufvud* bzw. Vertretern einer neuen Mikroökonomie und traditionellen Keynesianern[9]. Wir werden an dieser Stelle eine eigene Interpretation anbieten.

Das vorgestellte Modell ist in den Beziehungen (6) und (7) zusammengefaßt. Es enthält 4 Unbekannte, die mit den zur Verfügung stehenden 2 Gleichungen nicht bestimmt werden können. Keynesianische Theorie löst das Problem schlicht durch die Annahme, daß der Gütermarkt im Gleichgewicht ist: Der Preis — in der Abb. 1 als p* bezeichnet — stellt sich so, daß das mengenmäßige Angebot gerade der mengenmäßigen Nachfrage entspricht. In eben diesem Gleichgewicht wird auch produziert: Das realisierte Sozialprodukt (Y) entspricht den nachgefragten und angebotenen Mengen:

$$Y_D \stackrel{!}{=} Y_S \stackrel{!}{=} Y \tag{8}$$

Im Rahmen keynesianischer Argumentation gibt es entsprechend dieser Interpretation — unter Verwendung der Bedingung (8) — immer einen Preis, bei dem bei Räumung des Gütermarktes produziert wird[10]. Während der Gütermarkt geräumt wird, kann sich der Arbeitsmarkt im Ungleichgewicht befinden. Die Nachfrage nach Arbeitskräften reicht nicht aus, um das vorhandene Angebot aufzunehmen. Preise räumen den Gütermarkt, nicht aber notwendig den Arbeitsmarkt — dies ist der Kern keynesianischer Analytik.

Neoklassisches Räsonnement löst das Puzzle um (6) und (7) anders herum. Über einen funktionierenden Arbeitsmarkt wird der Preis bestimmt, bei dem der Arbeitsmarkt geräumt wird. Im Rahmen des vorgestellten Modells ist dies leicht einsichtig. Wird nicht (8) sondern

$$Y = Y(\max) \tag{8a}$$

gesetzt, also angenommen, daß über richtige Reallohnbewegungen Vollbeschäftigung gesichert ist, folgt der Preis, der den Arbeitsmarkt räumt: Bei gegebenem Nominallohn muß der Preis steigen, wenn kurzfristig arbeitslose Arbeitskräfte wieder beschäftigt werden sollen. Problematisch ist dann noch die Nachfrageseite: Bei einem „hohen" Arbeitsmarktpreis — in der Abb. 1 p_1 — darf die gesamtwirtschaftliche Nachfrage nicht zu niedrig sein, da sonst der Gütermarkt nicht geräumt wird. Die neoklassische Argumentation löst dieses Problem über das Saysche Theorem: Die Investitionsgüternachfrage steigt auf das notwendige Niveau. In der Abbildung ist dies mit Y_d (neokl.) verdeutlicht. Ist der Anstieg der Investitionen auf das notwendige Vollbeschäftigungsniveau für die neoklassische Konzeption Automatik, bleibt für Keynesianer dieser Prozeß notwendiger Staatseingriff. Arbeitsmarktgleichgewicht — Vollbeschäftigung — wird nicht als Ergebnis von Marktmechanismen, sondern als wirtschaftspolitische Aufgabe gefaßt: Formuliere (8 a) als

$$Y_s \stackrel{!}{=} Y_s (\max) \qquad (8\,b)$$

und bestimme das notwendige Investitionsvolumen über (6). Dies ist keynesianische Argumentation als rückwärts gelesene Neoklassik — Vorzug und Mangel keynesianischer Argumentation zugleich. Keynesianische Theorie ist in diesem Licht auf den Kopf gestellte Neoklassik.
Das keynesianische Theoriegebäude überwindet das Gleichgewichtsmodell à la *Walras* damit nicht. Lediglich die Vorstellung des Arbeitsmarktgleichgewichts wurde aufgebrochen, das Gleichgewichtsdenken auf dem Gütermarkt jedoch nicht aufgegeben. Der Stabilitätsoptimismus keynesianischer Theorie und Politik ist mit dieser Gleichgewichts- „fassung" a priori gesetzt, nicht aber begründet abgeleitet.
Auch für Keynesianer werden die Dinge dann verwirrender, wenn empirische Evidenz sowohl für Skylla als auch für Charybdis spricht: Steigende Arbeitslosenquoten und steigende Inflationsraten als simultan auftretende Phänomene widersprechen der inneren Logik keynesianischer Theorie ebenso wie den abgeleiteten politischen Optionen. Müßte zum Zwecke der Stabilisierung des Preisniveaus eine nachfragedämpfende Politik betrieben werden, folgt aus dem Argument der Stabilisierung des Beschäftigungsgrades eine nachfrageerhöhende Politik. Mit keynesianischer Theorie sind Stagflationssituationen nicht mehr zu erklären, vielmehr müssen Versatzstücke anderer Theorievarianten bemüht werden.
Die zusätzlichen Argumente liegen auf verschiedenen Ebenen. Das einfachste und in der traditionellen wirtschaftspolitischen Debatte auch

beliebteste Argument zielt auf politisch garantierte (Tarifautonomie und Preisautonomie der Unternehmungen) und ökonomisch kurzfristig effiziente Ausübung von Macht. „Marktmacht haben heißt, die Preisrelationen zu den eigenen Gunsten beeinflussen können; Marktmacht nutzen bedeutet, den Preis- und Verteilungsautomatismus des Marktes durch organisierten Verteilungskampf entgegenwirken[11]."

Was der Sachverständigenrat meint, wird an anderer Stelle deutlicher: Gefordert wird stabilitätskonforme gewerkschaftliche Lohnpolitik. Das Argument lautet, daß eine Umverteilungsansprüchen genügende Lohnpolitik der Gewerkschaften zu Kostenerhöhungen für die Unternehmungen führt, die über Preiserhöhungen abgewälzt werden. Versucht der politische Entscheidungsträger in dieser Situation eine Politik der Nachfragedämpfung, reagieren die Unternehmungen mit Mengeneinschränkungen, Konsequenz dieser Politik ist Arbeitslosigkeit. Einkommenspolitische Absicherung — so lautet die politische Option.

Nun ist nicht zu bestreiten, daß über nichtkostenniveauneutrale Lohnerhöhungen Kosteneffekte ausgelöst werden. Wie problematisch Gewerkschaften ausgelösten, zumindest aber mitbedingten stagflatorischen Entwicklung ist, wird dann deutlich, wenn keynesianische Ökonomie ernst genommen wird: Lohnerhöhungen haben nicht nur einen Kosteneffekt, sondern auch einen Einkommenseffekt. Geringe Lohnerhöhungen — die unter der Kostenniveauneutralitätsgrenze bleiben — führen eben auch zu einem geringen Einkommenszuwachs und damit zu einem der Ausweitung des Produktionspotentials nicht angemessenen Nachfrageeffekt, der sich in einer geringen Mengenkonjunktur zumindest auf dem Konsumgütersektor darstellen kann. Was für eine einzelne Unternehmung von Vorteil sein kann — Kostenentlastung aufgrund geringer Lohnerhöhung — ist für die Konsumgüterindustrie insgesamt ein Nachteil: Steigende Mengen werden zum herrschenden Preisniveau nicht aufgenommen, die sinkende Mengenkonjunktur führt zu einem Rückgang der Beschäftigung. Der Weg aus der Rezession ist so leicht nicht: Geringe Lohnerhöhungen garantieren keine hohen Gewinne, Gewinne garantieren — dies ist noch zu zeigen — keine Vollbeschäftigung.

Marktmacht wird auch von der weniger konservativen Theorie als Haupthindernis keynesianischer Politik geortet. „Links"-keynesianische Politik will massive Nachfrageausweitung und vermutet, daß die Unternehmungen nicht mit erwünschten Mengeneffekten, sondern unerwünschten Preiseffekten reagieren können. Keynesianisch angesetzte Wirtschaftspolitik wird dann zu einem Inflationsschub führen,

setzte Wirtschaftspolitik wird dann zu einem Inflationsschub führen, der zumindest kurzfristig nicht von einer Mengenkonjunktur und damit von Beschäftigungswirkungen begleitet ist.
Dieses Argument spielt in der neueren Debatte insbesondere im Zusammenhang mit der Theorie der administrierten Preise eine Rolle. Die Vermutung geht dahin, daß insbesondere auf oligopolisierten und monopolisierten Märkten die Unternehmungen durch Ausnutzung von Marktmacht in der Lage sind, Preiserhöhungen durchzusetzen. Die Begründung für eine neue „Qualität" der Ursache-Wirkung-Beziehung wird über den Hinweis auf ein „neues" Unternehmerverhalten gegeben. Geht neoklassisches Räsonnement von der These aus, daß die Unternehmungen nach Gewinnmaximierung streben, bezieht sich Machttheorie auf die Überlegung, daß Unternehmungen eine bestimmte Rentabilität erwirtschaften wollen. Begründet wird diese Vorstellung mit dem Hinweis auf neue Marktstrukturen aufgrund zunehmender Oligopolisierung und Monopolisierung, neuer Technologien und unternehmerischer Kontrolltechniken mit der Konsequenz, daß nicht mehr die Grenzkosten der Produktion, sondern die Stückkosten bei der Preisplanung eine wesentliche Rolle spielen. Die Unternehmungen planen — so das Konzept der mark-up-theory — einen bestimmten Gewinnaufschlag auf die Preise enstprechend ihren Rentabilitätsvorstellungen. Geht aufgrund eines Nachfragerückganges die Kapazitätsauslastung zurück, steigen die Stückkosten, bei vermachteten Märkten werden die Unternehmungen die steigenden Stückkosten auf die Preise überwälzen wollen.
Mit dem Argument der Ausnutzung von Marktmacht auf den Gütermärkten soll zweierlei begründet werden: Einmal die wohl auch empirisch gesicherte Mengenreaktion großer Unternehmungen bei einem Nachfragerückgang, zum anderen der kurzfristige Preiseffekt bei staatlicher Nachfragestimulierung. Das Argument vermachteter Märkte und daraus folgendem neuen Preisverhalten der Unternehmungen darf sicher nicht unterschätzt werden. Daraus eine Theorie der Stagflation mit wirtschaftspolitischen Optionen abzuleiten, überzieht den Ansatz und ist eher unbefriedigend. Das Argument ist methodisch unsauber, da eine Theorie der Profitrate nicht formuliert wird, also offen bleibt, wie hoch die „erwünschte" Profitrate — sprich Rentabilität oder „mark up" — für die Unternehmungen ist. Lediglich auf unbestimmte Vorstellungen zu verweisen, reicht offensichtlich nicht aus. Das Argument steht in der Tradition Euckenianischer Moralphilosophie, wenn als politische Option lediglich eine verstärkte Ordnungspolitik — sprich Wett-

bewerbspolitik — folgt. Es wird nicht gesehen, daß mit der Entwicklung kapitalistischer Systeme Marktvermachtung notwendig folgt. Der Hinweis auf die Notwendigkeit einer Rückkehr zum Wettbewerbszustand — auch in der Version von *Kantzenbachs* „weitem Oligopol" — ist eher historische Reminiszenz denn pragmatische oder gesellschaftliche Realität fassende politische Option. Wird auf der anderen Seite aus dem Machtargument die Notwendigkeit von Preiskontrollen abgeleitet, ist der richtig konstatierte Mengeneffekt schlicht vergessen: Die Unternehmungen werden verstärkt rationalisieren. Ist das nicht möglich, scheiden sie aus dem Markt aus. Wie auch immer: Konsequenz einer Politik der Preiskontrollen ist steigende, nicht sinkende Arbeitslosigkeit. Die falsche Diagnose führt zur falschen Wirtschaftspolitik.

Auf einer anderen Ebene setzen Argumente an, die auf internationale wirtschaftliche Verflechtungen verweisen. Kostenimpulse aufgrund steigender Rohstoffpreise und sinkende Exporte aufgrund Rezessionstendenzen im Ausland bei „ungeordneter Weltwährungsordnung" sind die Auslöser für Beschäftigungsprobleme im Inland. Konsequent setzt dabei auch gegenwärtige Wirtschaftspolitik in der Bundesrepublik auf einen Anstieg der Exportgüternachfrage und einen Rückgang der Rohstoffpreise. Die Diagnose ist simpel, die Therapie schwieriger: Diagnostiziert wird, daß jeweils der andere schuld hat, therapiert wird mit dem Versuch der Schuldzuweisung. Die rohstoffproduzierenden Länder sollen billiger werden, die Abnehmerländer für die heimischen Exportgüter eine expansive, u. U. inflatorische Politik praktizieren. Beggar-my-neighbour-Politik in einer neuen Version.

Vom methodischen Standpunkt sind die vorgeführten Argumente unbefriedigend. Sie beziehen sich letztlich auf außerhalb des wirtschaftlichen Kernbereichs liegende Ursachen für konjunkturelle Entwicklungen und stehen insoweit in der Tradition jener Konjunkturtheorien, die auf außerhalb des wirtschaftlichen Bereichs liegende, exogene Ursachen verweisen und seit Jevons berühmter Sonnenfleckentheorie eine lange Tradition haben: Orthodoxie im neuen Gewand, Neo-Orthodoxie. Die Denkmuster traditioneller ökonomischer Theorie und daraus folgende politische Optionen werden jedenfalls mit den genannten, keynesianische Theorie und Politik ergänzenden Argumenten nicht aufgelöst. Gegenüber neoklassischer Orthodoxie unterscheidet sich die Orhodoxie des Keynesianismus darin, daß nicht von einer stabilen, aber grundsätzlich stabilisierbaren Welt ausgegangen wird, wenn der Staat nur Nachfragesteuerung und damit Beschäftigungs-

muster und suchen eher auf der politischen Ebene Argumente, um neue konjunkturelle Qualitäten — Stagflation — zu erklären und die Stabilisierungsthese zu retten.
Das Puzzle um (6) und (7) geht in den genannten Überlegungen nicht auf, ist aber zumindestens von der Struktur her in Ordnung. Lediglich exogene Faktoren wie die Ausübung von Macht oder eine falsche Politik führen zum Durcheinander. Das Puzzle um (6) und (7) geht deshalb auf, da Gleichgewicht — zumindest auf Teilmärkten — a priori gesetzt wird. Es ist nun zu zeigen, was aus einer ungleichgewichtigen, den Zusammenhang zwischen Allokationsentscheidungen und Niveauproblemen aufnehmenden Theorie folgt.

3. Ungleichgewichte und die Folgen: Allokation und Stabilität

Keynesianische Argumentation in der vorgetragenen Fassung impliziert zweierlei:
— Einmal muß generell Übereinstimmung zwischen gesamtwirtschaftlicher Nachfrage und gesamtwirtschaftlichem Angebot auf dem Gütermarkt als endogene Fassung des Gleichgewichtspostulates zur Ableitung des „richtigen" Gütermarktpreises gesetzt werden.
— Zum anderen ist Produktion bzw. Tausch zu „falschen", nicht gleichgewichtigen Preisen ausgeschlossen. Das produzierte reale Sozialprodukt entspricht den angebotenen bzw. nachgefragten Mengen.

Produktion und Tausch finden — wie bereits bei *Walras* — erst dann statt, wenn der Auktionator die „Preise" ermittelt hat. Neoklassische Gleichgewichtsmodelle à la *Walras* brauchen den Auktionator, der die Gleichgewichtspreise durch den Prozeß des „tâtonnements" ermittelt. Der Auktionator — so die Interpretation von *Leijonhufvud* — hat in walrasianischen Gleichgewichtsmodellen die Aufgabe, die Informationen über die Gleichgewichtspreise den Wirtschaftsobjekten kostenlos zur Verfügung zu stellen. Tausch findet erst dann statt, wenn die Gleichgewichtspreise ermittelt sind, ein „false trading" ist ausgeschlossen. Anders formuliert: Sind alle Güter gleich liquide, kann jedes Gut zum Gleichgewichtspreis gekauft und verkauft werden. Geld ist dann ein Gut unter allen anderen Gütern, die Geldwirtschaft ist auf die Tauschwirtschaft reduziert.
Keynesianische Ökonomen haben dies oft genug kritisiert, benötigen jedoch — wie es scheint — auch eine endogene Fassung des Gleichgewichtsbegriffs. Die oben genannte Bedingung (8) enthält zwei For-

men der Gleichgewichtsbedingung, die mit walrasianischem Tauschgleichgewicht zwar nicht identisch ist, die Gleichgewichtsproblematik jedoch auf der dargestellten Ebene aufnimmt.

Wenn wir jetzt eine Interpretation einer möglichen Ungleichgewichtstheorie anbieten, ist zunächst zu zeigen, was (kurzfristig) unter Nicht-Gleichgewichtspreisen geschieht. Aufgrund vergangener Allokationsentscheidungen besteht heute eine Produktionsstruktur, die — bei kostenoptimaler Auslastung — zur Produktion einer bestimmten Menge von Gütern und Dienstleistungen verwendet werden kann. Die Kapitalausstattung pro Arbeitsplatz ist Ergebnis „historischer" Entscheidungen auf der Grundlage in der Vergangenheit antizipierter heutiger Preise, die Zahl der zur Verfügung stehenden Arbeitsplätze ist kurzfristig ebenso wie die Kapital-Arbeits-Kombination nicht veränderbar und erfordert für eine kostenoptimale Produktion eine bestimmte Menge und Qualität an Arbeitskräften. Wir bezeichnen die heute bei gegebener Kapital-Arbeit-Kombination kostenoptimal produzierbare Gütermenge mit $\bar{y}$. Eine mögliche Konstellation — bedingt durch die Systemparameter — ist in Abb. 2 angegeben.

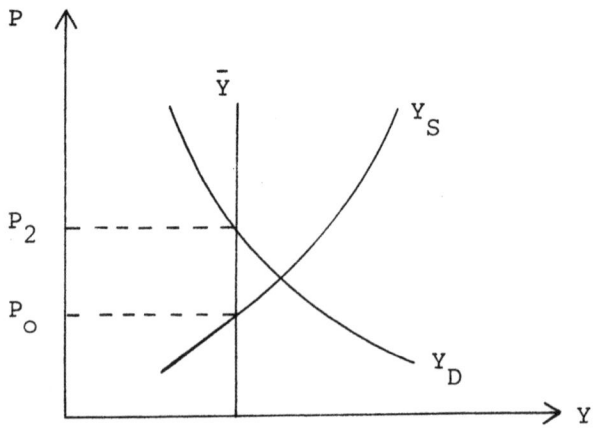

Unter diesen Bedingungen wird entweder ein Sozialprodukt realisiert, daß der Produktionsstruktur entspricht — $\bar{y}$ — oder bei einer zu geringen gesamtwirtschaftlichen Nachfrage die der Nachfrage entsprechende Menge Y_D. Der letztgenannte Fall einer „nachfragebegrenzten" Lösung ähnelt dem typischen Keynes-Fall der Nachfragedefizite und soll hier nicht gesondert untersucht werden. Bei einem

Preisniveau oberhalb von p_2 funktioniert keynesianische Politik der Nachfragestimulierung mit entsprechenden positiven Beschäftigungswirkungen zumindest kurzfristig.
Auch andere Bereiche (das Preisniveau liegt zwischen p_0 und p_2) brauchen im einzelnen nicht überprüft zu werden. Ausgesprochen interessant dagegen sind die Fälle, die für keynesianische Argumentation untypische, aber für die konjunkturelle Realität typische Situationen beschreiben.
Bei einem Preisniveau, das für die Unternehmungen bei gegebener Produktionsstruktur das Gewinnmaximum sichert (Preis = Grenzkosten, in der Abb. 2 der Preis p_0) besteht kurzfristig ein „Unternehmensgleichgewicht", das als Quasi-Gleichgewicht bezeichnet werden kann: Die Allokationsentscheidungen der Vergangenheit „stimmen" hinsichtlich der Gewinnplanung. Da die gesamtwirtschaftliche Nachfrage das Angebot übersteigt, ist Nachfragestimulierung überflüssig. Arbeitslosigkeit als konjunkturelles Phänomen wird in dieser Situation auch ohne expansive Wirtschaftspolitik abgebaut.
Dies gilt nicht für ein Preisniveau, das unterhalb von p_0 liegt. Bei einem Preisniveau kleiner als p_0 erweisen sich die unternehmerischen Allokationsentscheidungen der Vergangenheit als falsch, Produktion erfolgt nicht kostenoptimal.
Die Konsequenzen sind allerdings schwerwiegend: Die Unternehmungen werden trotz eines möglichen Nachfrageüberhanges mit Mengenpolitiken reagieren, die Produktion also einschränken und Arbeitskräfte entlassen. Nachfragestimulierung entsprechend parametrischer Planung ist sinnlos, da die Ursachen der Arbeitslosigkeit bzw. Rezession nicht konjunktureller, sondern produktionsstruktureller Natur sind. Nachfragestimulierung — in der der Abb. 2 zugrundeliegenden Situation ist die gesamtwirtschaftliche Nachfrage ohnehin groß genug — würden allenfalls mögliche Preiseffekte verstärken, die Strategie der Anpassung der Produktionskapazität an die heutigen bzw. erwarteten Preis-Grenzkosten-Verhältnisse mit der Konsequenz steigender Arbeitslosigkeit und sinkender mengenmäßiger Produktion nicht verhindern. Stagflation — dies ist die beschriebene wirtschaftliche Situation, die Keynesianer ohne Rückgriff auf Marktmacht, falsche Politiken u. ä. nicht erklären können und die dann ableitbar werden, wenn der Zusammenhang zwischen „historischen" Allokationsentscheidungen und „heutigem" Preisniveau gesehen werden. Der gezeigte Anti-Keynes-Fall beruht auf der Überlegung, daß Arbeitslosigkeit keineswegs immer ein konjunkturelles oder entsprechend neoklassischer Diktion friktionelles Problem ist. Arbeitslosigkeit kann Ergebnis

falscher Produktionsstrukturentscheidungen der Vergangenheit mit der Konsequenz sein, daß schlichte Nachfragepolitik à la Keynes wenig hilft.
Der Anti-Keynes-Fall folgt in unserer Argumentation nicht durch neue Theorieelemente, die an die Stelle orthodoxer Hypothesen gesetzt werden. Der Anti-Keynes-Fall folgt dann, wenn die Annahme des Gütermarktgleichgewichtes und die Vorstellung aufgegeben wird, daß Produktion und Tausch bei „Gleichgewichtsgüterpreisen" oder zumindest „Quasi-Gleichgewichtsgüterpreisen" im o. g. Sinn erfolgt. Die „perverse" unternehmerische Reaktion — Einschränkung der mengenmäßigen Produktion — gilt unter „normalen" Verhaltensbedingungen. Das privatwirtschaftliche Rentabilitätskalkül führt zu eben jenen gesamtgesellschaftlichen Folgen, die sich — trotz stabilisierender Nachfragepolitik durch die politischen Entscheidungsträger — in einem Rückgang der Produktion bei wachsender oder zumindest stabiler Arbeitslosigkeit zeigen[12].
Die Begrenztheit keynesianischer Argumentation und das Versagen keynesianischer Stabilisierungspolitik in bestimmten ökonomischen Situationen hat wenig mit der Argumentation von „zu hohen" Löhnen oder Marktmacht aufgrund zunehmender Monopolisierung der Wirtschaft bzw. Rückgriff auf (ökonomische) Irrationalitäten politischer Entscheidungen zu tun. Die gezeigte Schwäche keynesianischer Argumentation liegt in der von der Neoklassik formulierten und von der keynesianischen Ökonomie nicht überwundenen Gleichgewichtsorientierung.
Im Anschluß an die von *Leijonhufvud* und *Clower* ausgelöste Debatte ist behauptet worden, daß zwischen „keynesianischer Theorie" und der „Theorie von Keynes" unterschieden werden muß. *Leijonhufvud* konstatiert, daß keynesianische Ökonomie gleichgewichtsorientiert ansetzt, der Lehrmeister selbst jedoch eine Ungleichgewichtstheorie formuliert hat. Diese Interpretation geht davon aus, daß *Keynes Walras* „ohne den Auktionator" gefaßt hat und damit das Postulat der vollkommenen Information bzw. der unendlichen Preisanpassungsgeschwindigkeit auflösen konnte. Wird Tausch und Produktion unter der Bedingung unvollkommener Information analysiert, ist „false trading" nicht mehr ausgeschlossen. Produktion und Tausch finden bei falschen Preisen statt bzw. unterbleiben. Die Konsequenzen sind kumulative Prozesse, die die Instabilität des privaten Sektors begründen. Ohne auf das Problem einzugehen, ob die Unterscheidung zwischen „keynesianischer Theorie" und der „Theorie von Keynes" sinnvoll ist, kann konstatiert werden, daß Mengeneffekte in einer Ungleich-

gewichtstheorie eine zentrale Rolle spielen. Entscheidend ist dann die Begründung für die relative Bedeutung von Mengeneffekten gegenüber Preiseffekten.

Leijonhufvud und *Clower* deuten die relative Relevanz von Mengeneffekten gegenüber Preiseffekten über „falsche" Informationen, die im System verbreitet werden. Wird *Keynes* als Neoklassiker ohne Auktionator interpretiert, muß zwischen möglicher und tatsächlicher Nachfrage unterschieden werden. Auf den Arbeitsmarkt bezogen folgt, daß die Unternehmungen die mögliche Nachfrage nach Gütern nicht kennen, sondern lediglich die Nachfrage nach Geld von den bisher Arbeitslosen. Anders formuliert: Würden die Unternehmungen bisher Beschäftigungslose einstellen, wäre der Kosteneffekt klar kalkulierbar. Ob und in welchem Ausmaß damit auch Nachfrage nach zusätzlich produzierten Gütern und Dienstleistungen gesichert ist, bleibt den Unternehmungen unbekannt. Die mögliche Gesamtnachfrage wird in einem Geldsystem eben nicht verbreitet, auch bei Lohnsenkungen hätten die Unternehmungen keine Veranlassung, zusätzliche Arbeitskräfte einzustellen: Die Nachfrage nach zusätzlich produzierbaren Gütern und Dienstleistungen ist unbekannt.

Damit ist nach Auffassung von *Leijonhufvud* und *Clower* — überraschend genug, daß sie hier mit orthodoxer Keynes-Interpretation übereinstimmen — das eigentlich destabilisierende Element geortet: Geld „stört" den Ausgleichsmechanismus, der nach neoklassischer Doktrin zu einem Ausgleich zwischen gesamtwirtschaftlichem Angebot und gesamtwirtschaftlicher Nachfrage führen soll.

Im entwickelten Geldsystem werden über Geld falsche Informationen verbreitet. Information rückt damit in den Mittelpunkt der Analyse. Was die „neue Mikroökonomie" aus diesem Ansatz macht, ist allerdings überraschend: Die Kosten der Informationsbeschaffung — der „kostenlose" Auktionator ist nicht mehr auf der Bühne — sind bei der Bestimmung von Entscheidungen zu berücksichtigen.

Die Kosten der Informationsbeschaffung — so die Variante der neuen Mikroökonomie — begründen die größere Relevanz der Mengeneffekte gegenüber dem Preiseffekt. In der Diktion von *Alchian* wird dies wie folgt ausgedrückt: "We digress to note that Keynes, in using a quantity-adjusting instead of a price-adjusting theory of exchange merely postulates a 'slow' reacting price,...". So richtig dies ist, so decouvrierend ist allerdings der zweite Halbsatz von *Alchian*: "..., without showing that slow price responses were consistent with utility or wealth maximizing behavior in open, unconstrained markets[13]." Der Satz beweist das Credo neoklassischen Denkens. Ausgehend von der Theorie der individuellen Entscheidung auf der Grundlage rationalen Handelns bei bekannten und wohlgeordneten Bedürfnisstrukturen will neo-neoklassisches Denken die Instabilitätsthese begründen und gleichzeitig abschwächen. Spielen bei Entscheidungen über Tauschprozesse die Kosten der Informationsbeschaffung eine Rolle, ist es eben „natürlich", daß Individuen mit Transaktionen zurückhalten. Die Konsequenz dieser Strategie — die „natürliche" Arbeitslosenquote — ist durch die rationalen Entscheidungen bedingt eben auch „natürlich" und Bedingung für die optimale Funktionsfähigkeit des Systems.

Dies ist interessant genug: Hat *Pigou* den Nachweis geführt, daß partielle Optimierung nicht zu gesamtgesellschaftlichem Wohlstand in bezug auf die Allokation der knappen Ressourcen führt, zeigt die neue Mikroökonomie eben dies für die Stabilitätseigenschaften. Allerdings sind die Bedenken gegen den methodischen Ansatz dieser Konzeption schwerwiegend, da die üblichen Argumente gegen neoklassische Theoriebildung ins Feld geführt werden müssen.

Mit dem Argument der Verbreitung falscher Informationen über Geld in der entwickelten Geldwirtschaft wird lediglich konstatiert, daß über den Marktmechanismus die „inneren" Stabilitätsbedingungen kapitalistischer Systeme jedenfalls im ökonomischen Bereich nicht gesichert sind. Dies über die Berücksichtigung von Kosten der Informationsbeschaffung als „natürlich" zu qualifizieren, meint Denken in gegebenen Systemstrukturen. Es ist zweifellos richtig, daß Geldsysteme gegenüber Naturaltauschsystemen instabiler sind. Auch eine an traditioneller Keynes-Interpretation orientierte Argumentationskette, die auf die Wertaufbewahrungsfunktion des Geldes, geplanter Kassenhaltung aus Spekulationsgründen und Störungen des Angebot-Nachfrage-Mechanismus abstellt, hat diesen Satz aufgenommen. Wenn monetaristische Überlegungen heute wieder vermuten, daß das private System aus seiner „internen Dynamik" nicht Konjunkturschwankungen erzeugt, sondern „im Gegenteil die wichtige Funktion der Schockabsorption"[14] erfüllt, werden andererseits Rolle und Funktion des Geldes deutlich unterschätzt und lediglich Argumente exogener Konjunkturerklärung wieder aufgenommen.

Dennoch ist nicht Geld der Destabilisator. Das Medium Geld überträgt zwar „falsche" Entscheidungen, löst sie aber nicht aus. Das destabilisierende Element besteht in den über den Markt vermittelten Allokationsentscheidungen heute, die in der Zukunft zu gesellschaftlich „falscher" Produktion sowohl hinsichtlich der Struktur als auch hinsichtlich des Produktionsniveaus führen können. Das Unverständnis

keynesianischer Theorie und Politik besteht in dem Glauben, daß der Marktmechanismus „richtige" Strukturen erzeugt, die lediglich „falsch" in bezug auf das Beschäftigungsziel sein können. Unabhängig von der Produktionsstruktur sollte Niveaupolitik möglich werden — dieser Satz folgt aus der Entkoppelung des Allokations- und Niveauproblems und begründet aufgrund des begrenzten Verständnisses ökonomischer Zusammenhänge nichteffiziente Politik.
Für ökonomische Theorie folgt daraus, daß die These der systemimmanenten Stabilität à la *Walras* oder *Friedman* bzw. der Stabilsierungsoptimismus keynesianischer Provenienz erst dann durchbrochen werden kann, wenn in dynamischer Analyse Ungleichgewichte über die Verbindung von vergangenen Investitionsentscheidungen — und dies heißt Allokationsentscheidungen — und dem Niveau der Produktion heute — und dies heißt Beschäftigungsprobleme — hergestellt wird. Anders ausgedrückt: Ein krisentheoretisch angelegtes Erklärungsmuster kommt ohne Strukturargumente nicht aus.
Geschieht dies nicht, sondern insistiert theoretisches Räsonnement entweder auf eine gegebene Ausstattung mit technischen Produktionsmitteln oder der „Verformbarkeit" (malleability) der technischen Produktionsmittel, folgt in der Regel nur die Begriffskette, auf die sich zumindest traditionelle Politik stützt: Steigende Gewinne sichern steigende Investitionen und die notwendigen zusätzlichen Arbeitsplätze.
Wie brüchig diese Begriffskette ist, wird heute weitgehend akzeptiert. Auch der Sachverständigenrat verweist in seinem Jahresgutachten 75/76 auf steigende Gewinne, die jedoch nicht zu Erweiterungsinvestitionen, sondern zu einem Aufbau der Kassenhaltung verwendet werden. Auch das produktionsstrukturelle Argument ist aufgenommen: Bei einer „falschen" Kapitalausstattung pro Arbeitsplatz werden eher Rationalisierungsinvestitionen als Erweiterungsinvestitionen vorgenommen[15].
Wenn wir meinen, daß Stabilitätsprobleme über produktionsstrukturelle Ursachen aufgrund vergangener Allokationsentscheidungen erklärt werden müssen, ist nicht ein Branchenstrukturargument gemeint, das sich an Unterschieden im Wachstum zwischen den Wirtschaftszweigen festmacht. Das Argument meint vielmehr, daß der Markt hinsichtlich intertemporaler Allokationssteuerungen nicht die notwendige Effizienz aufweist. Vergangene Allokationsentscheidungen bauen auf zukünftige Preis-Grenzkosten-Verhältnisse, die sich aktuell als falsch herausstellen können. Konsequenz ist dann Mengenreduktion und Preisanpassung — Stagflation also.

Mit der Orientierung ökonomischen Denkens an Makromodellen ist der Zusammenhang zwischen Allokation und Stabilität unterdrückt. Die ideologischen Konsequenzen des Denkens in Makromodellen sind leicht zu durchschauen. Orientiert sich staatliche Politik lediglich am Beschäftigungsziel, am Produktionsniveau also, rechtfertigt sich jede Politik mit Beschäftigungseffekten. Die Überprüfung der gesellschaftlichen Kosten bzw. Erlöse von Produktion bei einem über das Beschäftigungsargument hinausgehenden gesellschaftlichen Wohlstandskriterium — bisher Domäne neoklassischen Denkens — wird unmöglich. Die Allokationskonzepte neoklassischer Theoriebildung unterdrücken das Stabilitätsproblem, die Stabilitätskonzepte der Keynesianer das Allokationsproblem. *Samuelsons* „neoklassische Synthese" ist ebenso wie *Schillers* Technokratieansatz nur eine Scheinlösung. Es wird Aufgabe einer wohl werttheoretisch zu fundierenden Theorie sein, den Zusammenhang zwischen Allokationsentscheidungen und Stabilität neu zu formulieren und den Ansatz „hier Allokationstheorie, dort Makromodelle" in die Rumpelkammer ökonomischer Theoriebildung zu verbannen.

Anmerkungen

1) Vgl. etwa Bundesminister für Arbeit und Sozialordnung (Hrsg.), Perspektiven der Arbeitsmarktpolitik, Bonn 1974; Bundesanstalt für Arbeit (Hrsg.), Überlegungen zu einer vorausschauenden Arbeitsmarktpolitik, Nürnberg 1974; Bundesminister für Arbeit und Sozialordnung (Hrsg.), Arbeitsmarktpolitik. Bericht der Bundesregierung an die OECD, Bonn 1972.
2) *Brunner, K.*, Die monetaristische Revolution der Geldtheorie, in: Kalmbach, P., Der neue Monetarismus, München 1973. Zu einer kritischen Auseinandersetzung mit neoklassischer Theoriebildung vgl. die Beiträge in Vogt, W. (Hrsg.), Seminar: Politische Ökonomie. Zur Kritik der herrschenden Nationalökonomie, Frankfurt 1973.
3) *Leijonhufvud, A.*, Über Keynes und den Keynesianismus, Köln 1973.
4) Anders *Gahlen*, der auf die Symmetrie der Argumente verweist. *Gahlen, B.*, Grundfragen der Stabilisierungspolitik, in WSI-Forum Stabilisierungspolitik, WSI-Studien, Nr. 27, Köln 1973.
5) *Naschold, F.* und *Väth, W.* (Hrsg.), Politische Planungssysteme, Opladen 1973.
6) *Keynes, J. M.*, Allgemeine Theorie der Beschäftigung, des Zinses und des Geldes, Nachdruck Berlin 1955, in Kapitel 24.
7) Vgl. das Memorandum „Für eine wirksame und soziale Wirtschaftspolitik" abgedruckt u. a. in Blätter für deutsche und internationale Politik, 20. Jg., Heft 11, Nov. 1975.

8) Y_A bezeichnet die partielle Ableitung; der Ausdruck „größer Null" meint, daß die Produktion mit steigender Beschäftigung zunimmt.
9) *Clower, R.*, Die Keynesianische Gegenrevolution: Eine theoretische Kritik, in: Schweizerische Zeitschrift für Volkswirtschaft und Statistik, Bd. 99, 1963; *Leijonhufvud, A.*, Über Keynes und..., a. a. O.; *Phelps, E. S.* (Hrsg.), Microeconomic Foundations of Employment and Inflation Theory, New York 1970.
10) Wir unterscheiden damit zwischen zwei Güterpreisen: Bei einem „Gütermarktpreis" wird der Gütermarkt, bei einem „Arbeitsmarktpreis" der Arbeitsmarktpreis geräumt. *Solow/Stiglitz* haben eine ähnliche Argumentation für den Reallohn vorgetragen. *Solow, R.,* und *Stiglitz, J. E.,* Output, Employment and Wages in the Short Run, in: Quarterly Journal of Economics, Bd. 82, 1968.
11) Sachverständigenrat, Jahresgutachten 1972/73, Ziff. 468.
12) Das vorgetragene Modell ist formal genauer und unter Berücksichtigung vom Preiseffekten behandelt in Bolle, M., Kurz- und langfristige Analyse ungleichgewichtiger makroökonomischer Angebot-Nachfrage-Systeme, Berlin 1971, S. 34 ff.
13) *Alchian, A.*, Information Costs, Pricing and Ressource Unemployment, in Phelps, E. S. (Hrsg.), Microeconomic..., a. a. O., S. 37.
14) *Neumann, M.*, Stabilisierungspolitik in monetaristischer Sicht, in: WSI-Forum Stabilisierungspolitik, a. a. O., S. 78.
15) Sachverständigenrat, Jahresgutachten 1975/76, S. 87 f. und S. 128 f.

Arbeitsmarkt und Krise

Elmar Altvater

1. Medien staatlicher Arbeitsmarktpolitik

Auf dem Arbeitsmarkt treffen Angebot an und Nachfrage nach Arbeitskräften aufeinander. Die Arbeitsmarkttheorie hat sich demzufolge mit den Bedingungen zu beschäftigen, die Angebot und Nachfrage von Arbeitskräften bestimmen. Arbeitsmarktpolitik schließlich umfaßt alle Maßnahmen des Staates, die in irgendeiner Hinsicht Wirkungen auf den Arbeitsmarkt ausüben. Dies ist eine sehr formale Bestimmung, jedoch macht sie bereits deutlich, daß Arbeitsmarktpolitik nur als ein Teilbereich der staatlichen Wirtschaftspolitik begriffen werden kann. Wie alle staatlichen Interventionen in den Ablauf der kapitalistischen Wirtschaft Beschränkungen unterliegen, so auch die Arbeitsmarktpolitik. Diese Beschränkungen ergeben sich zunächst einmal daraus, daß der Staat mit seinen Interventionen lediglich den Arbeits*markt* zu beeinflussen vermag. Infolge des Privateigentums an den Produktionsmitteln bleibt insbesondere das Angebot an Arbeitsplätzen und daher die Nachfrage nach Arbeitskräften in der freien Verfügung der Produktionsmittelbesitzer. Auch auf der Seite der Arbeitskraft ergibt sich hier eine Grenze, da ja der Arbeiter (bzw. Angestellte) als Lohnarbeiter *frei* ist und keinem besonderen staatlichen Gewaltverhältnis, das etwa die Lenkung der Arbeitskraft auf direktem Wege ermöglichen würde, zu gehorchen hat. So bleiben dem Staat letzten Endes nur *drei* Wege, auf denen auf *indirekte* Weise der Arbeitsmarkt beeinflußt werden kann:

Der *erste* Weg besteht darin, daß mittels des Staates ein *rechtlicher Rahmen* gesetzt wird, in dem sich die Arbeitsmarktparteien zu bewegen haben. Hierzu gehören das System des Tarifrechts, die rechtlichen Regulierungen des Produktionsverhältnisses (zum Beispiel im Rahmen des Betriebsverfassungs- bzw. Mitbestimmungsgesetzes), die verschiedenen arbeitsrechtlichen Regelungen vom Kündigungs- bis zum Jugendarbeitsschutz usw. Es ist offensichtlich, daß diese rechtlichen Regulierungen Einfluß auf die beiden Seiten des Arbeitsmarktes haben. Das gleiche gilt für den institutionellen Rahmen, der sich durch spezifische Traditionen herausgebildet hat. Dies betrifft beispielsweise den Organisationsgrad der Beschäftigten in Gewerkschaften, die Einbindung der Gewerkschaften in den institutionell-politischen Rahmen der bürgerlichen Gesellschaft, beispielsweise ihre Verflechtung mit der Sozialdemokratie, zumal wenn diese in der Regierung ist wie in den skandinavischen Ländern mit wenigen Unterbrechungen seit Jahrzehnten. Aus solchen rechtlichen Regelungen und institutionell gewordenen Traditionen ergeben sich bedeutsame Konsequenzen für die Entwicklung von Angebot und Nachfrage auf dem Arbeitsmarkt. Zum Beispiel: Die Berufsschulpflicht der Jugendlichen bis zu 18 Jahren und der besondere Jugendschutz vor übermäßiger Ausbeutung durch die Anwender und Ausbilder der Arbeitskraft haben in der BRD in den 70er Jahren dazu geführt, daß die Nachfrage von Unternehmen nach jugendlichen Arbeitern infolge der höheren Kosten, die damit verbunden sind, zurückgegangen ist. Oder: Starke, kämpferische Gewerkschaften können auch gegen die Absichten des Kapitals in bestimmten Grenzen beschäftigungswirksame Investitionen erzwingen, wie in Italien seit einigen Jahren tarifvertraglich abgemacht wird. In jedem Falle zeigen sich die arbeitsmarktpolitischen Konsequenzen rechtlicher und institutioneller Regelungen und Traditionen.

Der *zweite* Weg staatlicher Einflußnahme ist derjenige über das Medium *Geld*. Mit der Regulierung der Geldzirkulation (Geldpolitik) und durch gezielte Verausgabung von Geld (Fiskalpolitik) kann der Staat auch Einfluß auf den Arbeitsmarkt ausüben. Die keynesianische Beschäftigungstheorie und die darauf fußende Beschäftigungspolitik ist schließlich nichts anderes als der systematische Versuch, mittels des Geldes die Nachfrageverhältnisse auf dem Arbeitsmarkt zu beeinflussen[1]. Ausgabenpolitik und geldpolitische Beeinflussung der privatwirtschaftlichen Investitionen werden mit dem Zwecke durchgeführt, Arbeitsplätze zu schaffen, um im Falle von Arbeitslosigkeit bzw. Unterbeschäftigung das erste Ziel staatlicher Arbeitsmarktpolitik, nämlich die Vollbeschäftigung, wiederherzustellen. Aber auch das Geld ist ähnlich wie die rechtliche Regulierung nur ein indirekt wirkendes staatliches Interventionsmedium. Ob die Wirkungen staatlicher Geld- und Ausgabenpolitik, die von den politischen Instanzen beabsichtigt worden sind, auch wirklich eintreten, bleibt jeweils dahingestellt[2].

Schließlich darf *drittens* nicht vergessen werden, daß der *Staat* selbst ein (in Westdeutschland seit der zweiten Hälfte der 60er Jahre) expandierendes *Beschäftigungssystem* ist. Der Staat tritt als Nachfrager nach bestimmten Arbeitskräften mit spezifischer Qualifikation auf dem Arbeitsmarkt in Erscheinung. Nur dann, wenn sich die staatliche Ausgabenpolitik direkt in die Schaffung von Arbeitsplätzen umsetzt, hat der Staat Möglichkeiten der direkten Beeinflussung des Arbeitsmarktes. Daß hierbei durchaus widersprüchliche Reaktionsweisen entstehen können, insofern als mit der Vergrößerung staatlicher Ausgaben und der damit in der Regel einhergehenden größeren Steuerbelastung die Nachfrage der *privaten* Unternehmen nach Arbeitskräften abnimmt, sei an dieser Stelle nur erwähnt. Wir werden im weiteren Verlauf des Referats darauf zurückkommen müssen.

2. Die Abhängigkeit des Arbeitsmarkts von der Kapitalbewegung

In der neoklassischen Theorie und der darauf basierenden Arbeitsmarkttheorie wird der Arbeitsmarkt als ein System der Allokation des Produktionsfaktors Arbeit in Richtung auf die produktivsten Verwendungsmöglichkeiten der Arbeit betrachtet. In dieser Vorstellung gibt es keine Arbeitsmarktpolitik in der Krise, da die Krise im Rahmen dieser Theorie nicht reflektierbar ist. Arbeitslosigkeit ebenso wie „Überbeschäftigung" kann lediglich als Ausdruck von *Friktionen* bei Anpassungsvorgängen aufgefaßt werden, denen eine entsprechende Politik der Behebung dieser Friktionen zu entsprechen hätte. Unterstützung der Mobilität der Arbeitskräfte, Verbesserung ihrer Qualifikation, Vervollkommnung des Informationssystems, Erhöhung von Anreizen, insbesondere die Herausbildung einer „leistungsgerechten" Lohndifferenzierung, sind die politischen Maßnahmen, mit denen Arbeitsmarktpolitik betrieben werden kann. In diesem Rahmen würde (ungefähr jedenfalls) die Aussage des ehemaligen Bundeskanzlers Brandt zu interpretieren sein: Keiner hat Anspruch auf *seinen* Arbeitsplatz, aber jeder hat Anspruch auf *einen* Arbeitsplatz. Es ist leicht einsichtig, daß eine solche Theorie und eine darauf basierende Politik als wesentliche Voraussetzung die Vollbeschäftigung hat. In der Zeit der ungestümen wirtschaftlichen Wachstumsraten nach dem zweiten Weltkrieg, in der trotz enormer Freisetzungen von Arbeitskräften aufgrund technologischer Veränderungen des Produktionsprozesses Vollbeschäftigung herrschte, konnte eine solche Theorie für sich Plausibilität beanspruchen und für politische Konsequenzen relevant werden. Jedoch: Wenn Arbeitsmarkttheorien von solchen theoretischen und wirtschaftshistorischen Prämissen ausgehen und gleichzeitig empirisch faßbare strukturelle Arbeitslosigkeit vorherrscht wie schon seit vielen Jahren in den USA, dann muß die Theorie gehörige Verrenkungen vornehmen, um dennoch „Plausibilität" erhalten zu wollen[3].

Arbeitsmarkt und Krise

Im folgenden werden wir vor allem die Nachfrage nach Arbeitskräften bzw. das Angebot von Arbeitsplätzen auf dem Arbeitsmarkt betrachten und deren Komponenten genauer untersuchen. Wir abstrahieren dabei bewußt von den allerdings sehr begrenzten Möglichkeiten der „Penetration" des Beschäftigungssystems durch entsprechend qualifizierte Arbeitskräfte[4]. Wir können dies mit einem empirischen und einem theoretischen Argument begründen. Das empirische Argument bezieht sich auf die Entwicklung der kapitalistischen Gesellschaften generell. Dabei zeigt es sich, daß der Arbeitsmarkt von der ökonomischen Entwicklung vollständig abhängig ist: in Zeiten der Hochkonjunktur und der günstigen Kapitalverwertung ist der Arbeitsmarkt in der Regel „leergefegt", es herrscht Vollbeschäftigung. In der Krise hingegen steigt die Zahl der Arbeitslosigkeit mehr oder weniger stark an. Und das theoretische Argument: Die *Marxsche* Aussage, daß das *Kapital Subjekt* in der kapitalistischen Gesellschaft ist und durch seine Bewegungsgesetze die Entwicklung bestimmt, läßt sich in jeder Hinsicht theoretisch ableiten (und empirisch nachweisen). Die vielen Versuche, demgegenüber entweder die führende Rolle der Wirtschaftspolitik des Staates zu betonen oder aber der Arbeit gegenüber dem Kapital Subjektcharakter beizumessen (wie es in je verschiedener Weise sowohl vom italienischen Operaismus als auch von der neuen Disziplin der Arbeitsökonomik versucht wird), sind allesamt theoretisch zumindest problematisch und politisch illusionär. Also hat eine Untersuchung des Arbeitsmarkts davon auszugehen, daß er die abhängige Variable der Entwicklung der Kapitalverwertung im produktiven Bereich der kapitalistischen Wirtschaft ist. Dies gilt ganz sicher für die *Nachfrage* nach Arbeitskräften, wenn auch nach verschiedenen Arbeiterkategorien differenziert werden muß. Dies gilt aber auch — in geringerem Maße — für das *Angebot* an Arbeitskräften; denn auch die Mobilisierung von Arbeitskraftreserven ist von der Entwicklung der Kapitalakkumulation abhängig. Anders ausgedrückt: die Erwerbsquote ist keineswegs überzyklisch konstant[5].

In diesem Zusammenhang sei sogleich auf ein erstes Problem aufmerksam gemacht. Wenn Arbeitskräfte nur nachgefragt werden, wenn für sie rentable Verwendungsmöglichkeiten bestehen, (wenn es „die Ertragslage der Unternehmen" zuläßt) dann ist die Nachfrageseite des Arbeitsmarktes unmittelbar beeinflußt durch den industriellen Zyklus. Das Angebot an Arbeitskräften hingegen, das, wie eben ausgeführt, ebenfalls — wenn auch nicht sehr ausgeprägt — zyklisch ist, folgt jedoch in nicht geringem Ausmaße langfristigen Entwicklungstendenzen, wie sie mit der Bevölkerungsentwicklung, der Altersstruktur, usw., zusammenhängen und wie sie nicht zuletzt durch die notwendigerweise langfristige Planung des staatlichen Bildungssystems beeinflußt wird. Die kurzfristige Bewegung des Arbeitsmarkts und die langfristige „Produktion" von Qualifikationen im Bildungssystem stehen in kapitalistischen Gesellschaften in einem nicht aufhebbaren Widerspruch. Selbst bei langfristiger Kongruenz von Angebot und Nachfrage muß es notwendigerweise zu kurzfristigen Konflikten und Komplikationen kommen, die wiederum auf das langfristige Angebot an Qualifikationen Rückwirkungen haben werden. Dies zeigt sich in der ökonomischen Krise mit aller Deutlichkeit. Hoffnungen, Erwartungen, Lebensperspektiven werden zunichte gemacht. Dequalifizierungen größten Ausmaßes finden statt[6]. Auch dabei zeigt es sich, daß eben nicht die Arbeiter, die ihre Arbeitskraft auf dem Arbeitsmarkt anbieten und — um sich zu diesem Angebot zu befähigen — bestimmte Qualifikationsprozesse auf sich genommen haben, das Subjekt der Gesellschaft sind, sondern daß sie den immanenten Gesetzen des Kapitals und seiner Bewegungen unterworfen sind.

2. Die Bedeutung der Kapitalrentabilität

Das Kapital als Subjekt der Bewegung muß sich an sich selbst, d. h. an seiner Verwertung messen. Rentabilität des Kapitals ist die *Voraussetzung* dafür, daß investiert wird, also Arbeitsplätze geschaffen oder doch die Produktion aufrecht erhalten, d. h. Arbeitskräfte nicht entlassen werden. Natürlich ist die Kapitalrentabilität nicht in ihrer *absoluten* Größe entscheidend. Es ist schlechterdings nicht angebbar, ob die „Investitionsneigung" bei einer Rentabilität von 20 % bereits nachläßt oder erst bei einer solchen von 2 %, 3 % oder 5 %. Hier spielt der Vergleich (auch der internationale) eine entscheidende Rolle: solange Kapital rentierlicher exportiert oder in Geldanlagen investiert werden kann, wird das Kapital der Ausweitung der Produktion Grenzen setzen und umgekehrt. Die Kapitalrentabilität hat eine sehr spezifische Bewegungsform: Einmal weist sie zumindest in der BRD eine langfristig fallende Tendenz auf, zum zweiten bewegt sie sich in zyklischer Verlaufsform. Beide Bewegungen sind nicht unabhängig voneinander, wie noch zu zeigen sein wird. Dies deutet sich auch in der Entwicklung des Arbeitsmarktes an. Je tiefer das Niveau der Kapitalrentabilität ist, desto gravierender die Wirkungen konjunktureller Tiefpunkte für die Arbeitsmarktsituation. Die Krisen von 1966/67 und erst recht von 1974/76 sind nicht zuletzt deshalb so schwer und dementsprechend mit so hoher Arbeitslosigkeit verbunden, weil die Kapitalrentabilität *niveaumäßig* abgesunken ist. Jedoch kann die Entwicklung des Arbeitsmarktes, insbesondere die Arbeitslosigkeit in der Krise, nicht nur als eine *Folge* der Rentabilitätsentwicklung betrachtet werden. Arbeitslosigkeit, und darin zeigt sich ihre Funktionalität für das kapitalistische System, ist immer auch eine *Voraussetzung* dafür, daß die in der Krise gesunkene Kapitalrentabilität wieder auf ein höheres Niveau gebracht werden kann. Dies ist wichtig, um das Verhältnis von Arbeitsmarkt und Krise zu verstehen: Die Lage auf dem Arbeitsmarkt ist nicht nur Folge von Entwicklungstendenzen des Kapitals, sondern gleichzeitig auch eine „Vermittlungsinstanz", über welche die „reinigenden Wirkungen" der Krise für das Kapital sich durchsetzen. Arbeitslosigkeit führt eben dazu, daß der Lohnentwicklung Grenzen auferlegt werden, daß die Arbeitsintensität ansteigt, daß die Fluktuationsrate sich verringert, daß Dequalifizierungsprozesse „reibungsloser" vollzogen werden können, daß die „Krankheitsrate" zurückgeht. Das Millionenheer der industriellen Reservearmee tut also nach wie vor seine Wirkung, nämlich auf Kosten der Lohnarbeiterklasse die Krise des Kapitals zu beheben. Der Druck der Reservearmee als Anbieter von Arbeitskraft auf dem Arbeitsmarkt ist die Bedingung dafür, daß auch die Ausbeutung der noch beschäftigten Arbeitskräfte gesteigert werden kann.

Staatliche Arbeitsmarktpolitik, die sich am Vollbeschäftigungsziel orientiert, geht daher in doppelter Hinsicht problematisch vor. Erstens nämlich wird von dieser Politik vorgegeben, als ob durch staatliche Aktionen Vollbeschäftigung tatsächlich herstellbar sei, also der Staat das Subjekt ökonomischer Entwicklung sei, und nicht das Kapital mit seinem ihm eigenen Bewegungsgesetzen[7]. Und zweitens wird die Bedeutung der Arbeitslosigkeit gerade für die Wiederherstellung der Bedingungen kapitalistischer Profitabilität, von der wiederum eine Zunahme der Beschäftigung abhängig ist, nicht in ihrer ganzen Widersprüchlichkeit erfaßt. Wir werden noch sehen, wie zur Lösung dieser Widersprüchlichkeit versucht wird, die ökonomisch repressive Wirkung der Krise durch politisch repressive staatliche Maßnahmen — von der Einkommenspolitik bis hin zu polizeistaatlich autoritären Methoden der Verhinderung von Organisationsansätzen der Arbeiterklasse — zu ersetzen oder zu ergänzen.

Die Betrachtung der globalen Entwicklung der Kapitalrentabilität legt die Vermutung nahe, als ob die Konjunktur des Kapitals wesentlich von der Arbeitsmarktentwicklung und ihrer Wirkung auf die Lohnhöhe abhängen würde. Dem ist aber ganz und gar nicht so. Zwar kann nicht bestritten werden, daß die Lohnentwicklung einen bedeutenden Einfluß auf die Profitabilität und daher auf Investitionsneigung und Investitionsmöglichkeiten des Kapitals hat. Jedoch handelt es sich dabei nur um einen Faktor unter mehreren anderen. Dies läßt sich zeigen, wenn die Kapitalrentabilität in ihrer Abhängigkeit von der Kapitalproduktivität betrachtet wird. Denn dann ergibt es sich, daß das Kapitaleinkommen nicht nur durch das Lohneinkommen begrenzt wird, sondern als Rentabilitätsgröße bezogen auf das Bruttoanlagevermögen (den „Kapitalstock") von der Arbeitsproduktivität und der Kapitalintensität abhängig ist[8]. Je nachdem, ob die Arbeitsproduktivität (im Zähler) schneller oder langsamer wächst als die Kapitalintensität (im Nenner), ergeben sich unterschiedliche Konsequenzen für die Entwicklung der Kapitalrentabilität. Ein Vergleich der Entwicklung dieser Größen in der Industrie der BRD ermöglicht es, die westdeutsche Entwicklung in groben Umrissen zu periodisieren. In den 50er Jahren stieg jedenfalls die Arbeitsproduktivität stärker an als die Kapitalintensität (von 1950—1960 erhöhte sich die Arbeitsproduktivität um 57,0 v. H. und die Kapitalintensität um 28,5 v. H.). In den 60er Jahren hingegen stieg die Arbeitsproduktivität weniger stark an als die Kapitalintensität (von 1960—1973 Zuwachs der Arbeitsproduktivität von 87,4 v. H. und Zuwachs der Kapitalintensität um 107,5 v. H.)[9]. Dabei ist zu berücksichtigen, daß die stärksten Steigerungsraten der Kapitalintensität von 1958 bis zur Krise 1966/67 stattgefunden und dann erst wieder seit 1971 die Steigerungsraten enorm angezogen haben. An diesen Entwicklungstendenzen zeigt sich sehr deutlich, daß die Produktivitätssteigerungen in der westdeutschen Industrie nach einer Phase der „extensiven Entwicklung" im wesentlichen der Kapitalintensivierung geschuldet sind. Jedes einzelne Unternehmen ist infolge der Konkurrenz, nicht zuletzt auf dem Weltmarkt, gezwungen, die bestmögliche Technologie zur Senkung der Produktionskosten anzuwenden. Der Preis dafür ist steigende Kapitalintensität, die so lange nicht ins Gewicht fällt, wie aufgrund relativer Produktivitätsvorsprünge Extraprofite („dynamische Unternehmergewinne" im Schumpeterschen Sinne, „Windfall-profits") erzielt werden können. Hat sich jedoch die Technologie einigermaßen verallgemeinert, schwinden solche Extraprofite und für alle Unternehmen, d. h. für das Kapital insgesamt, macht sich die gestiegene Kapitalintensität bei im Aufschwung noch steigenden Löhnen als sinkende Kapitalrentabilität bemerkbar, gleichgültig an welchen betriebswirtschaftlichen Kennziffern sie gemessen wird.

Wenn wir dieses Problem unter konjunkturellen Gesichtspunkten betrachtet haben, so sollte keineswegs unterschlagen werden, daß es sich hierbei um ein wesentliches *strukturelles* Problem der Kapitalentwicklung handelt. Denn steigende Kapitalintensität bedeutet arbeitsmarktpolitisch einen steigenden Kapitalaufwand zur Schaffung zusätzlicher Arbeitsplätze. Traditionelle Arbeitsmarktpolitik, die sich auf die bloße Wirkung von Staatsausgaben und Investitionsanreizen verläßt, oder aber auf der Angebotsseite mit Qualifikationsprozessen, einer Mobilitätserhöhung der Ware Arbeitskraft sowie einer Verbesserung des Informations- und Vermittlungssystems ansetzt, blendet gerade dieses Problem als das entscheidende für hochentwickelte kapitalistische Gesellschaften aus. Wir werden darauf noch zurückkommen.

4. Freisetzung von Arbeitskräften und ihre Kompensation

Steigende Kapitalintensität aufgrund steigender Arbeitsproduktivität (und als deren Begleiterscheinung!) hat aber die *Freisetzung* von Arbeitskräften in der Industrie zur Folge. Dies ist auch in der westdeutschen Industrie — vor allem in den 60er Jahren — der Fall gewesen. Je nachdem, welche Bezugsgrößen man zugrunde legt, kommt man zu mehr oder weniger horrenden Ergebnissen. Jedenfalls dürften im Zeitraum von 1960—1971 mehr als drei Millionen Beschäftigte in der Industrie freigesetzt[10] worden sein. Folgende Tabelle kann dies verdeutlichen:

Tab. 1: Freisetzung von Beschäftigten in der Industrie

Jahr	Nettoproduktionsvolumen in Mio DM und Preisen von 1962	Beschäftigte in Mio	Beschäftigte bei Arbeitsproduktivität von 1971 (31 098 DM)	Freisetzung in Mio (gemessen an der Produktivität von 1971)
1960	151 128	8,0809	4,8597	3,2262
1965	197 417	8,4604	6,2518	2,2086
1967	194 096	7,8427	6,2414	1,6013
1969	245 159	8,3083	7,8834	0,4249
1971	265 511	8,5379	8,5379	—

Quelle: Eigene Berechnungen auf Grundlage der Daten von Rolf Krengel u. a., Produktionsvolumen und -potential, Produktionsfaktoren der Industrie im Gebiet der Bundesrepublik Deutschland, Deutsches Institut für Wirtschaftsforschung, Berlin 1972.

Wenn trotzdem die Zahl der Beschäftigten in der Industrie seit Mitte der 60er Jahre weitgehend konstant geblieben ist, dann liegt dies wesentlich daran, daß die Arbeitszeit generell gesenkt worden ist und die allgemeine Expansion während des weltweiten Booms die Freisetzung kompensieren konnte. Nur so ist es zu erklären, daß die Zahl der Beschäftigten in der Industrie im Zeitraum von 1960 bis 1971 von rund 8 Millionen auf rund 8,5 Millionen zugenommen hat. Die allgemeine ökonomische Expansion war somit die Voraussetzung dafür, daß eine „Regel", wie sie von *Willy Brandt* zitiert worden ist, einigermaßen Gültigkeit haben konnte: Niemand hat Anspruch auf *seinen* angestammten Arbeitsplatz, aber jeder hat Anspruch, und zwar einen realisierbaren Anspruch, auf *einen* Arbeitsplatz.

Gleichzeitig gilt es, die Veränderungen in der Zweigstruktur der Beschäftigten in der Bundesrepublik zu betrachten. Insgesamt nahm die Zahl der beschäftigten Arbeiter und Angestellten in den BRD von 1960 bis 1972 von 20,1 Millionen auf 22,4 Millionen zu. Dies ist eine Steigerungsrate von 11,3 %. Es ist für jede hochindustrialisierte kapitalistische Gesellschaft kennzeichnend, daß die Zahl der in Land- und Forstwirtschaft Beschäftigten zurückgeht. In Westdeutschland betrug der Rückgang 45,6 %. Im warenproduzierenden Gewerbe und im Handel und Verkehr kamen unterdurchschnittliche, nur geringfügige Steigerungsraten der Beschäftigtenzahl zustande. Die in dem genannten Zeitraum eindeutig expandierenden Bereiche dagegen waren die Dienstleistungsunternehmen, die ihre Beschäftigungszahl um 39,6 % erhöhten und der Staat (einschließlich privater Haushalte und privater Organisationen ohne Erwerbscharakter, deren Bedeutung jedoch relativ gering ist) mit einer Steigerungsrate von 35,5 %. So kommt es, daß Dienstleistungsunternehmen und öffentlicher Sektor im Jahre 1960 rund 22,3 % aller abhängig Beschäftigten, im Jahre 1971 aber 27,5 % auf sich vereinigten[11]. An diesen Zahlen wird deutlich, daß ein Großteil der in Industrie und warenproduzierendem Gewerbe freigesetzten Arbeitskräfte vor allem durch die überdurchschnittliche Expansion der Beschäftigtenzahlen im „tertiären Sektor", wobei gerade der Öffentliche Dienst eine große Rolle spielt, aufgefangen werden konnte. Dies wird noch einmal bestätigt durch die Zahlen in Tab. 2:

Wenn es auch problematisch ist, Freisetzungsraten für alle Wirtschaftsbereiche zu berechnen, da ja eine solche Maßnahme die Annahme voraussetzt, als ob alle Wirtschaftsbereiche gleicherweise produktiv seien, so kommt dennoch im Rahmen der Interpretation offizieller Statistiken als Ergebnis heraus, daß die Freisetzungsraten in der Landwirt-

Tab. 2: Die Freisetzung von Arbeitskräften in einigen Wirtschaftsbereichen in der Bundesrepublik Deutschland von 1960—1972

Jahr	Land- und Forst- wirtschaft	Waren- produzie- rendes Gewerbe	Handel und Verkehr	Dienst- leistun- gen	Staat
	Beiträge der Wirtschaftsbereiche zum Bruttoinlandsprodukt in der BRD in Preisen von 1962 in Mio DM				
1960	18 170	176 090	64 960	39 050	30 320
1965	17 880	236 200	80 960	49 720	36 540
1967	20 500	236 060	82 650	53 860	39 020
1969	20 380	286 890	94 000	58 260	41 410
1971	21 400	311 750	101 630	64 430	45 270
1972	20 960	321 370	103 690	67 120	47 470
	Die Arbeitsproduktivität in der BRD in Preisen von 1962 in DM				
1960	5 074	14 091	13 650	16 401	10 550
1965	6 217	17 958	16 824	18 650	11 110
1967	7 771	19 284	17 522	19 325	11 323
1969	8 509	22 563	19 890	20 124	11 764
1971	9 981	24 105	21 037	21 534	12 072
1972	10 285	25 204	21 261	22 130	12 194
	Erwerbstätige in der Bundesrepublik Deutschland in Tausend				
1960	3 581	12 497	4 759	2 381	2 874
1965	2 876	13 135	4 796	2 666	3 289
1967	2 638	12 241	4 717	2 787	3 446
1969	2 395	12 715	4 726	2 895	3 520
1971	2 144	12 933	4 831	2 992	3 750
1972	2 038	12 751	4 877	3 033	3 893
	Das Bruttoinlandsprodukt des Wirtschaftsbereichs ... im Jahre ... hätte bei der Arbeitsproduktivität des Jahres 1972 mit ... Erwerbstätigen produziert werden können (Erwerbstätige in Tausend)				
1960	1 767	6 987	3 055	1 765	2 486
1965	1 738	9 372	3 808	2 247	2 997
1967	1 993	9 366	3 887	2 434	3 200
1969	1 982	11 383	4 421	2 633	3 396
1971	2 081	12 369	4 780	2 911	3 713
1972	2 038	12 751	4 877	3 033	3 893

Fortsetzung Tab. 2

Jahr	Land- und Forst- wirtschaft	Waren- produzie- rendes Gewerbe	Handel- und Verkehr	Dienst- leistun- gen	Staat
	Freisetzung von Erwerbstätigen (Tatsächliche Zahl der Erwerbstätigen im Jahre ... abzüglich potentieller Zahl der Erwerbstätigen im Jahre ...)				
1960	1 814	5 510	1 704	616	388
1965	1 138	3 781	988	419	292
1967	645	2 875	830	353	246
1969	413	1 332	305	262	124
1971	63	564	51	81	37
1972	—	—	—	—	—

Quelle: Eigene Berechnungen auf Grundlage der Daten von Herbert Kridde und Hans-Uwe Bach, Arbeitsmarktstatistische Zahlen in Zeitreihenform, in: Beiträge zur Arbeitsmarkt- und Berufsforschung, 3.2, hrsg. vom Institut für Arbeitsmarkt- und Berufsforschung (Ausgabe 1974)

schaft am höchsten, im warenproduzierenden Gewerbe sehr hoch, im Bereich von Dienstleistungen und Staat dagegen relativ gering gewesen sind:

Tab. 3: Freisetzung in einzelnen Wirtschaftsbereichen der BRD in vH

	Land- und Forst- wirt- schaft	Ware produ- zierendes Gewerbe	Handel und Verkehr	Dienst- leistun- gen	Staat
Freisetzung 1960/72 in vH d. Erwerbs- tätigen von 1960	50,7	44,1	35,8	25,9	13,5
Freisetzung 1960/72 in vH d. Erwerbs- tätigen von 1972	89,0	43,2	34,9	20,3	10,0

Quelle: Eigene Berechnung, Daten aus Tab. 2

Dies hat etwas damit zu tun, daß im Dienstleistungsbereich und im Öffentlichen Dienst vergleichsweise hohe Arbeits- und geringe Kapitalintensität, verbunden mit nur geringfügigen Produktivitätssteigerungen, vorherrschen.
Dieses empirische Ergebnis ließe sich nun ganz auf der Grundlage der Theorie vom verstärkten Wachstum des sog. tertiären Sektors gegenüber dem sekundären Sektor interpretieren. Eine solche Interpretation, wie sie etwa von *Colin Clark* oder *Jean Fourastié* vorgelegt worden ist, würde allerdings von der darin enthaltenen und sich in der Krise offenbarenden Widersprüchlichkeit abstrahieren. Darauf muß nun eingegangen werden. Denn nur dann ist es möglich, die spezifische Arbeitsmarktentwicklung in der Krise zu begreifen. Bereits die Tatsache, daß der Staat auf der einen Seite in seiner Arbeitsmarktpolitik nach Vollbeschäftigung zu streben versucht, er auf der anderen Seite aber durch eine tatsächliche und geplante Verringerung der Zahl der Lohnarbeiter im Staatsdienst gerade eine der wesentlichen Kompensationsmöglichkeiten für im warenproduzierenden Gewerbe freigesetzte Arbeitskräfte, also (Wieder)beschäftigungsmöglichkeiten verringert, muß zu denken geben. Dieses Verhalten folgt einer spezifischen Logik, der nun nachgegangen werden soll.

5. Die Widersprüche staatlicher Beschäftigungspolitik

Die staatliche Politik in der Krise ist im wesentlichen darauf aus, die „Investitionsnachfrage" der privaten Unternehmen, des Kapitals also, zu erhöhen, um auf diesem Wege zusätzliche Arbeitsplätze zu schaffen. Hierbei sind jedoch zwei Bedingungen von Bedeutung, die zur Erreichung dieses Ziels in der Krise erfüllt sein müssen: erstens, daß die Lager der Unternehmen einigermaßen abgebaut worden sind und zweitens — dies ist wichtiger —, daß die Investitionen auch tatsächlich der Erweiterung der Kapazitäten und nicht der Rationalisierung dienen. Sind diese Bedingungen nicht gegeben, wird jedes Investitionsprogramm mit dem Ziel einer Erhöhung der Beschäftigung von staatlicher Seite zum Scheitern verurteilt sein. Dies hat sich in aller Deutlichkeit mit dem Programm eines „stabilitätsgerechten Aufschwungs" vom Dezember 1974 in der Bundesrepublik gezeigt. Eine Analyse der Investitionstätigkeit in der gegenwärtigen Krise zeigt denn auch, daß *erstens* die Investitionsnachfrage insgesamt abgesunken ist, daß *zweitens* die Ersatzinvestitionen anteilmäßig seit dem letzten Zyklus zunehmen. Dies ist eine unmittelbare Konsequenz der steigenden Kapital-

intensität (oder in marxistischen Kategorien ausgedrückt: der sicherlich gestiegenen Zusammensetzung des Kapitals). *Drittens* nehmen die Investitionen zur Erweiterung in der Krise ab, während umgekehrt die Rationalisierungsinvestitionen, um den „Kostendruck" zu verringern, anteilmäßig entsprechend zunehmen. Alle diese Tendenzen deuten darauf hin, daß Investitionen nicht quasi-automatisch zusätzliche Arbeitsplätze schaffen, wie es die kurzfristige Analyse von *Keynes* angenommen hat. Wenn trotz dieser sich in der Kapitalakkumulation zeigenden Tendenzen eine Zunahme der Beschäftigung, ein Abbau der Arbeitslosigkeit erreicht werden soll, dann muß die Investitionsquote schon gehörig ansteigen, um diesen Effekt erzielen zu können. Allein um die rund 1,1 Mio Arbeitslosen mit einem durchschnittlich ausgestatteten Arbeitsplatz zu versorgen, müßten rund 52 Mrd DM investiert, bzw. müßte diese Kapitalsumme mobilisiert werden, um stillgelegte Kapazitäten wieder in Gang zu setzen. Dabei ist ganz davon abgesehen, daß weitere Investitionen für den Ersatz der verbrauchten Gebäude und Anlagen (1974 rund 116 Mrd DM) und für die Schaffung von Arbeitsplätzen für freigesetzte Arbeitskräfte notwendig wären. Der Logik, die Investitionsquote anzuheben, folgt denn auch ganz und gar der „Sachverständigenrat zur Begutachtung der gesamtwirtschaftlichen Entwicklung", der in seinem Sondergutachten vom August 1975 davon ausgeht, daß die Investitionen einen größeren Anteil am Sozialprodukt erreichen müssen, als in den letzten Jahren (Ziffer 55). Als ersten Grund dafür gibt der Sachverständigenrat die tendenziell sinkende Kapitalproduktivität an, so daß eine gleichbleibende Wachstumsrate nur durch zunehmende Investitionen gesichert werden könne (vgl. auch JG 74, Ziffer 220 ff.). In der sinkenden Kapitalproduktivität drücken sich, wie wir schon gezeigt haben, das stärkere Wachstum der Kapitalintensität gegenüber der Arbeitsproduktivität und die in der Hochkonjunktur tatsächlich gestiegenen Reallöhne aus. Rationalisierungsinvestitionen aber zur Steigerung der Arbeitsproduktivität sind in der Regel und langfristig mit weiterer Steigerung der Kapitalintensität verbunden, so daß sich hieraus arbeitsmarktpolitisch betrachtet eine gefährliche Spirale in Richtung auf eine zunehmende strukturelle Arbeitslosigkeit ergeben kann.
Noch aus einem anderen Grund ist die Annahme, die geforderte Zunahme der Investitionsquote könnte die ausgesprochenen Schwierigkeiten lösen, problematisch. Die Forderung nämlich, die Investitionsquote anzuheben, ist gleichbedeutend mit der Forderung, daß der Profitanteil am Nettoproduktionsvolumen erhöht bzw. die Lohnquote gesenkt werden soll. In *Marx*schen Kategorien interpretiert heißt dies

nichts anderes, als daß das Verhältnis von Profiteinkommen (sprich Mehrwert) zum Lohneinkommen (sprich variablen Kapital), also die Mehrwertrate, angehoben werden soll, um bei hoher organischer Zusammensetzung des Kapitals so große Akkumulationsmöglichkeiten zu eröffnen, daß zumindest ein Teil der arbeitslos gewordenen Arbeitskräfte wiederbeschäftigt werden kann. Die Steigerung der Mehrwertrate ist aber nur möglich, wenn die Lohnsteigerungen unter der Steigerungsrate der Arbeitsproduktivität bleiben, oder noch besser: wenn Kürzungen der Reallöhne möglich werden, wie es in der Krise bei hoher Arbeitslosigkeit, d. h. der disziplinierenden Wirkung der industriellen Reservearmee, und einem entsprechenden politischen Druck, dem die Arbeiterklasse politisch nichts entgegenzusetzen vermag, geschieht.
Die Steigerung des Profitanteils am gesamten Nettoproduktionsvolumen bzw. dem „Volkseinkommen" vollzieht sich auch auf einem zweiten Weg, nämlich durch eine Verringerung des Staatsanteils am Sozialprodukt. Dies hat zwei Begleiterscheinungen. Erstens: Eine Verringerung der Staatsquote betrifft zu einem großen Teil die Verringerung aller derjenigen Ausgaben, die in die Reproduktion der Arbeiterklasse eingehen. Addiert man nämlich den für die *individuelle* Konsumtion verausgabten Teil des Sozialprodukts (Löhne und Gehälter) und die in die *kollektive* Konsumtion der Arbeiterklasse eingehenden Staatsausgaben zusammen[12], dann kann eine Erhöhung der Profitquote nicht nur durch eine Senkung der Individuallöhne, sondern auch durch eine Verringerung der in die kollektive Konsumtion der Arbeiterklasse eingehenden Staatsleistungen erfolgen. Zweitens: Die Verringerung der Staatsquote, wie sie quer durch alle Parteien in der Bundesrepublik gefordert wird, bedeutet einen Abbau an Beschäftigungsmöglichkeiten im Öffentlichen Dienst. In der Krise 1974/75 wird ja nicht nur die Expansion des Öffentlichen Dienstes gestoppt, sondern im Rahmen von „Sparprogrammen" werden Arbeitsplätze beseitigt. Der Druck auf den Arbeitsmarkt, also der Zufluß zur industriellen Reservearmee, wird durch die staatliche Wirtschaftspolitik noch verstärkt. Um diesen Widerspruch noch einmal ganz deutlich hervorzuheben: Die Beschäftigungsmöglichkeiten im produktiven Bereich der Privatwirtschaft können bei hoher organischer Zusammensetzung des Kapitals (also bei langfristig sinkender „Kapitalproduktivität") nur steigen, wenn die Investitionsquote angehoben wird. Die Anhebung der Investitionsquote bedingt aber die Erhöhung der Mehrwertrate (oder des Profitanteils am Nettoproduktionsvolumen). Dies kann nur durchgesetzt werden, wenn die Lohnstückkosten gesenkt werden und/oder der Staatsanteil am Bruttoinlandsprodukt verringert wird. Die Senkung

des Staatsanteils aber hat zur Folge, daß die Beschäftigungsmöglichkeiten im Öffentlichen Dienst abnehmen. Dadurch aber fällt für die Zukunft eine der wesentlichen Kompensationsmöglichkeiten für im produktiven Bereich freigesetzte Arbeitskräfte hinweg. Infolgedessen wird die strukturelle Arbeitslosigkeit durch eine solche Politik nicht behoben, sondern eher verschärft.

Zu Beginn der Darlegung versuchten wir, die Grenzen ökonomischer Interventionen des Staates nicht nur aus dem Privateigentum an Produktionsmitteln und der daraus folgenden Verfügungsgewalt der privaten Unternehmer über ihre Produktionsmittel, sondern auch aus den Grenzen, die aus den Interventionsmedien Geld und Recht resultieren, abzuleiten. Dies wird nun unter einem spezifischen Aspekt bedeutsam. Mit der Senkung der Staatsquote scheint es so, als ob die Bedeutung des Staates zurückgehen würde. In bezug auf das Medium Geld ist dies auch grundsätzlich der Fall. In diesem Sinne ist das „Wagnersche Gesetz" vom tendenziellen Wachstum des Staatsanteils zu kritisieren[13]. In ihm wird die Bedeutung des Staates für die Gesellschaft nur einseitig als über das Geld vermittelte Beziehung gefaßt. Wenn wir aber die Bedeutung staatlicher Maßnahmen in bezug auf die gesellschaftliche Regulierung mittels des Mediums Recht betrachten, so stellen wir fest, daß einer Senkung der monetären Staatsquote ein Wachstum der rechtlichen Regulierungen des Produktionsverhältnisses entspricht. Die Verstaatlichung gesellschaftlicher Beziehungen durch ihre „Verrechtlichung" hat gerade in der Bundesrepublik enorm zugenommen und gerade durch die Krise noch einen Bedeutungszuwachs erfahren. Darauf kann hier selbstverständlich im einzelnen nicht eingegangen werden[14]. Nur auf einen Aspekt sei hingewiesen: Wenn die Wirkung der Arbeitslosigkeit nicht hinreicht, um durch den „stummen Zwang der ökonomischen Verhältnisse" die Lohnquote den „Notwendigkeiten" der Kapitalakkumulation entsprechend zu senken, dann muß politische Repression nachhelfen. Die einkommenspolitischen Maßnahmen des Staates, der politische und moralische Druck auf die Organisationen der Arbeiterklasse, insbesondere die Gewerkschaften, die politischen Kündigungen und die Berufsverbote (mit dem Zweck, auch geringfügige Ansätze der Organisierung zu verhindern) sind Momente, die die Richtung, in die staatliche Politik in der Krise geht, andeuten. Wenn die integrative Kraft der Legitimität des herrschenden Gesellschaftssystems nicht mehr durch hohe ökonomische Wachstumsraten und entsprechende Einkommenszuwächse gewährleistet werden kann, dann muß sie eben durch entsprechenden politischen Druck mehr oder weniger stark erzwungen werden. Auf die Dauer kann dies selbstver-

ständlich nicht gut gehen, vor allem nicht ohne schwerwiegende politische Konflikte hervorzurufen; und so bleibt denn die Hoffnung, daß mittels einer solchen Politik ein erneuter ökonomischer Aufschwung initiiert wird, der die alten Verhältnisse des ökonomischen Wachstums und der daraus resultierenden Legitimität des Systems wieder herstellen kann.
So zeigt sich auch für die staatliche Politik, daß die Bedingungen der Kapitalakkumulation die Wahlmöglichkeiten der Politik durch ihren Zwangscharakter einschränken. Das Kapital als unabhängige Variable macht die Lohnentwicklung und die Arbeitsmarktentwicklung sowie die darauf bezogenen politischen Einflußmaßnahmen zur abhängigen Variablen. Natürlich ist dies nicht deterministisch zu verstehen. Denn eine starke, kampferfahrene und kampfbereite Arbeiterbewegung wie in anderen Ländern Westeuropas (Italien, Frankreich, teilweise Großbritannien) kann in bestimmten Grenzen alternative Perspektiven der Politik eröffnen und der „einseitigen Lösung" der Krise auf dem Rücken der Arbeiterklasse entgegentreten. Hierbei spielen nicht nur die Abwehr von Reallohnsenkungen oder Verschlechterungen der Reproduktionsmöglichkeiten der Arbeiterklasse durch Einschränkungen der kollektiven Konsumtion eine Rolle, sondern auch Maßnahmen, die eine weitere Steigerung der Kapitalintensität verhindern. In Italien wird diese Perspektive innerhalb der Linken (von der sozialistischen Partei bis hin zu den Kommunisten) diskutiert. Die italienische Wirtschaft, so schreibt beispielsweise *Vittorio Foa*, „könnte für eine bestimmte Periode auf zwei verschiedene Weisen funktionieren: auf traditionelle Weise, also mit hoher Produktivität, verbunden mit Exporten von Waren und bei Anwendung hochentwickelter neuer Technologien; und auf neue Weise, d. h. auf der Grundlage von Investitionen mit hoher Arbeitsintensität, um möglichst viele Arbeitskräfte für Produktionsprozesse zu mobilisieren, die einen hohen Befriedigungsgrad kollektiver Bedürfnisse haben"[15]. Die zweite Alternative steht der kapitalistischen Gesetzmäßigkeit der Kapitalakkumulation und den durch die Konkurrenz, vor allem auf dem Weltmarkt, aufgeherrschten Zwängen gegensätzlich gegenüber. Eine solche Perspektive würde nur *gegen* das Kapital, und d. h. mit entsprechender politischer Machtentfaltung der Arbeiterklasse, durchzusetzen sein, nicht aber innerhalb eines „harmonischen" Entwicklungskonzepts einer kapitalistischen Gesellschaft.
Hier eröffnet sich eine weitere Dimension der Arbeitsmarktpolitik in der Krise. Senkung der Lohnquote, also der Lohnstückkosten, verbunden mit einer Senkung der Staatsquote, mit der Folge einer ent-

sprechenden Anhebung der Investitionsquote zur Durchführung von Investitionen, vor allem zur Rationalisierung der Produktion und der Administration (wobei noch nicht geklärt ist, inwiefern Rationalisierung die Verbesserung der Technologie oder/und die Intensivierung der Arbeit zum Ergebnis hat), führt dazu, daß bei einem hochintegrierten Weltmarkt, wie es gegenwärtig der Fall ist, die Warenexporte relativ gegenüber anderen Ländern, in denen eine solche Politik nicht betrieben wird, verbilligt werden. Hier deutet sich an, daß Grad und Qualität der Weltmarktintegration für die „Vollbeschäftigungspolitik" von allergrößter Bedeutung sind. Die Keynesianische Konzeption der Vollbeschäftigungspolitik ging ja davon aus, daß durch entsprechende Staatsausgaben die effektive Nachfrage erhöht wird und als solche kurzfristig zusätzliche Beschäftigungsmöglichkeiten induziert. Dies kann jedoch bei hoher Weltmarktabhängigkeit gerade dazu führen, daß bei entsprechender Inflation die Beschäftigung infolge einer Verschlechterung der Weltmarktposition eher ab- als zunimmt[16]. Ähnlich wie bei einem Wettlauf um die Abwertung der Währungen, kann eine Politik der gesamtwirtschaftlichen Kostensenkung, vor allem durch Druck auf die Lohnquote und die Staatsquote, dazu führen, daß das Land mit der relativ rigidesten Politik auf dem Weltmarkt die günstigste Position erobert und mittels der daraus resultierenden Exportankurbelung beschäftigungswirksame Effekte erzielt. Diese Überlegungen scheinen hinter den Programmen der Bundesregierung in der Krise 1974/75 zu stehen. Kurzfristig lassen sich dadurch sicherlich Arbeitsmarktprobleme bewältigen. Langfristig jedoch ist eine solche Lösung perspektivlos, denn sie verschärft die Konkurrenz auf dem Weltmarkt, sie forciert die Ungleichmäßigkeit der Entwicklung und beschwört dadurch neue Weltmarktkrisen herauf.

Anmerkungen

1) Diese doppelte Eingriffsmöglichkeit über das Medium Geld unterscheidet die Keynesianer und die Monetaristen. Die ersteren gehen davon aus, daß Vollbeschäftigungspolitik immer *Ausgabenpolitik* sein muß. Die Monetaristen hingegen beschränken die staatlichen Eingriffe vermittelt über das Medium Geld auf die Geldzirkulation. Grundannahme bei ihnen ist — ganz im Gegensatz zur keynesianischen Vorstellung — diejenige von der prinzipiellen Stabilität des privaten Sektors, also der Widerspruchsfreiheit der Kapitalakkumulation.
2) Dies ist erst jüngst wieder ganz deutlich am Mißerfolg des „Programms stabilitätsgerechter Aufschwung" der Bundesregierung vom Dezember

3) Vgl. hierzu die Ausführungen von *Dieter Freiburghaus/Günther Schmid*, Theorie der Segmentierung von Arbeitsmärkten, in: Leviathan, 3/75, S. 417 ff.
4) Dieser Ansatz wird vor allem von einer Gruppe im Berliner Max-Planck-Institut für Bildungsforschung vertreten. Vgl. *W. Armbruster/ H.-J. Bodenhöfer/D. Hartung/R. Nuthmann/W. D. Winterhager*, Expansion und Innovation. Bedingungen und Konsequenzen der Aufnahme und Verwendung expandierender Bildungsangebote, Berlin 1971. Kritisch dazu: *Wulf Hopf*, Zum Verhältnis von Ökonomie und Ausbildung in Analysen des Arbeitskräftebedarfs, Diss. FU Berlin 1976, S. 171 ff.
5) In den Krisen der Kapitalverwertung steigt nicht nur die Arbeitslosigkeit an. Auch die Zahl der Erwerbspersonen verringert sich in der Regel (Erwerbspersonen = Erwerbstätige + Arbeitslose). Dies kann in der BRD um so leichter geschehen, als ausländische Arbeitskräfte wieder nach Hause geschickt werden können. Daher wird die Zahl der Erwerbstätigen verringert, ohne die Zahl der Arbeitslosen zu erhöhen. Eine ähnliche Wirkung haben die vorzeitige Verrentung älterer Arbeiter und Angestellter und die Rückkehr von Frauen „ins Heim und an den Herd". In der Krise 1974/76 hat sich die Erwerbspersonenzahl kontinuierlich reduziert bei gleichzeitigem Anstieg der Zahl der Arbeitslosen. Daraus wird deutlich, daß der Verlust an Arbeitsplätzen in der Krise tatsächlich größer ist als die Arbeitslosenzahlen vermuten lassen.
6) Bei hoher Arbeitslosigkeit sind innerbetriebliche Umsetzungen, die mit Dequalifizierung und entsprechenden Lohnreduzierungen verbunden sind, leichter durchzuführen. Überdies sind arbeitslose, qualifizierte Arbeitskräfte mit zunehmender Dauer der Arbeitslosigkeit auch bereit ganz andere, auch geringere Qualifikationen beanspruchende und daher schlechter bezahlte Arbeiten zu übernehmen. Vgl. dazu *Eckart Hildebrandt*, Entwicklung der Beschäftigtenstruktur und der Arbeitslosigkeit in der Bundesrepublik, in: Probleme des Klassenkampfs, Nr. 19/20/21, 1975, S. 41 ff., insbes. S. 92 ff.
7) Diese Aussage hat hier die Form einer bloßen Behauptung, weil wir aus Platzgründen nicht in der Lage sind, die These zu belegen. Vgl. aber dazu die jüngere Literatur zur Rolle und Form des Staates in der bürgerlichen Gesellschaft. Exemplarisch: *B. Blanke/U. Jürgens/ H. Kastendiek*, Zur neueren marxistischen Diskussion über die Analyse von Form und Funktion des bürgerlichen Staates. Überlegungen zum Verhältnis von Politik und Ökonomie, in: Probleme des Klassenkampfs, 14/15, 1974, S. 51 ff.
8) Die Kapitalrentabilität ist eine Relation, die auf folgendem Wege ermittelt wird: (1) Dem Kapitaleinsatz (Bruttoanlagevermögen K) wird das Nettoproduktionsvolumen (Y) als Resultat der Produktion gegen-

übergestellt. Auf diese Weise erhält man die sogenannte „Kapitalproduktivität" (Y/K). (2) Da im Nettoproduktionsvolumen Löhne und Gehälter sowie die Profite enthalten sind, müssen die Löhne und Gehälter (W) vom Nettoproduktionsvolumen (Y) subtrahiert werden: Y — W = Profite (P), oder Y (1 — w), wo w die Lohnquote bzw. die Lohnstückkosten indiziert. (3) Die Relation Y/K läßt sich erweitern, indem man Zähler und Nenner jeweils durch den Arbeitseinsatz L dividiert, so daß man im Zähler die Arbeitsproduktivität Y/L und im Nenner die Kapitalintensität K/L erhält. Damit werden die Einflußgrößen auf die Kapitalrentabilität sichtbar:
Kapitalrentabilität = (Y/L : K/L) (1 — w)
So zeigt es sich, daß die Entwicklung der Kapitalrentabilität wesentlich abhängt von der Entwicklung der Arbeitsproduktivität, der Kapitalintensität und der Lohnquote. Vgl. dazu *E. Altvater/J. Hoffmann/ W. Schöller/W. Semmler*, Entwicklungsphasen und -tendenzen in Westdeutschland, 2 Teile, in: Probleme des Klassenkampfs, 13 und 16, 1974.

9) Wenn wir die Entwicklung von Arbeitsproduktivität und Kapitalintensität in den einzelnen Wirtschaftszyklen berechnen, ergibt es sich, daß nur im ersten (1950/54) und fünften (1967/71) Zyklus die Steigerungsraten der Arbeitsproduktivität höher als diejenigen der Kapitalintensität gewesen sind.

10) Die Unterscheidung von Einsparung und Freisetzung von Arbeitskräften geht aus folgendem Zitat sehr klar hervor: „... Sagt man z. B., es würden 100 Millionen Menschen in England erheischt sein, um mit dem alten Spinnrad die Baumwolle zu verspinnen, die jetzt von 500 000 mit der Maschine versponnen wird, so heißt das natürlich nicht, daß die Maschine den Platz dieser Millionen, die nie existiert haben, einnahm. Es heißt nur, daß viele Millionen Arbeiter erheischt wären, *um die Spinnmaschine zu ersetzen.* Sagt man dagegen, daß der Dampfwebstuhl in England 800 000 Weber auf das Pflaster warf, so spricht man nicht von existierender Maschinerie, die durch eine bestimmte Arbeiterzahl ersetzt werden müßte, sondern von einer existierenden Arbeiterzahl, die faktisch durch Maschinerie ersetzt oder verdrängt worden ist..." *Karl Marx*, Das Kapital, Band 1, MEW, Bd. 23, S. 452 f. Berechnungen über Einsparung und Freisetzung von Arbeitskräften in der westdeutschen Industrie finden sich bei RKW, Wirtschaftliche und soziale Aspekte des technischen Wandels in der Bundesrepublik Deutschland, Erster Band (Kurzfassung und Ergebnisse), Frankfurt/M. 1970, S. 104 ff. Genauere Dokumentation im zweiten Band: *L. Uhlmann/G. Huber*, Makroökonomische Zusammenhänge zwischen technischem Wandel und Wachstum der Gesamtwirtschaft (1950—1968), München 1971. Formal läßt sich die Einsparung von Arbeitskräften als Differenz der virtuell notwendigen Zahl und der tatsächlichen Zahl von Arbeitskräften zum Zeitpunkt t zur Herstellung eines bestimmten Bruttoinlandsprodukts angeben, also als Differenz $E_e - E_t$. Dabei ist: $E_t = Y_t/P_t$ und $E_e = Y_t/P_{t-1}$, wobei

E für die Erwerbstätigen, Y für das Bruttoinlandsprodukt und P für die Arbeitsproduktivität stehen. Die Freisetzung dagegen ergibt sich als Differenz $E_t - E_f$, wobei $E_f = Y_{t-1}/P_t$ ist. Die mit diesen Relationen gewonnenen Werte für die Freisetzung finden sich in den Tabellen 1—3 im Text. Hinsichtlich der Einsparung an Arbeitskräften sprechen folgende Daten für sich: 1960 wurden 12 368 Mio Arbeitsstunden in der Industrie geleistet, 1974 waren es 10 103 Mio. Um mit der Arbeitsproduktivität von 1960 das Bruttoinlandsprodukt der Industrie vom Jahre 1974 produzieren zu können, wären 24 714 Mio Arbeitsstunden notwendig gewesen. Also sind 14 611 Mio Arbeitsstunden im genannten Zeitraum eingespart worden. Dies entspricht einer ungefähren Einsparung von 7,6 Mio Arbeitern bei einer angenommenen Jahresarbeitszeit von 1920 Stunden.

11) Berechnungen nach *Herbert Kridde/Hans-Uwe Bach*, Arbeitsmarktstatistische Zahlen in Zeitreihenform, in: Beiträge zur Arbeitsmarkt- und Berufsforschung, 3.2, Ausgabe 1974, S. 134 und 152.
12) Eine quantitativ nur einigermaßen exakte Kalkulation der Staatsausgaben, die in die Reproduktion der Arbeiterklasse eingehen, ist fast ausgeschlossen, zumal wenn die darin eingeschlossenen Umverteilungseffekte zwischen Lohnarbeit und Kapital berücksichtigt werden sollen. Hier ergeben sich komplizierte Inzidenzprobleme.
13) Vgl. *Adolph Wagner*, Das Gesetz der zunehmenden Staatstätigkeit, Abschnitt aus: Staat in nationalökonomischer Hinsicht, in: Handwörterbuch der Staatswissenschaften, Bd. 7, 1911, abgedruckt in: Horst Claus Recktenwald (Hrsg.), Finanztheorie, Köln und Berlin 1969.
14) Diesen Aspekt hat vor allem *Johannes Agnoli*, Überlegungen zum bürgerlichen Staat, West-Berlin 1975, hervorgehoben.
15) *Vittorio Foa*, Die Herausforderung der Krise: Vollbeschäftigungspolitik im kapitalistischen System, in: E. Altvater/V. Brandes/J. Reiche (Hrsg.), Inflation — Akkumulation — Krise, II (Handbuch 4), Köln 1976, S. 165.
16) Die Wirkung Keynesianischer Vollbeschäftigungspolitik bei hochintegriertem Weltmarkt, internationaler Inflation und möglicherweise gar fixierten oder nur in bestimmten Grenzen frei schwankenden Wechselkursen ist ausgesprochen unsicher, weil ihr Erfolg immer davon abhängt, welche Politik in den anderen wichtigen am Weltmarkt beteiligten Ländern getrieben wird. Hier stehen die Herausbildung des Weltmarktkapitals und die nationalstaatliche Wirtschaftspolitik in einem unmittelbaren Widerspruch. Dieser Widerspruch kann sogar zur Konsequenz haben, daß das Land mit einer dem Keynesianischen Programm konträren Politik der Deflation die größten Beschäftigungswirkungen und das Land mit der größten Steigerung der staatlich vermittelten effektiven Nachfrage sogar Beschäftigungseinbußen erzielen kann bzw. hinnehmen muß.

II. Strukturelemente des Arbeitsmarktes

Zentrale Kontroversen der neueren Arbeitsmarkttheorie

Dieter Freiburghaus

1. Einleitung

Arbeitsmarktprobleme haben in der amerikanischen theoretischen und wirtschaftspolitischen Diskussion seit dem zweiten Weltkrieg eine viel bedeutendere Rolle gespielt als in der Bundesrepublik. Ein Zeichen dafür ist etwa, daß „Labor Economics", ein Gebiet, für welches nicht einmal ein adäquater deutscher Ausdruck existiert, zur Standardausbildung amerikanischer Ökonomen gehört. Die Hauptgründe für dieses viel größere Interesse sind offensichtlich die wesentlich höheren Arbeitslosenraten, die Diskriminierung bestimmter Gruppen auf dem Arbeitsmarkt und die damit verbundenen sozialen Probleme, sowie das weitgehende Versagen von traditionellen Maßnahmen der Vollbeschäftigungspolitik und die Schwierigkeiten bei der Herstellung auch nur annähernder Chancengleichheit auf dem Arbeitsmarkt.
Die Beantwortung der Frage, ob der Beschäftigung mit der arbeitsmarkttheoretischen Diskussion in den Vereinigten Staaten mehr als ein akademisches Interesse beigemessen werden sollte, hängt weitgehend von der Beurteilung der Entwicklung unserer Arbeitsmärkte ab. Wenn die gegenwärtige Arbeitslosigkeit als ein rein konjunkturelles Phänomen beurteilt wird, welchem bald wieder Zeiten der Überbeschäftigung folgen werden, dann wäre immer noch einiges über die weiter entwickelte Methodik der Arbeitsmarktforschung zu lernen, die Inhalte wären jedoch von nicht sehr großer Bedeutung. Meine Beurteilung geht jedoch dahin, daß sich die Strukturen und Probleme in unserem Arbeitsmarkt tendenziell denen im amerikanischen Arbeitsmarkt annähern.
Wenn dies richtig ist, gewinnen die Erkenntnisse der amerikanischen Arbeitsmarktforschung für uns zunehmend an Interesse. Das bedeutet aber keinesfalls, daß sie einfach übernommen werden könnten. In zwei für den Arbeitsmarkt so entscheidenden Bereichen wie Gewerkschaftsbewegung und Bildungs- und Berufsausbildungssystem gibt es sehr starke und schwer in ihrer Wirkung abzuschätzende Differenzen. Aber selbst wenn die Adaption auf unsere Verhältnisse ein arbeitsintensiver

Prozeß sein wird, meine ich, daß sich die Auseinandersetzung mit diesen Theorien lohnt.

Die beiden theoretischen Ansätze, die meines Erachtens gegenwärtig die arbeitsmarkttheoretische und arbeitsmarktpolitische Diskussion in den Vereinigten Staaten am meisten befruchten, und die gleichzeitig das ganze Feld aufspannen, in dem sich diese Diskussion bewegt, sind die „Job Search and Labor Turnover Theory" (JSLT), vor allem verbunden mit dem Namen von *Charles Holt* vom Urban Institute in Washington, und die „Dual Labor Market Theory" (DLMT), am deutlichsten vertreten von *Michael Piore* vom Massachusetts Institute of Technology.

2. Die „Dual Labor Market Theory"[1]

2.1. Problemlage und theoretisches Umfeld

Bei der DLMT handelt es sich nicht um ein geschlossenes Theoriegebäude, sondern um die meines Erachtens interessanteste und am weitesten entwickelte Variante innerhalb der Ansätze, die sich seit einigen Jahren theorie- und auch sozialkritisch mit neoklassischen Erklärungsversuchen der Arbeitsmarktprozesse auseinandersetzten. Der kritisierte neoklassische Ansatz kann kurz wie folgt beschrieben werden: der Arbeitsmarkt ist ein System von Angebot und Nachfrage, in welchem die Nachfrage nach Arbeitskraft durch die marginale Produktivität der Arbeit und das Angebot durch nutzenoptimierende Entscheide der Arbeiter, die die Faktoren Lohn, Arbeitsleid, Freizeit und Investitionen in Humankapital einschließen, zu erklären sind.

Der historische Anlaß zu dieser Kritik waren die Bewegungen für soziale Reformen in den frühen sechziger Jahren, die versuchten, die hohe Arbeitslosigkeit und die verbreitete Armut bei bestimmten Bevölkerungsgruppen zu bekämpfen, und das Versagen vieler Programme, die auf den bisherigen theoretischen Erkenntnissen aufbauten. Die Kritik betrifft vor allem folgende Punkte:

— Das Versagen von Ausbildungs- und Trainingsprogrammen widerlegt Grundannahmen der Humankapitaltheorie, wie den postulierten engen Zusammenhang zwischen Humankapitalinvestitionen und Produktivität.

— Das Fortdauern der Diskriminierung der Schwarzen auf dem Arbeitsmarkt in bezug auf Arbeitslosigkeit und auf Lohnhöhe stellt die neoklassische Konkurrenztheorie in Frage.

— Die Rolle der Monopole, der Gewerkschaften und anderer Institutionen und Regelungen bei der Schaffung von „Protected Labor Markets" für privilegierte Gruppen von Arbeitern wird als so bedeutend eingeschätzt, daß das Wettbewerbsmodell weitgehend seine Kraft verliert.

Diese kritische Arbeitsmarkttheorie konnte zum großen Teil auf Erkenntnissen der sog. „Institutionalistischen Schule" der Labor Economics aufbauen, die in den vierziger und fünfziger Jahren weitgehend das Feld beherrschte. Die Untersuchung der „Internen Arbeitsmärkte" durch *Piore und Doeringer* (Doeringer, Piore 1971), die Anlaß zur Formulierung der Dualen These gab, war denn auch durch Anregung und unter Anleitung von *John T. Dunlop*, einem der Großen der früheren institutionalistischen Schule entstanden[2].

2.2. Einige wichtige Elemente der „Dual Labor Market Theory"

a) Beschreibung des Dualen Arbeitsmarkts

Die DLMT ist der Ansicht, daß ein großer Teil der Unterbeschäftigungsprobleme im amerikanischen Arbeitsmarkt ihre Ursache in der Herausbildung des sogenannten sekundären Arbeitsmarkts hat. Es wird eine ziemlich rigide Segmentierung des Arbeitsmarkts in einen primären Bereich der stabilen und relativ gut bezahlten „good jobs" und in einen sekundären Bereich der instabilen und schlechter bezahlten „bad jobs" postuliert. Dabei stellen diese Jobarten nicht etwa nur die beiden Extreme auf einem Kontinuum der Arbeitsplatzqualität dar, sondern sie bilden zwei Segmente, die durch sozial-ökonomische Mechanismen aufrechterhalten werden und deren Grenze, zumindest in der Richtung vom sekundären zum primären Arbeitsmarkt, kaum durchlässig ist.

Die beiden Segmente sind etwa wie folgt zu beschreiben:

„Der primäre Sektor enthält die besser bezahlten, stabilen und bevorzugten Arbeitsplätze der Gesellschaft. Die Beschäftigten in diesem Sektor genießen Arbeitsplatzsicherheit und Aufstiegsmöglichkeiten, festgelegte Arbeitsbedingungen, und, ob gewerkschaftlich organisiert oder nicht, eine Beziehungsstruktur am Arbeitsplatz, die durch ein mehr oder weniger explizites System arbeitsrechtlicher Regelungen beherrscht wird. Der Arbeiter im primären Sektor hat einen *etablierten Platz* in der Ökonomie. Die Arbeiter neigen hier dazu, sich mit den Institutionen zu identifizieren: mit der Firma, für die sie arbeiten, mit der Gewerkschaft, mit dem Beruf oder mit der Beschäftigung. Wer einen solchen primären Arbeitsplatz verloren hat, ist arbeitslos im unfreiwilligen, keynesianischen Sinn. Er wollte nicht einen anderen Job suchen, sondern er wurde entlassen wegen Beschäftigungseinschränkungen in der Gesamtwirtschaft oder in seinem Industriezweig. Er wird wahrscheinlich vorübergehend auch weniger attraktive Arbeit annehmen, aber im wesentlichen wartet er darauf, wiederum einen so klar definierten Posten zu erhalten, wie der, auf welchem er vorher beschäftigt war. „Arbeitslos sein" bedeutet wirklich, seinen angestammten Arbeitsplatz verloren zu haben. Im Gegensatz dazu zeichnet sich der sekundäre Sektor durch schlechtbezahlte, unstabile und minderwertige Beschäftigungen aus, Entlassungen sind an der Tagesordnung. Weil viele dieser Jobs kurzfristig oder unattraktiv sind, geben sie für den Arbeiter wenig Anreiz, dabei zu bleiben, was zu zusätzlichem hohen Personalwechsel führt. Arbeitslosigkeit im sekundären Sektor hat also nicht damit zu tun, daß Arbeiter unbeschäftigt auf die Wiedererlangung ihres angestammten Jobs warten, als vielmehr mit einem ständigen, von Phasen der Nichtbeschäftigung begleiteten Wanderungsprozeß von einer schlecht bezahlten Position zur andern."[3]

In der weiteren Ausgestaltung der Theorie erwies es sich als zweckmäßig, den primären Arbeitsmarkt in einen unteren und einen oberen Bereich zu unterteilen; diese beiden Schichten unterscheiden sich vor allem durch die Art der erforderlichen Qualifikationen und durch die Zugangsvoraussetzungen. In bezug auf Identifikationsmöglichkeiten und Stabilität sind sie jedoch gemeinsam deutlich vom sekundären Arbeitsmarkt abgegrenzt. In der folgenden Tabelle sind die wichtigsten Charakteristika der drei Segmente zusammenfassend dargestellt.

b) Duale Ökonomie und dualer Arbeitsmarkt

Die eben beschriebene Dualisierung des Arbeitsmarkts wird als Folge der Dualisierung der Wirtschaft in einen primären, hochmonopolisierten Bereich der stabilen und standardisierbaren Massenproduktion und in einen sekundären Bereich der schwankenden, nicht standardisierbaren Residualproduktion mit konkurrierenden Klein- und Mittelbetrieben betrachtet. Diese Theorie der Dualisierung der Wirtschaft hat sich im Anschluß an die Diskussion herausgebildet, die *Galbraith'* These vom Überhandnehmen der monopolistischen, marktregulierenden Großkonzerne ausgelöst hat. Die Kritiker dieser These sind der Ansicht, daß die Monopole auf der Basis der Sub-Ausbeutung von Klein- und Mittelbetrieben funktionieren, die in Produktionsbereichen tätig sind, die Standardisierung nicht zulassen (z. B. Teile des Baugewerbes), oder die, z. B. mittels Sub-Contracting, den schwankenden Teil der Produktnachfrage befriedigen (vgl. z. B. *Averitt* 1968).

Übersicht über die charakteristischen Eigenschaften der drei Segmente des Arbeitsmarktes

	Primärer Arbeitsmarkt obere Schicht (I a)	Primärer Arbeitsmarkt untere Schicht (I b)	Sekundärer Arbeitsmarkt (II)
Typische Job-Beispiele	Techniker Middle-Management Selbständiger Kleinunternehmer.	Metallarbeiter im Investitionsgüterbereich. Arbeiter in einem Elektrizitätswerk.	Ungelernter Bauarbeiter Hafenarbeiter Reinigungspersonal.
Haupteigenschaften der entsprechenden Jobs	Technisches- und Verwaltungskader, weitgehend stabile Angestelltenverhältnisse oder selbständig Erwerbende.	Stabile, vollzeitliche und ganzjährige Beschäftigungsverhältnisse, vor allem im Bereich der Großunternehmen des Monopolsektors.	Instabile, kurzzeitige und oft nicht vollzeitliche Beschäftigung in konjunktur-, saison- und modeabhängigen Branchen mit Mittel- und Kleinunternehmen.
Mobilitätsverhalten in den Segmenten	Beruflicher Aufstieg stellt eine wesentliche Arbeitsmotivation dar und erfolgt auf nicht sehr strikt festgelegten Aufstiegspfaden, schließt Betriebswechsel und Ortswechsel ein.	Mäßiger beruflicher Aufstieg entlang rigide vorgegebener Pfade meist innerhalb eines Betriebs möglich. Seniorität spielt eine wichtige Rolle. Die Job-Abfolge ist stark technologisch bedingt.	Häufiger Betriebs- und auch Branchenwechsel ohne beruflichen Aufstieg. Längere arbeitslose Zwischenzeiten.

	Primärer Arbeitsmarkt obere Schicht (I a)	Primärer Arbeitsmarkt untere Schicht (I b)	Sekundärer Arbeitsmarkt (II)
Erforderliche Qualifikationen oder „produktive Verhaltensweisen" („productive traits")	„Generelle produktive Verhaltensweisen" im Sinne der Fähigkeit, neue konkrete Situationen durch Deduktion aus allg. Regeln zu bewältigen. Abstraktes Denken, primär schulisch erworben.	Vor allem „spezifische produktive Verhaltensweisen", zur Bewältigung wesentlich sich wiederholender Aufgaben. Qualifikationserwerb durch „on-the-job-training".	Unangenehme und schwere, vor allem körperliche Arbeit, die nur ein Minimum an Kenntnissen verlangt.
Allgemeine Verhaltensweisen und Motivationen; Konfliktregulierung	Unabhängige, „kreative" Arbeitsweise, verinnerlichte Arbeits- und Verhaltensnormen. Beruf stellt ein wesentliches Indentifikationsfeld dar. Konfliktfälle führen ‚zu' „persönlichen Gesprächen", aber auch Machtkämpfen hinter den Kulissen. (vgl. Verwandschaft m. II)	Routinierte Arbeitsweise u. Umgangsformen. Einbindung in den Arbeitsprozeß durch formalisierte u. institutionalisierte Regelungen. Konstante Arbeit bei ausreichender Bezahlung ist die Grundlage für die „konsumorientierte" Familie. Konfliktsituationen werden weitgehend anhand von Regelungen und Verfahren gelöst. Starker Einfluß der Gewerkschaft.	Unstabiles Arbeitsverhalten, häufiges Wegbleiben von der Arbeit. Personalisierte Strukturen. Willkürliche Behandlung von Konfliktsituationen.

	Primärer Arbeitsmarkt obere Schicht (I a)	Primärer Arbeitsmarkt untere Schicht (I b)	Sekundärer Arbeitsmarkt (II)
Zugangsvoraussetzungen	Neben Abkunft aus dem „richtigen Milieu" vor allem, was jedoch beinahe identisch ist, bestimmte absolvierte Schulen.	Zugang für Frauen und ethnische Minderheiten sowie „unstabile Charaktere" oft nicht möglich, wobei die Ablehnung durch die Arbeiter eine entscheidende Rolle spielt.	Keine generellen Voraussetzungen. In einzelnen Bereichen mögen bestimmte Gruppen einen präferentiellen Zugang erlangen.
Innere Allokation und Preisbildung	Marktgegebenheiten spielen eine Rolle. Daneben auch traditionalisierte Vorstellungen.	Der Markt spielt fast keine Rolle. Verhandlungsmacht der Gewerkschaften und ihr direkter Einfluß bei der inneren Allokation und differentiellen Lohngestaltung sind entscheidend.	Markt spielt bei allgemein übermäßigem Angebot eine Rolle. Oft definieren aber Sozialleistungen und Mindestlöhne die untere Einkommensgrenze.
Zusammenhang mit sozialer Schicht, deren Eigenheiten	Rekrutierung vor allem aus der Mittelschicht. Kleinfamilie und wenige Verwandtschaftskontakte ermöglichen eine hohe Priorität beruflicher Erfordernisse.	„Klassische Arbeiterschicht" mit stabilen und rigiden Verhaltensformen. Stabile soziale Kontakte im Bereich der „Großfamilie". Strikte Trennung von Arbeit und Freizeit.	Unterschichtgruppen, Frauen, ethnische Minoritäten, Jugendliche. Arbeit ist „Gelegenheitsarbeit". Daneben öfter andere Einkommensquellen: soziale Unterstützung, Teilnahme an der „Ghetto-Ökonomie" bis hin zu krimineller Tätigkeit.

Um diese These für den Arbeitsmarkt fruchtbar zu machen, beschäftigt sich Piore mit den Folgerungen, die diese Dualisierung für die jeweils in den beiden Bereichen optimale Arbeitsteilung und damit Technologie hat. Diese Überlegungen, die auch eine Erklärung für die Zweiteilung des primären Arbeitsmarkts beinhalten, sind zu kompliziert, um hier in der gebotenen Kürze dargestellt zu werden. Die wichtigste Schlußfolgerung ist aber die: der sekundäre Bereich der Wirtschaft bietet nicht nur aus dem Grund in großem Maße Jobs an, die als sekundäre charakterisiert wurden, weil die schwankende Nachfrage unmittelbar unstabile Jobs erzeugt, sondern die in diesem Bereich verwendete Technologie schafft auch Arbeitsplätze schlechter Qualität mit geringen Anforderungen an die Qualifikationen und vor allem mit geringen Möglichkeiten zum Erwerb von Qualifikationen.

c) Sozialpsychologische Prozesse, die den Qualifikationserwerb
   und die Herausbildung interner Arbeitsmärkte im primären Sektor
   bestimmen

Für die ganze Arbeiterklasse hat der Erwerb von Qualifikationen onjob eine überragende Bedeutung. Die Möglichkeit, über solche Prozesse Qualifikationen zu erwerben, ist aber nicht einfach gegeben, sobald man an einen bestimmten Arbeitsplatz gestellt wird. Ein Arbeitsplatz ist auch immer eine Position in einem komplexen sozialen Feld. Für alle Qualifizierungsprozesse gilt, daß sie in Sozialisationsprozesse eingebettet sind. Ob in einer bestimmten Situation und für ein bestimmtes Individuum dieser Qualifikationserwerb und damit der Aufstieg in der Mobilitätskette gelingt, ist von vielen sozialen und psychologischen Faktoren der Interaktion zwischen diesem Individuum und der Gruppe, innerhalb welcher die Prozesse stattfinden sollen, abhängig.

Aus dieser Ansicht resultiert einmal eine fundamentale Kritik an der humankapitaltheoretischen Vorstellung des Verhaltens von Individuen. Der Einzelne ist nicht frei in seinem Entscheid, Humankapital zu erwerben, denn er kontrolliert die oben genannten Faktoren nicht. Zum zweiten folgen daraus Erklärungen für die gegenseitige Abschottung des primären und des sekundären Arbeitsmarkts: Der primäre Arbeitsmarkt ist besetzt von einem Teil der Arbeiterklasse, für den bestimmte stabile und „ordentliche" Verhaltensweisen einen sehr hohen Wert darstellen. Versucht ein Angehöriger einer Gruppe, der durch die Primärsozialisation nicht diese Verhaltensweisen entwickelt hat, oder der durch längere Zeit der Beschäftigung im sekundären Arbeitsmarkt nicht mehr in der Lage ist, sich in die soziale Gruppe der primären Arbeiter zu integrieren, im primären Arbeitsmarkt unterzukommen, dann wird das gegenseitige Nichtakzeptieren dazu führen, daß dem Neuen nicht die Chance des Erwerbs von notwendigen Qualifikationen gegeben wird, selbst wenn seine intellektuellen oder handwerklichen Fähigkeiten dazu völlig ausreichten. Diese Verweigerung des Lehrens braucht den angestammten Arbeitern nicht einmal bewußt zu sein. Der sich jedoch bald zeigende Mangel an Fortschritten im Lernprozeß wird das ursprüngliche Vorurteil gegen den Angehörigen der anderen Gruppe verstärken. Die Schwierigkeiten, die daraus entstehen, werden es auch für den Beschäftiger angezeigt erscheinen lassen, nicht Leute aus dem sekundären Arbeitsmarkt zu beschäftigen.

d) Weitere Argumente

Stichwortartig seien noch folgende Probleme genannt, die die Dualisierung des Arbeitsmarkts mit verursachen und stabilisieren:

— Interesse der Gewerkschaften, die vor allem im primären Arbeitsmarkt stark vertreten sind, Lohndifferenzen zwischen ihren Mitgliedern und den Nichtmitgliedern aufrechtzuerhalten.

— Interesse des Kapitals an einer inhomogenen Arbeiterklasse zum Zwecke der besseren Kontrollierbarkeit. Diesem Argument kommt vor allem bei den Vertretern der „Radical Economics" große Bedeutung zu (vgl. etwa *Reich* et al. 1973).

— Ständiger Immigrantenstrom, der die Konkurrenz auf dem sekundären Arbeitsmarkt erhöht und Lohnerhöhungen verhindert.

2.3. Arbeitsmarktpolitische Konsequenzen

Die DLMT neigt zu einer eher pessimistischen Beurteilung der Möglichkeiten, mittels herkömmlicher Arbeitsmarktpolitik dem Problem der Dualisierung des Arbeitsmarkts beizukommen. Die technologisch-ökonomischen Kräfte, die zur Dualisierung des Produktionsbereichs führen, die sozialpsychologischen Mechanismen, die einen Teil der Arbeiterschaft vom Zugang zu den besseren Arbeitsplätzen fernhalten sowie die mächtigen und organisierten Interessen an dieser Zweiteilung auf der Kapital- und auf der Gewerkschaftsseite könnten nur durch starke strukturverändernde Eingriffe in die Wirtschaft überwunden werden. Einigen Erfolg versprechen Maßnahmen, die

a) einem möglichst großen Teil der Jugendlichen stabile Arbeitsplätze sichert, damit sich nicht ein unstabiles Erwerbsverhalten schon früh verfestigt,

b) den Anteil der primären Arbeitsplätze vergrößern,

c) die Zugangschancen zu primären Jobs auch für bisher diskriminierte Gruppen verbessern.

Für die Erreichung des ersten und des zweiten Ziels hat die Stabilisierung der Gesamtnachfrage eine große Bedeutung. Solange ein hoher Beschäftigungsstand als nur vorübergehend betrachtet wird, werden die Betriebe im primären Bereich eher durch ad-hoc-Maßnahmen die gesteigerte Nachfrage befriedigen, als tatsächlich ihr Angebot an stabilen Arbeitsplätzen auszubauen.

Für die Erreichung des zweiten Ziels bedarf es zusätzlich einer Strukturpolitik, die auch die Nachfrage im sekundären Bereich verstetigt und den kleineren und mittleren Betrieben die Möglichkeit gibt, ihr Arbeitsplatzangebot qualitativ zu verbessern.

Das dritte Ziel kann nur erreicht werden, wenn gegen die beträchtlichen Widerstände der im primären Sektor Beschäftigten diskriminatorische Zugangserschwernisse abgebaut werden. Die schon vorhandenen politischen Instrumente gegen die Rassendiskriminierung müssen verstärkt werden.

Mit anderen Worten: Arbeitsmarktpolitik, wie sie bisher verstanden wurde, ist nicht in der Lage, die Arbeitsmarktprobleme zu lösen. Sie muß auf der einen Seite durch gesellschafts- und sozialpolitische Maßnahmen, auf der anderen Seite durch Vollbeschäftigungs- und gezielte Strukturpolitik ergänzt und vor allem mit diesen Maßnahmen integriert werden.

3. Die „Job Search and Labor Turnover Theory" (JSLT)

3.1. Problemlage und theoretisches Umfeld

Die JSLT stellt eine Weiterentwicklung des neoklassischen Modells des Arbeitsmarkts dar, die vor allem dem Suchverhalten der Arbeiter nach offenen Stellen und den Suchprozessen der Anbieter von offenen Stellen nach Arbeitskräften, sowie den damit verbundenen Wanderungsströmen auf dem Arbeitsmarkt ihre besondere Aufmerksamkeit schenkt.

Der Anspruch dieser Theorie ist es, durch neuartige Erklärungsmodelle dieser mikroökonomischen Prozesse den makroökonomischen Zusammenhang zwischen Lohninflation und Arbeitslosigkeit, der sich in der Phillipsrelation ausdrückt, besser zu verstehen: Ihre Hauptaussage ist, daß der trade-off zwischen Inflation, die wesentlich in der Lohninflation verursacht gesehen wird, und Arbeitslosigkeit, also die Lage und Form der Phillipskurve, vor allem durch Arbeitsmarktprozesse bestimmt ist, und somit grundsätzlich die Möglichkeit besteht, durch Veränderung dieser Prozesse und Strukturen das bisherige Dilemma zwischen der Erreichung eines hohen Beschäftigungsstandes und dem Kampf gegen die Inflation mindestens teilweise zu überwinden.

Die unmittelbaren Vorläufer dieses Ansatzes sind mikroökonomische „Job-Search"-Modelle, die seit Anfang der sechziger Jahre diskutiert werden. Die ersten grundlegenden Arbeiten stammen von *Stiegler* (etwa: *Stiegler* 1962), der den Einfluß des Faktors Information auf das Verhalten der Arbeitskräfte untersucht hat. Die Job-Search-Modelle lassen sich durch folgende Hypothesen beschreiben:

— Zu jedem Zeitpunkt sucht ein beträchtlicher Teil der Arbeiter nach neuen Jobs, sei es, weil sie neu oder wieder auf den Arbeitsmarkt kommen, sei es, weil sie entlassen wurden oder gekündigt haben, oder sei es ein mehr latentes Suchen ohne Aufgabe der bisherigen Stelle.

— Die Individuen verhalten sich bei ihrer Stellensuche gemäß ökonomischer Rationalität, d. h. sie versuchen den Nutzen, angenähert durch den diskontierten künftigen Einkommensfluß, zu maximieren.

— Diese Nutzenmaximierung im Falle einer Job-Suche steht im folgenden Spannungsfeld, welches die Art und die Dauer des Suchprozesses (und damit unter anderem die Dauer der Arbeitslosigkeit) bestimmt: längere Dauer und größere Intensität des Suchprozesses erhöhen die Wahrscheinlichkeit, einen höher bezahlten (oder anderswie „nützlicheren") Job zu finden, verursachen andererseits aber höhere Kosten, und zwar sowohl direkte Kosten der Informationsbeschaffung als auch Opportunitätskosten des inzwischen entgangenen Einkommens.

— Bestimmende Faktoren insbesondere für die Länge des Suchprozesses sind also etwa: direkte Kosten der Informationsbeschaffung; vorhandenes Informationskapital (ein älterer Arbeitnehmer, der seine Chancen auf dem Arbeitsmarkt aufgrund vorangegangener Informationssammlung adäquat einschätzen kann, wird weniger lange einen Job suchen, da seine Erwartungen und die tatsächlichen Möglichkeiten von Anfang seiner Suche an weniger auseinanderklaffen als bei einem Jungen, vorausgesetzt natürlich, daß beide gleich produktiv sind und keine Diskriminierung des Älteren oder Jüngeren von seiten des Arbeitgebers vorliegt); Höhe der Opportunitätskosten, die direkt von der Höhe der Einkommenssurrogate (Arbeitslosenunterstützung etc.) abhängig sind.

— In ähnlicher Weise läßt sich die Suche nach Arbeitern durch die Anbieter von offenen Stellen beschreiben.

Diese Überlegungen haben zu sehr verschiedenartigen Ratschlägen für die Arbeitsmarktpolitik geführt. Die eine Richtung betont die Wichtigkeit verbesserter Information. Computerunterstützte Informationssysteme und eine bessere Koordinierung betrieblicher Arbeitskräfteplanung und staatlicher Arbeitsmarktpolitik sollen den Suchprozeß rationalisieren. Die Wirkung solcher Maßnahmen ist jedoch sehr ambivalent: Ein Entscheid wird zwar durch Ausweitung der Informationsbasis theoretisch optimaler, die Verarbeitung von mehr Information ist jedoch ein zumindest zeitraubender Vorgang.

Die andere Richtung, etwa vertreten von *Martin Feldstein*[4], geht von einem anderen Aspekt der Suchkosten aus: von den Opportunitätskosten. Konsistent mit dem Suchmodell ist die Aussage, daß sich ceteris paribus die Suchzeiten verkürzen müßten, wenn die Opportunitätskosten steigen. Die Opportunitätskosten sind um so größer, je größer die Differenz zwischen dem Einkommen während des Suchprozesses und einem möglichen Einkommen bei Annahme eines Jobs ist, also um so größer, je niedriger das Einkommen in der Suchphase ist. Für viele besteht das Einkommen während der Suchphase jedoch in der Arbeitslosenunterstützung. Damit ist aber nur in theoretisch verbrämter Weise die Ansicht ausgedrückt, daß mit größerem wirtschaftlichen Druck Arbeitslose eher gezwungen werden können, schlechtere oder zumindest schlechter bezahlte Jobs anzunehmen.

3.2. Einige wichtige Elemente der „Jobs Search and Labor Turnover Theory"

Die JSLT geht in einigen wesentlichen Aspekten über das eben beschriebene einfache Modell des Suchprozesses hinaus. Neu sind vor allem die Gesamtbetrachtung des Arbeitsmarktes als eines dynamischen, stochastischen Prozesses, die durch diesen Prozeß erzeugte Lohn- und damit Inflationsdynamik, sowie die Untersuchung der Auswirkungen der Arbeitsmarktsegmentierung auf Arbeitslosigkeit und Inflation.

a) Die Strombetrachtung

Die JSLT lenkt die Aufmerksamkeit vor allem auf die massiven Ströme von Arbeitern und offenen Stellen, die ständig durch den Arbeitsmarkt zirkulieren. Anders als bei der üblichen Betrachtungsweise wird nicht mehr das stabile und fortdauernde Arbeitsverhältnis als die Regel, und die Stellensuche, die Arbeitslosigkeit und die unbesetzten

Stellen als die Ausnahme betrachtet, sondern im „labor turnover" wird das zentrale Phänomen des Arbeitsmarkts gesehen. Empirische Untersuchungen zeigen, daß in der Tat diese Ströme sehr groß sind. Man nimmt an, daß die jährliche Zahl der Neukontrakte in den USA etwa halb so groß ist wie die Zahl der Arbeitsverhältnisse überhaupt. Diese Tatsache und Betrachtungsweise hat folgende unmittelbaren Konsequenzen:

a) Die genauere Untersuchung dieser Ströme und der Verhaltensweisen, die deren Dynamik beeinflussen, wird zum zentralen Thema der Arbeitsmarkttheorie. Auf die vielfältigen Rückkopplungsmechanismen, die im Arbeitsmarkt ein stabiles Gleichgewicht erzeugen, kann hier nicht eingegangen werden (vgl. *Holt* 1970 b).

b) Arbeitslosigkeit wird nicht mehr als ein außerordentliches Ereignis aufgefaßt und erklärt, sondern als das Resultat von Friktionen im Suchprozeß verstanden[5]. Ein zu hohes Maß von Arbeitslosigkeit ist nicht als solches zu untersuchen, sondern als Ergebnis einer Veränderung im Fließgleichgewicht des Arbeitsmarkts. Eine kleine Rechnung mag dies illustrieren: Wenn, wie oben angenommen, 50 % der Kontrakte jährlich neu geschlossen werden, dann genügt eine durchschnittliche „Wartezeit" zwischen zwei Jobs von ca. 5 Wochen, um in diesem Arbeitsmarkt eine Arbeitslosenrate von 5 % zu erzeugen.

c) Nicht nur die Höhe der Arbeitslosigkeit, sondern auch die Veränderungsrate des Nominallohns ist durch diese Stromdynamik begründet. Diese Tatsache läßt es prinzipiell als möglich erscheinen, Arbeitslosigkeit und Inflation durch Beeinflussung des Arbeitsmarktgeschehens gleichzeitig in der gewünschten Richtung zu verändern.

b) Der individuelle Suchprozeß

Im einfachsten Modell wird davon ausgegangen, daß sich Erwartungen und Erwartungsänderungen des stellensuchenden Arbeiters und des Anbieters einer offenen Stelle nur auf die Lohnhöhe beziehen. Andere Faktoren, wie etwa auch die Veränderung der angebotenen oder der nachgefragten Qualifikationen durch und während des Suchprozesses, werden außer acht gelassen. Es wird davon ausgegangen, daß der Arbeiter seinen bisherigen Job verläßt um einen solchen mit höherer Bezahlung zu suchen, auf der anderen Seite hofft der Arbeitgeber, die Stelle zu einem niedrigeren Lohn als bisher besetzen zu können. Weiter wird angenommen, daß der Arbeitsmarkt in keiner Weise segmentiert sei, was bedeutet, daß außer der Lohnhöhe kein Grund vorliegen kann, warum ein Zusammentreffen des Arbeiters und der offenen Stelle nicht zu einer Einstellung führen sollte.

Der Verlauf des Suchprozesses wird nun dadurch bestimmt, daß mit der Zeit der Arbeitnehmer seine Lohnerwartung zu senken und der Anbieter der offenen Stelle sein Lohnangebot zu erhöhen bereit ist. Das Zusammentreffen des Arbeiters i mit der offenen Stelle j wird als Zufallsprozeß interpretiert. Die Wahrscheinlichkeit P, daß ein solches Zusammentreffen (Interview) auch zu einem Arbeitsvertrag führt, hängt nun offensichtlich vom Überlappen der beiden Erwartungskurven zum Zeitpunkt des Zusammentreffens ab, und dieses ist eine Funktion der ursprünglichen Lohnerwartungen, der Neigungen der Erwartungsanpassungsfunktionen, sowie der Suchzeiten der beiden möglichen Kontrahenten (vgl. Abb. 1). Von eben diesen Größen hängt auch die zustandegekommene Lohnhöhe ab. Damit sind also auch die Faktoren bekannt, die eine Lohnerhöhung oder eine Lohnreduktion gegenüber den ursprünglichen Erwartungen erzwingen.

Abb. 1: Entwicklung des Lohnangebots und der Lohnerwartung

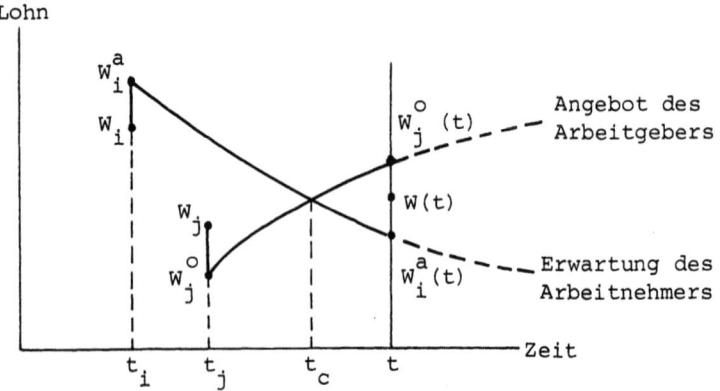

Diese Betrachtung des individuellen Suchprozesses bildet die Grundlage für eine wahrscheinlichkeitstheoretische Untersuchung der Ströme auf dem Arbeitsmarkt und der Möglichkeiten ihrer Beeinflussung.

c) Die Lohndynamik

Die Bestände an offenen Stellen und an Arbeitslosen und ihr Verhältnis zueinander bestimmen weitgehend die Veränderungsrate der Löhne. Denn diese Größen sind für die respektiven Suchzeiten der Arbeiter und der Arbeitgeber vor allem verantwortlich und bestimmen damit, welcher Partner stärker seine ursprüngliche Vorstellung durchsetzen kann. Die Lohndynamik ist aber nicht nur durch die tatsächlichen Ströme auf dem „offenen Markt" bestimmt, sondern auch durch die potentiellen Ströme und die tatsächlichen Ströme auf den inneren Märkten. Diese Einflüsse hängen aber im gleichen Sinn vom Verhältnis der offenen Stellen zu den Arbeitslosen ab. Wenn dieses Verhältnis einen hohen Wert hat, dann werden also nicht nur die Neukontrakte eher zugunsten des Arbeiters abgeschlossen, sondern der Arbeitgeber wird auch eher bereit sein, seinen Mitarbeiterbestand durch Lohnerhöhungen zu halten. Diese Erkenntnisse sind natürlich nicht neu, neu ist jedoch teilweise das analytische Instrumentarium, mit welchem diese Einflüsse untersucht werden.

Eine wichtige Folgerung für die Arbeitsmarktpolitik aus dieser Betrachtung der Lohndynamik ist die folgende: Wenn die Lohninflation dann klein ist, wenn das Verhältnis der offenen Stellen zu den Arbeitslosen klein ist, dann kann sich die Zahl der Arbeitslosen nur dann reduzieren ohne die Lohninflation zu verstärken, wenn in gleichem Maße auch die Zahl der offenen Stellen reduziert wird. Das heißt aber im Prinzip, daß der Vermittlungsprozeß effizienter werden muß.

Holt bezieht in der Frage der Lohndynamik eine anti-institutionalistische Position. Er negiert zwar nicht jeden Einfluß der Gewerkschaften auf die Bestimmung der Lohnhöhe, glaubt aber, daß dieser Einfluß, zumindest über die Zyklen betrachtet, kaum andere Resultate zustandebringt, als die eigentlich ökonomischen Kräfte.

d) Segmentierung des Arbeitsmarkts

Im einfachen Modell des individuellen Suchprozesses wurde angenommen, daß jeder Arbeiter ein potentieller Kandidat für jede offene Stelle sei. Dies ist natürlich nicht der Fall. Es gibt durch Qualifikationen, Standorte, Branchen, Alter, Geschlecht, Rasse usw. erzeugte, zum Teil durch ökonomische Argumente begründbare, zum Teil aber auch auf Vorurteilen und Diskriminierungen beruhende Segmentierungen des Arbeitsmarkts, die die Anzahl der potentiell möglichen Kandidaten für eine offene Stelle drastisch reduzieren. Mittels eines Modells einer rigiden „Compartamentalisierung" in Teilmärkte, die nicht inter-

agieren, untersucht *Holt* die Veränderung der Arbeitsmarktdynamik durch Segmentierung.
Das wichtigste Resultat ist das folgende: Je mehr nicht oder schwach interagierende Segmente in einem Arbeitsmarkt vorkommen, desto ungünstiger ist der Verlauf der aggregierten Phillipskurve, d. h. eine bestimmte Durchschnittsarbeitslosigkeit ist mit einer um so höheren Lohnsteigerungsrate verbunden, je mehr Segmente der Arbeitsmarkt hat. Diese ungünstige Wirkung wird um so größer, je größer die Variation der Arbeitslosigkeit zwischen den einzelnen Segmenten ist. Die Ursache dafür sind die verminderten Skalenerträge des Suchprozesses durch die Segmentierung.
Eine Berechnung von *Holt* (*Holt* et. al. 1973, S. 73) veranschaulicht das Maß dieses Einflusses. Er untersucht u. a. die demographische Dispersion der Arbeitslosigkeit, d. h. die Schwankung der Arbeitslosenrate zwischen den verschiedenen Altersstufen. Es ergibt sich, daß eine völlige Beseitigung dieser Differenz im Jahre 1969 die Inflationsrate bei gleichbleibender Durchschnittsarbeitslosigkeit um 0,6 Prozentpunkte oder die Arbeitslosigkeit bei gleichbleibender Inflation um 0,56 Prozentpunkte gesenkt hätte.

3.3. Folgerungen für die Arbeitsmarktpolitik

Das wichtigste Ergebnis der Analysen von *Holt* für die Arbeitsmarktpolitik ist die viel zentralere Bedeutung, die Arbeitsmarktpolitik im Rahmen der Wirtschaftspolitik erhält. Von ihrer Fähigkeit, die Arbeitsmarktprozesse in einer Richtung zu verändern, die Arbeitslosigkeit reduziert, ohne starke Impulse auf die Tendenz zu Lohnerhöhungen auszulösen, hängt die Chance ab, die zentralen wirtschaftspolitischen Ziele der Reduktion der Arbeitslosigkeit und der Erreichung einer höheren Preisstabilität gleichzeitig zu erreichen.
Kaum eine der arbeitsmarktpolitischen Maßnahmen, die *Holt* vorschlägt, ist grundsätzlich neu. Es werden eigentlich nur Gewichte anders gesetzt. Zum einen wird postuliert, daß die Arbeitsmarktpolitik ihr Augenmerk weniger als bisher auf spezielle Problemgruppen richten, sondern vielmehr eine Beeinflussung der Gesamtströme anpeilen soll. Dies folgt aus der Auffassung, daß hohe Arbeitslosigkeit bestimmter Gruppen nur ein deutlich sichtbares Signal für Verstopfungen im „Worker-Vacancy-Matching-Process" darstellen und daß diesen Gruppen nicht als solchen geholfen werden kann, da, solange diese Ströme nicht flüssiger werden, die Verbesserung der Chancen der einen Gruppe

nur Verschlechterungen für andere bringen würde. Zum andern wird gefordert, daß die Maßnahmen, die das Funktionieren des Arbeitsmarkts verbessern, ganz andere Dimensionen als bisher annehmen müßten. Im einzelnen geht es um Maßnahmen, die in den folgenden Richtungen wirken:
a) Die Chance für eine schnelle und erfolgreiche Vermittlung von Arbeitslosen und offenen Stellen muß durch Verbesserungen des Informationssystems vergrößert werden;
b) Durch Qualifizierungsmaßnahmen bei den Arbeitern und Umstrukturierung der Arbeitsplätze muß Produktivität und Arbeitszufriedenheit gleichzeitig erhöht werden, damit sich der Arbeitsplatzwechsel reduziert;
c) Die Zahl der Segmente muß reduziert, die Segmente vergrößert und die Durchlässigkeit der Segmentgrenzen erhöht werden durch Qualifizierungsmaßnahmen, Ausdehnung der geographischen Suchbereiche, Erhöhung der Mobilität und Flexibilität und durch Abbau von Diskriminierung;
d) Da die zyklischen ökonomischen Schwankungen die Tendenz haben, die Streuung der Arbeitslosigkeit zwischen den Segmenten zu erhöhen, muß die ökonomische Stabilität vergrößert werden.
Holt bemerkt jedoch einschränkend, daß der Erfolg der einzelnen Maßnahmen erst durch wesentlich genauere Kenntnisse der Arbeitsmarktprozesse garantiert werden kann, als wir sie heute haben. Er warnt z. B. vor der Gefahr (*Holt* 1970 b, S. 255), daß ein besseres Informationssystem die freiwilligen Arbeitsplatzwechsel eher erhöhen als senken könnte.

4. Vergleich der beiden Positionen

4.1. Betrachtungsweise von Arbeitsmarktstrukturen und -prozessen

In einigen Aspekten stimmen die beiden Ansätze überein. Für beide steht das Problem der Arbeitslosigkeit und besonders die großen Unterschiede in den Arbeitslosenraten verschiedener Gruppen der Erwerbsbevölkerung im Zentrum des Interesses. Beide versuchen, die unfruchtbar gewordene Kontroverse zwischen der „deficient demand"- und der „structural unemployment"-Erklärung zu überwinden, die die Arbeitslosigkeitsdiskussion in den sechziger Jahren beherrschte. Sie sind sich einig darin, daß die Strukturen und Prozesse des Arbeitsmarkts über weite Strecken neuartiger Erklärungen bedürfen. Beide messen dabei der Segmentierung des Arbeitsmarkts und dem häufigen Stellenwechsel eines Teiles der Arbeiter eine große Bedeutung bei, wenn sie auch diese beiden Phänomene anders zu fassen und zu erklären versuchen. Sie teilen weiter die Skepsis gegenüber der Bedeutung von generell mehr Schulung und Ausbildung zur Überwindung der Beschäftigungsprobleme.

Schon in der zugrundeliegenden Problemperzeption und in bezug auf das Erkenntnisinteresse sind jedoch die beiden Theorien sehr kontrovers und zeigen deutlich die Einbettung in verschiedenartige Theorietraditionen. Für die JSLT ist der nächstwichtige Punkt neben der Arbeitslosigkeit die Verbindung zur Inflationsproblematik, ein Problem, dem ein ökonomisches Erklärungsmodell zu Leibe rücken soll, welches gleichzeitig einen neuartigen Zusammenhang zwischen Mikro- und Makroökonomie herzustellen in der Lage ist. Der weitergehende Anspruch der DLMT zielt mehr in die Richtung, Beiträge zur Theorie der Armut und der Diskriminierung, zum Problem der minderwertigen Arbeitsplätze und der institutionellen Verfestigung der Arbeitsmarktstrukturen zu leisten.

Verschiedenartig ist auch die Weite des Gegenstandes: Während die JSLT immer das Funktionieren des ganzen Arbeitsmarkts im Auge hat, konzentriert sich die DLMT stark auf die spezifischen Beschäftigungsprobleme von benachteiligten Gruppen in den industriellen Ballungsgebieten. Diese verschiedene Optik spiegelt sich z. B. in der Auffassung von der Segmentierung: die JSLT faßt Segmentierung ziemlich formal: wann immer ein Arbeitsloser und eine offene Stelle nicht zusammenkommen und der Grund dafür nicht in der Lohnhöhe liegt, ist Segmentierung im Spiel. Für die DLMT ist Segmentierung eine inhaltlich wohldefinierte und in mehreren Dimensionen gleichzeitig festgelegte Strukturierung des Arbeitsmarktes.

Diese Verschiedenheit der Problemfelder und der Betrachtungsweise äußert sich auch in der Methodik und in den erkenntnistheoretischen Grundpositionen. Die DLMT steht in der Tradition der kritischen Gesellschaftstheorie und ergreift eher die Partei der Arbeiter, insbesondere der benachteiligten. Die Forderungen gehen denn auch in Richtung von Strukturveränderungen grundlegender Art. Die JSLT steht in der positivistischen ökonomischen Tradition. *Holt* betont zwar, daß seine Vorschläge im Interesse aller Beteiligten lägen, bei einigen der Maßnahmen wird man in der Beziehung aber doch etwas skeptisch. Etwa bei der konsistent aus der Theorie folgenden Konsequenz, daß eine

Vergrößerung des Verhältnisses von Entlassungen zu freiwilligem Stellenwechsel oder eine Senkung der Lohnerwartung der Arbeiter oder eine Mäßigung der Tendenz der Arbeitgeber zu Lohnzugeständnissen bei länger dauernden Nichtbesetzungen die Inflationsrate senken könnte, ohne die Arbeitslosigkeit zu erhöhen. Die daraus folgenden arbeitsmarktpolitischen Vorschläge stellen denn auch nicht viel anderes dar als eine leicht maskierte Einkommenspolitik zuungunsten der Arbeiter.

Die Denkmodelle, die bei der Analyse verwendet werden, haben bei aller Verschiedenheit einige Ähnlichkeiten: beide Ansätze denken in Kategorien von dynamischen Systemen. Traditionelle Kausalbegründungen treten hinter die Beschreibung und Analyse von Rückkopplungsmechanismen zurück. Bei der DLMT stehen positive Rückkopplungen im Vordergrund, also Mechanismen, die als unerwünscht betrachtete Tendenzen in fataler Weise verstärken. Sie betreffen sozialökonomische Zusammenhänge, sie beziehen sich auf Sozialisationsprozesse, Schichtzugehörigkeiten, Qualifizierungsprozesse und Mobilitätsverhalten. Die JSLT arbeitet viel stärker mit negativen Rückkopplungen, die Systeme stabil halten, wenn dabei auch Bestandsgrößen von unerwünschter Höhe resultieren. Sie betreffen die tatsächlichen Ströme im Arbeitsmarkt und schließen vor allem ökonomische Parameter, wie Angebot und Nachfrage, Lohnhöhe und Produktivität ein.

Die JSLT ist eine ökonomische Theorie. Wenn auch das Verhalten der Wirtschaftssubjekte auf dem Arbeitsmarkt sorgfältiger als in traditionellen Modellen beschrieben wird, bleibt sie doch in der Denkweise des „homo oeconomicus" befangen. Mit einigen Argumenten, wie etwa bei der Einschätzung des „Collective Bargaining" für die Lohndynamik oder der Bedeutung der Flexibilität für das Funktionieren des Arbeitsmarktes, ist sie sogar superneoklassisch. Diese ökonomistische Ausrichtung erlaubt natürlich eine wesentlich größere Geschlossenheit und Formalisierbarkeit der Theorie.

Die DLMT negiert nicht die Beeinflussung der Verhaltensweisen der Wirtschaftssubjekte durch die ökonomischen Gesetze. Sie schränkt aber deren Bedeutung in doppelter Weise stark ein: einmal sind die Individuen in Verhältnisse hineingestellt, die die Möglichkeit ihres Handelns sehr eng begrenzen, und die weit davon entfernt sind, gleichartig oder auch nur homogen oder durchlässig zu sein. Zum zweiten bestimmen vor allem nicht originär ökonomische Momente das Verhalten; diese sind zwar formal unter den Nutzenkalkül subsumierbar, sie verlieren aber gerade dadurch jede wirkliche Erklärungskraft.-

4.2. Arbeitsmarktpolitische Schlußfolgerungen

In der Beurteilung einzelner Maßnahmen kommen sich die beiden Theorien teilweise recht nah, wenn auch oft aus verschiedenen Gründen. Beide sind der Ansicht, daß eine traditionelle Vollbeschäftigungspolitik die Beschäftigungsprobleme nicht zu lösen vermag, daß aber die ökonomische Stabilisierung trotzdem eine große Bedeutung für den Arbeitsmarkt hat. Für die DLMT besteht diese Wirkung in der möglichen Reduktion der sekundären Arbeitsplätze und in der Vergrößerung der Chance für stabile Erwerbssozialisation der Jugendlichen, für die JSLT in der Verkleinerung der Streuung der Arbeitslosenraten zwischen den einzelnen Segmenten und dem damit verbesserten Trade-off zwischen Arbeitslosigkeit und Inflation.

Andere Maßnahmen erfahren eine unterschiedliche Beurteilung. Während die JSLT der Verbesserung der Information und der Stellenvermittlung eine hohe Priorität einräumt, ist dies für die DLMT kaum ein Thema. Andererseits hat die Beeinflussung der Arbeitsplatzstrukturen im Sinne einer Reduktion der „bad jobs" für die DLMT eine viel größere Bedeutung.

Die Differenzen gehen aber über eine unterschiedliche Beurteilung einzelner Maßnahmen hinaus: Die DLMT sieht die Hauptaufgabe der Arbeitsmarktpolitik in der Verbesserung der Arbeitssituation für die benachteiligten Gruppen, während die JSLT durch globale Maßnahmen das Funktionieren des Arbeitsmarktes verbessern will.

Kontrovers ist auch die Einschätzung der Bedeutung von Arbeitsmarktpolitik überhaupt. Die DLMT schränkt diese Bedeutung stark ein. Sie kommt zum Schluß, daß die Probleme des Arbeitsmarkts nur durch integrierte wirtschafts- und gesellschaftspolitische Programme mit starken strukturverändernden Effekten gelöst werden können. Im Gegensatz dazu gibt die JSLT der Arbeitsmarktpolitik eine wesentlich größere Bedeutung, als ihr bis dahin beigemessen wurde: Sie erhofft, durch Arbeitsmarktpolitik nicht nur die Beschäftigungsprobleme zu lösen, sondern auch einen wichtigen Beitrag zur Bekämpfung der Inflation zu leisten.

Literatur (im Text genannt)

Averitt, Robert, 1968: The Dual Economy, New York 1968.
Doeringer, Peter B./Piore, Michael J., 1971: Internal Labor Markets & Manpower Analysis, Lexington Mass. 1971.
Freiburghaus, Dieter/ Schmid, Günther, 1975: Theorie der Segmentierung von Arbeitsmärkten, Leviathan 3 (1975).
Holt, Charles C., 1970 b: How can the Phillips Curve Be Moved to Reduce Both Inflation and Unemployment?
Holt, Charles C. et. al., 1973: Manpower Policies to Reduce Inflation and Unemployment, in: Lloyd Ulman ed.: Manpower Programs in the Policy Mix, Baltimore and London 1973.
Reich, Michael/Gordon, David M./Edwards, Richard C., 1973: Dual Labor Markets, A Theory of Labor Market Segmentation; in: The American Economic Review 63 (1973), 2, S. 359—365.
Stiegler, G. J., 1962: Information on the Labor Market, in: Journal of Pol. Econ., 70 (1962).

Anmerkungen

1) Das „Dual-Labor-Market"-Konzept ist nur teilweise in veröffentlichter Literatur dargestellt. Wichtige Ideen finden sich nur in der „grauen" Literatur. Einige Fundstellen sind erwähnt in: Freiburghaus/Schmid 1975.
2) Eine kurze Darstellung der Entwicklung der arbeitsmarkttheoretischen Diskussion in den Vereinigten Staaten, die wir interpretieren als eine ständige befruchtende Auseinandersetzung zwischen einer mehr institutionalistischen und einer mehr ökonomischen Richtung, haben G. Schmid und ich in einem Aufsatz versucht, der in Leviathan 3/75 erschienen ist (Freiburghaus, Schmid, 1975).
3) *Doeringer, Piore* 1975, S. 70 f. (Übersetzung D. F.)
4) *Feldstein, Martin*, 1973: The Economics of the New Unemployment, in: The Public Interest, No. 33, 1973.
5) Es ist nochmals zu betonen, daß diese Überlegungen für konjunkturell verursachte Arbeitslosigkeit nur teilweise zutreffen.
6) Aus: *Holt* 1970 b, S. 232.

Gesellschaftstheoretische Erklärungsmuster von Arbeitsmärkten

Sabine Gensior
Beate Krais

1. Einleitung

In den Wirtschafts- und Sozialwissenschaften insgesamt, aber auch in der Arbeitsmarkt- und Berufsforschung ist eine Entwicklung zu beobachten, die dahin geht, die Tragfähigkeit einzelner Theorien und Modellvorstellungen zu hinterfragen, sowie nach einer einheitlichen Begrifflichkeit für die Vielfalt von Einzelbefunden und -behauptungen zu suchen. Da offensichtlich die Prozesse auf dem Arbeitsmarkt nicht reibungslos ablaufen, indiziert zum Beispiel durch eine relativ hohe Arbeitslosigkeit, hat die Suche nach Erklärungsansätzen, die in der Lage sein sollen, das Geschehen auf dem Arbeitsmarkt zu erfassen, zunehmend an Relevanz gewonnen.
Es wird erwartet, daß solche Ansätze prognostisch relevant sind und/ oder erklärenden Charakter haben, in jedem Falle aber Eingriffsmöglichkeiten für arbeitsmarktpolitisches Handeln aufzeigen. Im einzelnen wird sowohl eine *„Arbeitsmarkt*theorie" als auch eine „Theorie der *Arbeitsplätze*" für nötig gehalten, um Informationen über den „Ort" Arbeitsmarkt und den Beschäftigungsbereich zu gewinnen.
Wir wollen im folgenden zwei solcher theoretisch orientierter Versuche zur Beschreibung und systematischen Erfassung des Arbeitsmarktgeschehens untersuchen. Es handelt sich dabei um die Überlegungen von *Mertens* zum „Arbeitsmarkt als System" und eine Reihe von Arbeiten aus dem *ISF München*[1]. Wir fragen danach, ob und wenn ja, wie, diese beiden Theorie-Stücke Arbeitsmarktverhältnisse und -beziehungen *erklären* wollen, welcher „Ort" zum Ausgangspunkt für Erklärungsansätze gewählt wird und wie theoretisch und empirisch die Vermittlung zwischen Nachfrage und Angebot von Arbeitskräften und Arbeitsplätzen angegangen wird. Dahinter steht allgemein die Frage, inwiefern es eine Theorie des Arbeitsmarkts geben kann, die sich beschränkt auf Aussagen über Beziehungen auf dem Arbeitsmarkt selbst, bzw. inwiefern eine Theorie als systematische Erfassung des Arbeitsmarktgeschehens notwendigerweise eingebettet sein muß in einen umfassenderen theoretischen Zusammenhang, der gesellschaftliche

Strukturbeziehungen und ökonomische Entwicklungstendenzen systematisch mit einbegreift.

2. „Arbeitsmarkt als System"

In der BRD liegt für das Gebiet der Arbeitsmarkt- und Berufsforschung mit den Vorstellungen von *Mertens* vom „Arbeitsmarkt als System"[2], die sich auch in anderen Veröffentlichungen wiederfinden lassen[3], ein erster Versuch vor, arbeits*markt*theoretische Grundlagen zu formulieren.

Ziel dieses Versuchs von *Mertens* ist es, über limitationale Projektionen von Arbeitsmarktzusammenhängen hinauszukommen, und ein theoretisches Funktionsmodell flexibler Arbeitsmärkte zu entwickeln, das Gleichgewichtsbedingungen angeben kann.

Dadurch sollen

a) exakte Informationen über die Bestimmungsfaktoren der Ausgleichsmechanik auf den Arbeitsmärkten gewonnen werden,

b) die komplexen Vorgänge dieser Bewegungen auch der Öffentlichkeit transparent gemacht werden, damit Eingriffsstellen für politisches Handeln aufgewiesen werden können.

Mertens versucht in das vielfältige Geschehen, das jeweils bestimmte Angebots-/Nachfragekonstellationen für Arbeitsleistungen hervorbringt und diese wieder verändert, eine gewisse Ordnung und einen Zusammenhang zu bringen, indem er — im Ausgang von globalen volkswirtschaftlichen Kategorien — den Arbeitsmarkt als „System sozialer, ökonomischer und technischer Beziehungen" beschreibt. Politisch relevante Gestaltungsgrößen für den Arbeitsmarkt ordnet er in ein System arithmetischer Beziehungen ein. „Jede dieser Beziehungen ist interdependent, jede unter ihnen läßt sich als Ausgangspunkt nehmen. Bei ihrer Durchdringung wird man auf die anderen Beziehungsgeflechte stoßen"[4].

Die Übereinstimmung der *auf dem Markt* zu erbringenden „Produktionsleistungen"[5] steht, so wird ausgeführt, erst am Ende des Marktgeschehens, das vorwiegend durch Ungleichgewichte und Konflikte gekennzeichnet sei. Deshalb ist:

„Arbeitsmarktpolitik gerade deswegen eine Kunst, die besondere systematische Einsichten erfordert, weil die vereinfachende Isolierung von Ungleichgewichten unzulässig ist und bei jedem gedanklichen Schritt stets sämtliche Interdependenzen bewußt zu halten sind. ... Die aktive Beschäftigung mit

Interdependenzen ist geradezu ein Definitionsmerkmal moderner Arbeitsmarktpolitik."[6]

Das von *Mertens* vorgestellte System ist zum einen gekennzeichnet durch Offenheit gegenüber anderen Systemen; dies soll auch seine Flexibilität ausmachen (Existenz von „Entscheidungspuffern"). Zum zweiten ist es so konzipiert, daß die Möglichkeit besteht, verschiedene Zielkonstellationen durchzuspielen. Es ist also, um dem Ziel maximaler Informationsgewinnung über die als relevant erachteten Interdependenzen näherzukommen, beliebig ausdifferenzierbar und in seinen Zielgrößen manipulierbar. Die Frage, ob es sich bei dem Geschehen auf dem Arbeitsmarkt tatsächlich um einen Zusammenhang handelt, der systematisch konstituiert ist und welchen Sinn eine solche Kennzeichnung haben kann, wird von *Mertens* gewendet in die Forderung möglichst weitreichender Informationen über dieses Geschehen, mit dem Ziel, Eingriffsstellen für rationales arbeitsmarktpolitisches Handeln angeben zu können. Wo der Angelpunkt einer damit als existent unterstellten gesellschaftlichen Rationalität ist, wird hier allerdings nicht weiter geklärt.

Der Systemcharakter des *Mertens*'schen Funktionsmodells wird konstituiert durch die Annahme grundsätzlicher Interdependenz der erfaßten Faktoren; die Anwendbarkeit für empirische Fragestellungen bzw. der Informationsgewinnung für arbeitsmarktpolitisches Handeln ist darin zu sehen, daß, soweit sie bekannt sind, Erfahrungswerte bestehender empirischer Korrelationen eingesetzt werden können, deren Variationen für verschiedene Zielgrößen dann durchgespielt werden. Ein solches Funktionsmodell hat den Sinn, in einem „ersten Durchgang" die am Arbeitsmarkt wirkenden Faktoren zu identifizieren und auf Basis plausibler Überlegungen zu verknüpfen. Wir sehen darin eine erste Organisierung und Systematisierung von Erfahrungsmaterial, die auch geeignet ist, Hypothesen über Kausalzusammenhänge zu entwickeln.

So wichtig dies im Forschungsprozeß ist, reicht doch ein Funktionsmodell in der Art des von *Mertens* dargestellten nicht hin, sinnvoll Handlungsanleitungen zu formulieren — ein Ziel, das Mertens explizit verfolgt, da es ihm darum geht, Eingriffsstellen für rationales arbeitsmarktpolitisches Handeln aufzuzeigen. Die empirische Konkretisierung der Interdependenz-Beziehungen durch Einsetzen von Erfahrungswerten macht das Modell zwar einerseits offen gegenüber sozialem Wandel, sofern er sich in einem oder mehreren der durch das Modell erfaßten Faktoren manifestiert, andererseits aber sind Veränderungen am Arbeitsmarkt bzw. der diese beeinflussenden gesellschaftlichen Bedingungen dann immer nur ex post zu konstatieren. Das heißt, der empirische Gehalt des Funktionsmodells und der auf seiner Basis gewonnenen Aussagen über Arbeitsmarkt-Beziehungen und -Gleichgewichte steht und fällt mit der zufälligen Konstanz der im Modell nicht explizit erfaßten, d. h. in „black boxes" gepackten Wirkungszusammenhänge.

3. Teilarbeitsmärkte und Allokationsprozesse von Arbeitskräften

Ein anderer Weg, von der Zielvorstellung ausgehend, das Geschehen auf dem Arbeitsmarkt systematisch *erklären* zu wollen, wird in den Untersuchungen des ISF München eingeschlagen[7]. Wir meinen, daß die Untersuchungen des ISF zu diesem Komplex in der BRD die am weitesten entwickelte Arbeitsmarkt-Forschung darstellen, und zwar deshalb, weil hier versucht wird, gesellschaftliche Strukturbeziehungen mit Prozessen auf Arbeitsmärkten in systematischer Weise zu verknüpfen, und das heißt auch, Strukturen und Prozesse auf dem Arbeitsmarkt zu erklären. Aus dieser Einschätzung heraus halten wir es für wichtig, uns gerade mit diesen Arbeiten kritisch auseinanderzusetzen, da die Rezeption und Kritik solcher bereits aufgebauter systematischer Argumentationszusammenhänge die Weiterarbeit an diesem Fragenkomplex vorantreiben kann[8].

Die Verfasser dieser Arbeitsmarktstudien setzen sich explizit ab von der Gliederung des Gesamtarbeitsmarkts, die einen, wie sie es nennen, „statistischen" Begriff von Teilarbeitsmarkt verwendet[9]. Sie entwickeln statt dessen einen „institutionellen" Teilarbeitsmarktbegriff, der sich auf die Regelung von Teilarbeitsmarktprozessen beziehen soll. Dieser Teilarbeitsmarktbegriff basiert, wie schon *Freiburghaus/Schmid*[10] herausgestellt haben, im wesentlichen auf der Übernahme und Abwandlung von Elementen des von *Doeringer* und *Piore*[11] formulierten Konzepts des „internen Arbeitsmarktes". Die Ausgangspunkte des am ISF formulierten Ansatzes ergeben sich aus einigen empirischen Evidenzen im Verhalten der Arbeitskräfte, die z. T. gegen die Bedingungen des neoklassischen Modells sprechen.

In der Auswertung der Untersuchung des Arbeitsmarkts der Region Augsburg stellen die Mitarbeiter des ISF eine Struktur des gesamten Arbeitsmarkts fest, die die Unterscheidung von drei Arbeitsmärkten nahelegt: einen *unspezifischen* Teilarbeitsmarkt, einen *fachlichen* Teilarbeitsmarkt, einen *betrieblichen* Teilarbeitsmarkt. Die Autoren der hier herangezogenen Studien versuchen darüber hinaus zu zeigen, daß mit diesen Teilarbeitsmarktstrukturen jeweils bestimmte Prozesse der

Allokation von Arbeitskräften verbunden sind, das heißt, daß Arbeitsmarkt-Ungleichgewichte entsprechend den jeweiligen Teilarbeitsmärkten durch unterschiedliche Prozesse entstehen bzw. beseitigt werden.

3.1 Die Erklärung von Teilarbeitsmärkten mit Hilfe des Humankapital-Konzepts

Die beschriebenen Strukturen auf dem Arbeitsmarkt, das heißt die Gliederung des gesamten Arbeitsmarktes in die drei genannten Teilarbeitsmärkte, und die entsprechenden Allokationsprozesse müssen erklärt werden.

Dazu ziehen die Autoren des ISF, v. a. *Sengenberger* u. a. eine bestimmte Variante des Humankapital-Konzepts heran. Diese beinhaltet, daß der Produktionsfaktor Arbeit als Form des produktiven Kapitals betrachtet wird, das heißt er wird analog zum *Sach*kapital eben als *Human*kapital behandelt. Damit kann auch eine Überlegung angestellt werden, die bisher für die Behandlung des Produktionsfaktors Arbeit unüblich war, nämlich die Überlegung, daß in Humankapital investiert werden kann, ebenso wie in Sachkapital, und daß diese Investitionen auch ebenso Erträge abwerfen. In der Regel sind bei den Investitionen in Humankapital Bildungsprozesse gemeint; es ist aber auch grundsätzlich möglich, in Humankapital zu investieren, indem man etwa die Arbeitsmarkt-Informationen der Erwerbstätigen anhebt oder ihre gesundheitliche Versorgung verbessert. Das Humankapitalkonzept wird wie folgt charakterisiert:

„In diesem Konzept kommt zum Ausdruck, daß menschliche Kenntnisse und Fähigkeiten (Qualifikationen) neben nichtmenschlichem Produktionsvermögen, d. h. sachlichem Kapital als eine weitere Form produktiven Kapitals und damit als Produkt einer Investition betrachtet werden sollte. Dieser Vorstellung entsprechend erfordern Qualifikationen einen Aufwand und bringen Erträge."[12]

Im Hinblick auf die Erklärung von Bewegungen auf dem Arbeitsmarkt ist bei dieser Betrachtungsweise der springende Punkt im Grunde, daß die Eigentumsverhältnisse bei Humankapital anders liegen als bei Sachkapital. Humankapital ist in den Individuen verkörpert; das bedeutet, daß in einer Gesellschaft, in der die Individuen niemandes Besitz sein können („freier Lohnarbeiter"), das Humankapital zunächst Eigentum der jeweiligen Individuen ist, von denen es untrennbar ist[13].

Dem Humankapital-Konzept entsprechend kann also zunächst jeder Arbeitende in sein Humankapital investieren — das wird er aber, ökonomischer Rationalität folgend, nur tun, wenn er berechtigte Hoffnung hat, daß seine Investition auch einen entsprechenden Ertrag abwirft. Auf die Anwendung seines Humankapitals hat er jedoch keinen Einfluß; er kann es nicht selbst anwenden, sondern nur in Verbindung mit Sachkapital, das allerdings nicht ihm gehört, sondern einem Unternehmer. Der Sachkapital-Besitzer wiederum hat ein Interesse, sein Sachkapital möglichst gewinnbringend zu nutzen, wozu er fremde Arbeitskräfte braucht. Aus diesem Interesse und dieser Konstellation heraus ist es denkbar, daß auch der Sachkapitalbesitzer in Humankapital investiert. Dies wird er jedoch ebenfalls nur dann tun, wenn auch ihm aus der Investition in Humankapital Erträge zufließen.

Für die Erklärung der Entstehung und des Wirkungszusammenhangs von Teilarbeitsmärkten spielt die Unterscheidung in spezifische und allgemeine Qualifikationen, wie sie von den Autoren des ISF in Anlehnung an G. S. Becker getroffen wird, eine Rolle. Spezifische Qualifikationen sind in einem bestimmten Einsatzbereich, d. h. einer Branche, einem Betrieb oder auch einer Region, produktiver als in anderen Einsatzbereichen; umgekehrt sind allgemeine Qualifikationen relativ gleichmäßig produktiv an den verschiedensten Einsatzorten. Das bedeutet, daß spezifische Qualifikationen nicht ohne Kosten zu verursachen substituierbar sind. Sofern nun für Arbeitgeber oder Arbeitnehmer Kosten aus einer Investition in Humankapital entstehen, sind sie daran interessiert, die Nutzung der Investition über einen bestimmten Zeitraum hinweg zu garantieren, was allerdings bei Humankapital aufgrund der spezifischen Eigentumsverhältnisse nicht ohne weiteres möglich ist. Um eine Stabilisierung der Rentabilität von Humankapital-Investitionen zu erreichen, werden Arbeitsmärkte institutionalisiert, d. h. der Zu- und Abgang zu ihnen und die Gratifikation der Arbeitnehmer wird bestimmten Regelungen unterworfen[14]. Die genannten drei Teilarbeitsmärkte: der Arbeitsmarkt für Jedermanns-Qualifikationen, der fachliche Teilarbeitsmarkt und der Arbeitsmarkt für betriebsspezifische Qualifikationen sind nach dieser Argumentation Resultat der Investition bzw. Nicht-Investition in spezifisches Humankapital in Form von Qualifikation.

Hervorzuheben ist an diesem Erklärungskonzept, daß der Zeitablauf mit in das Konzept hereingenommen wird, so daß eine größere Realitätsnähe erreicht wird. Damit kann auch die neoklassische Prämisse aufgegeben werden, daß zu jedem Zeitpunkt des Beschäftigungsverhältnisses der Beschäftigte einen Lohn in Höhe seines Marktwertes erhält. Nach den vorgetragenen Überlegungen zum Humankapital-Konzept kann der tatsächlich gezahlte Lohnsatz durchaus zeitweise

vom Marktwert abweichen, je nachdem, wie die Verteilung von Kosten und Erträgen der Investition zwischen Arbeitgeber und Arbeitnehmer zeitlich geregelt ist.
Schließlich erweitern die Autoren das Konzept in der Weise, daß nicht nur Investitionen in Qualifikationen berücksichtigt werden sollen, sondern generell jede Belastung mit Kosten, auch solchen immaterieller Art, bei Arbeitsplatzwechsel. Das erscheint uns deshalb problematisch, weil die Stärke dieses Erklärungs-Ansatzes in der strikten Orientierung an ökonomischer Rationalität liegt. Durch die Erweiterung des Investitionsbegriffes und die Berücksichtigung aller möglichen nichtmateriellen „Erträge" wird zwar eine größere Annäherung an die Vielfalt der empirischen Verhältnisse erreicht, zugleich aber wird, worauf an anderer Stelle schon *Freiburghaus/Schmid*[15] hingewiesen haben, die Möglichkeit, diese empirische Vielfalt theoretisch zu erfassen, im Grunde verringert. Der Ansatz ist bei einer solchen Erweiterung nicht mehr falsifizierbar, er verliert an Erklärungskraft.
Wir wollen an dieser Stelle noch auf ein grundsätzliches Problem hinweisen, das mit der Annahme der Beteiligung des Beschäftigers an Erträgen aus Humankapital-Investitionen gegeben ist: Es erscheint uns theoretisch nicht notwendig anzunehmen, daß dem Beschäftiger Erträge aus seiner Humankapital-Investition zufließen sollen. Rentabilität dieser Investition für den Beschäftiger wäre bereits dann gegeben, wenn höhere Produktivität des Sachkapitals bei Verwendung produktiver Arbeitskraft angenommen würde. Der Ertrag aus seiner Humankapital-Investition würde dem Unternehmen dann über die höhere Produktivität des angewandten Sachkapitals zufließen. Praktisch spielt dieses Zurechnungs-Problem zwar keine Rolle, im Interesse theoretischer Stringenz scheint es jedoch wünschenswert, darüber Klarheit zu gewinnen. Soweit absehbar ist, würde die Aufgabe der Annahme, der Beschäftiger sei an den Erträgen aus Humankapital beteiligt, die Folgerungen für die Strukturen und Prozesse am Arbeitsmarkt nicht tangieren, da nach wie vor die Stabilität der Beschäftigungsverhältnisse zur Sicherung der Rentabilität von Investitionen in spezifisches Humankapital erforderlich ist, also Interesse an der Institutionalisierung von Arbeitsmärkten besteht.
Die vorgetragene Argumentationskette zeigt, daß zur Erklärung beobachteter Verhältnisse auf dem Arbeitsmarkt nun nicht mehr der Arbeitsmarkt selbst betrachtet wird, sondern vielmehr eine Art „Ortswechsel" vorgenommen wird, indem die *Anwendung* von Arbeitskraft ins Blickfeld rückt. Die Arbeitsleistung selbst, die Anwendung von Humankapital, findet ja nicht auf dem Arbeitsmarkt statt; die Arbeits-

leistung aber ist es, um die es bei den Prozessen auf dem Arbeitsmarkt geht. Die Bedingungen, unter denen Arbeitskraft angewandt wird, Erträge bringt, müssen daher in den Mittelpunkt des wissenschaftlichen Interesses rücken.

3.2 Das Konzept betrieblicher Strategien

Zur zentralen Kategorie wird in diesem Zusammenhang für die Autoren des ISF die Kategorie des Betriebes, speziell des Industriebetriebes. Dieser gilt — in entwickelten kapitalistischen Gesellschaften — als ein Ort, an dem Arbeit verausgabt wird; die Gesetzmäßigkeiten, denen Betriebe unterworfen sind und nach denen sie Strategien entwickeln, sind daher zugleich Bedingungen für die Anwendung von Arbeitskraft. *Altmann/Bechtle* schreiben zur Kennzeichnung des Betriebs:
„Die Organisierung des gesellschaftlichen Produktionsprozesses vollzieht sich im Industriebetrieb. Dieser ist selbst Produkt der gesellschaftlichen Bemühungen um die rationale Bewältigung der Natur. Er ist Prototyp eines ‚Systems zweckrationalen Handelns' (Habermas)."[16]

Wir verwenden dieses Zitat, um zweierlei zu belegen:
a) Die Intention der Autoren ist *nicht*, so etwas wie eine „Theorie des Betriebs" zu entwickeln. Es handelt sich bei diesen theoretischen Ausführungen vielmehr um eine Gesellschaftstheorie, deren zentraler Bestandteil das Verhältnis von Betrieb und Gesellschaft ist.
b) Der Akzent liegt, in der Sprache der Systemtheorie ausgedrückt, auf der Untersuchung des Verhältnisses eines sozialen Subsystems — des Betriebes — zu dem Gesamtsystem Gesellschaft. Dagegen werden nicht unmittelbar die Verhältnisse handelnder Individuen zueinander Gegenstand des wissenschaftlichen Interesses. Zustimmend verweisen *Altmann/Bechtle* darauf, daß heute in der Soziologie gefordert wird,
„die Analyse sozialer Organisationen von der Ebene der Handlungstheorie auf die Systemtheorie zu verschieben, den Begriff des zweckrationalen Handelns durch den der Systemrationalität zu ergänzen bzw. zu ersetzen, Leistung zum Organisationsprinzip des Systems zu machen."[17]

Die Autoren kritisieren die systemtheoretischen Aussagen als unzureichend, da sie von den historischen Bedingungen sozialer Systeme abstrahieren und daher untauglich zur Erfassung und Erklärung gegebener empirischer Verhältnisse seien und sich statt dessen in Formalismen erschöpfen. Systemtheoretische Überlegungen sind, so *Altmann/ Bechtle*, erst fruchtbar zu machen, „wenn die gegebenen historischen Bedingungen sozialer Systeme und ihrer Strukturen im analytischen

Ansatz berücksichtigt werden[18]." Bei den hier interessierenden „Grundbedingungen einer industriell-kapitalistischen Gesellschaft" nennen sie im wesentlichen die beiden folgenden: a) die ständige Produktivitätssteigerung in industriellen Gesellschaften; b) das Charakteristikum kapitalistischer Produktionsweise, „daß die Steigerung der Produktivität gesellschaftlicher Arbeit der Befriedigung privater Interessen des kapitalistischen Unternehmens dient[19]". Das ist etwas schief ausgedrückt, aber man tut den Autoren sicher nicht unrecht, wenn man sie dahingehend interpretiert, daß sie das Profitinteresse des einzelnen Unternehmens meinen, das Maßstab für Zweckrationalität und ökonomische Rentabilität in kapitalistischen Gesellschaften wird.

Der Gedankengang der Autoren soll nun so kurz wie möglich dargestellt werden. Ihre Kernthese ist, daß kapitalistische Industriebetriebe *Strategien* entwickeln müssen, mit denen sie unter sich verändernden gesellschaftlichen und ökonomischen Bedingungen immer wieder ihr Profitinteresse durchsetzen können. *Die* Strategie zur Sicherung kapitalistischer Zweckrationalität ist die der Autonomie sozialer Systeme, d. h. die Strategie der Betriebe, sich von den sie umgebenden und mit ihnen in Beziehung stehenden gesellschaftlichen Verhältnissen möglichst unabhängig zu machen, so z. B. auch vom Arbeitsmarkt.

Um diese Autonomiestrategie zu begründen, ziehen die Autoren deren Funktion heran: Zur Aufrechterhaltung gesamtgesellschaftlicher Stabilität müssen die einzelnen Unternehmen einen Teil ihres erwirtschafteten Mehrwerts abgeben[20].

„Autonomiestrategien, als Streben nach Unabhängigkeit von sozio-ökonomischen und politisch-ökonomischen gesellschaftlichen Bedingungen, zielen letztlich darauf ab, diesen Teil so gering wie möglich zu halten, den kleinsten Beitrag zur größtmöglichen Stabilität des Ganzen zu leisten."[21]

Altmann/Bechtle gehen davon aus, daß zwar immer wieder gesellschaftliche Irrationalitäten wie Krisen, Arbeitslosigkeit durch das Konstruktionsprinzip von Gesellschaften mit kapitalistischer Produktionsweise hervorgebracht werden, daß aber diese Irrationalitäten durchaus immer wieder aufgefangen werden können. Diese Gesellschaften erweisen sich folglich immer wieder als rational.

Grundvoraussetzung für den Erfolg von Autonomiestrategien ist, so führen *Altmann/Bechtle* aus, beständiger technischer Fortschritt. Mit Hilfe des technischen Fortschritts soll es möglich sein, immer wieder neue Lösungen als Antwort auf problematische Außenbedingungen des Systems Betrieb zu entwickeln, indem der Betrieb seine innere Struktur so verändert, daß er auch unter veränderten Marktbedingungen einen

Profit erwirtschaftet. Das heißt technischer Fortschritt ist das Mittel, Flexibilität in der Reaktion des Betriebs auf seine Umwelt zu gewährleisten.

Wie aus dieser Darstellung ersichtlich wird, haben die Überlegungen zum technischen Fortschritt einen hohen Stellenwert im Rahmen der skizzierten Theorie. Das erklärt auch die Bemühungen um einen Ansatz zu einer „*Theorie* des technischen Fortschritts", wie sie im ISF unternommen werden. Kurz gesagt, geht es bei diesem Ansatz darum, die Steuer- und Gestaltbarkeit der technischen Entwicklung durch gesellschaftliche und ökonomische Zielsetzungen zu begründen"[22].

Es wird jetzt deutlicher, wie die einelnen Bestandteile der Argumentation zur Erklärung der Verhältnisse auf dem Arbeitsmarkt ineinandergreifen. Ausgangspunkt ist die Vorstellung von einer Gesellschaft, deren wesentliches Subsystem der kapitalistische Industriebetrieb ist. Dieser stößt bei der Verfolgung seines Profitinteresses, welches seine Existenzgrundlage ist, immer wieder auf veränderte Umwelten. Veränderten Umwelten paßt er sich an, indem er seine innere Struktur verändert. Bezogen auf die Umwelt Arbeitsmarkt bedeutet das, daß er auf ein gegebenes Arbeitskräfteangebot so reagiert, daß er seine Produktionsverhältnisse „passend macht", um das gegebene Arbeitskräftepotential produktiv nutzen zu können. Dieses „Passend-Machen" geschieht, indem der Betrieb Investitionen in sein Sachkapital tätigt, seine Maschinerie umstellt, andere kauft, oder anders organisiert, so daß der Produktionsablauf selbst verändert wird.

Andererseits kann der Betrieb auch in das gekaufte Humankapital investieren. Diese nach innen gerichteten Strategien wirken ihrerseits nach außen: Im Falle von Investitionen in Sachkapital z. B. als bestimmte Absatzstrategien, die die Verhältnisse auf den Absatzmärkten verändern, Konkurrenzbeziehungen modifizieren o. ä. Im Falle von Investitionen in Humankapital werden durch die betrieblichen Strategien bei der Rekrutierung und Gratifizierung von Arbeitskräften Teilarbeitsmärkte geschaffen oder aufgelöst. Damit kann für einen bestimmten Problemkomplex gezeigt werden, wie der Betrieb seine äußere „Umwelt" strukturiert, wie er gewissermaßen in die Gesellschaft (ihre Marktbeziehungen) hineinwirkt und bestimmte Arbeitsmarktstrukturen hervorbringt, die dann ihrerseits auf den Betrieb und sein Anpassungs- und Aktionspotential zurückwirken. Wechselwirkungsprozesse zwischen Betrieb und Gesellschaft sind, soweit sie die betrachteten Aspekte des Arbeitsmarkts betreffen, in ihrer konkreten Gestalt erfaßt.

3.3 Betriebliche Nutzung von Arbeitskraft und Sozialpolitik

Bei einem weiteren Versuch, „Umweltbedingungen" zu präzisieren, untersuchen Mitarbeiter des ISF arbeitsmarkt- und sozialpolitische Maßnahmen des Staates[23], die, so lautet der Anspruch, in ihrem Verhältnis zu betrieblichen Konstellationen einerseits und deren Rückwirkungen andererseits, systematisch erklärt werden sollen.

Mit dem Zusammenhang von sozialpolitischen Maßnahmen und ihren Auswirkungen auf innerbetriebliche Formen und Regelungen der Anwendung von Arbeitskraft, wie ihn *Böhle/Sauer* vorgestellt haben, ist intendiert, einen Beitrag zur „theoretischen Rekonstruktion" des Wirkungszusammenhanges sozialer Gesetze zu leisten. Explizites Ziel des Arbeitszusammenhanges am ISF ist es,

a) betriebliche Strategien als „Ausdruck objektiver Strukturbedingungen" systematisch zu fassen, wie sie es bei der analytischen Zerlegung sozialpolitischer Maßnahmen versuchen,

b) letztlich von der Ebene des Produktionsprozesses aus (so ist das Konzept des Betriebs und seiner gesellschaftlichen Vermittlung wohl zu fassen) — „Systemgrenzen" anzugeben.

Böhle/Sauer betonen die historische Bedeutung der Intensivierung der Arbeit als spezifische Form der relativen Mehrwertproduktion, wobei die spezifischen Formen der „Intensivierung der Arbeit" als systemnotwendig vorgestellt werden und zum Ausgangspunkt der Analyse werden. Diese Konzeption der Intensivierung der Arbeit wird wieder bezogen auf den „Betrieb", den Betrieb als „historische Form", in der einzelkapitalistische Interessen und Voraussetzung gesellschaftlicher Kapitalverwertung miteinander vermittelt werden (betriebliche Strategie). In einem weiteren Schritt wird über die historische Bedeutung von Sozialpolitik im Kapitalismus referiert; ihr wird die Funktion zugeschrieben, gesellschaftliche Voraussetzung der Intensivierung der Arbeit zu sein[24]. Die in diesem Zusammenhang relevanten sozialpolitischen Maßnahmen werden von *Böhle/Sauer* analytisch in verschiedene Dimensionen zerlegt[25].

Gegenwärtige sozial- und arbeitsmarktpolitische Probleme, sowie die Defizite der darauf bezogenen Politiken, werden im weiteren zur Illustration herangezogen. Den Abschluß der Ausführungen bilden folgende Überlegungen:

Ihre zentrale These ist hier, daß eine „zunehmende Diskrepanz zwischen den durch die Intensivierung gesetzten Grenzen des „Lösungspotentials" öffentlicher Eingriffe und den steigenden Anforderungen (entstehe), die durch die Auswirkungen der Intensivierung an öffentliche Institutionen gestellt werden."[26]

Diese Diskrepanz, die sich z. B. in Schwächen sozialer Ausgleichsmaßnahmen zur Erhöhung der Mobilität der Arbeitskräfte niederschlage, wird als Indikator für das „Brüchigwerden" staatlicher Lösungsversuche gewertet.

Böhle/Sauer haben versucht, den Zusammenhang zwischen betrieblichen und staatlich-sozialpolitischen Strategien wenigstens deskriptiv zu erfassen und zu dokumentieren, daß dieser Zusammenhang historisch und theoretisch noch weitgehend ungeklärt ist. Der Erkenntniswert dieses Versuchs liegt u. E. darin, daß sie aktuelle politische Auswirkungen betrieblicher und sozialpolitischer Maßnahmen beim Einsatz von Arbeitskraft thematisieren und damit die Aufnahme dieser Dimension in das theoretische Konzept des ISF vorbereiten.

4. Die gesellschaftstheoretische Konsistenz des Konzepts betrieblicher Autonomie

Wir wollen nun diejenigen Ausführungen der Autoren des ISF, die in den Mittelpunkt des theoretischen Konzepts den Betrieb als Agens gesellschaftlicher Prozesse und Strukturen stellten, genauer betrachten. Dabei zeigt sich, daß sich besonders im Zentrum der gesellschaftstheoretischen Argumentationsbasis, bei der Beziehung Betrieb—Gesellschaft, Inkonsistenzen und Probleme ergeben.

Altmann/Bechtle schreiben, daß sich die Organisierung des gesellschaftlichen Produktionsprozesses im Industriebetrieb vollzieht. Warum das so ist, woher sich die Bedeutung von Industriebetrieben in entwickelten Gesellschaften begründet, bleibt offen. Die Charakteristika der Zweckrationalität, technischen Effizienz und ökonomischen Rentabilität, die sie anführen, gelten vermutlich auch in anderen Organisationen moderner Gesellschaften, und sie sind auch nicht unbedingt auf kapitalistische Gesellschaften beschränkt. Die differentia specifica zwischen kapitalistischen und nachkapitalistischen Gesellschaften ist damit jedenfalls nicht gegeben.

Diese Unklarheit verweist auf das dahinterstehende Problem, das Verhältnis von einzelnem Betrieb und Gesellschaft genau und differenziert zu erfassen. Im Grundmuster reduziert sich der theoretische Ansatz zur Darstellung dieses Verhältnisses auf das relativ simple Schema von System und Umwelt. Gesellschaft erscheint selbst nicht mehr als strukturiertes System, sondern vorwiegend als Umwelt, die erst vom

Betrieb her zu strukturieren ist. Sie wird allerdings nicht mehr systematisch erfaßt. Eine strukturelle Beziehung zwischen Betrieb und Gesellschaft existiert allein in Form der „Vergesellschaftung eines Teils des Mehrwerts". Die Rückwirkung der Anwendung von Arbeitskraft in Gestalt der Strukturierung des Arbeitsmarkts in Teilarbeitsmärkte wird lediglich vom *einzelnen* Betrieb her gesehen, nicht aber ergänzt durch Strukturbeziehungen, die sich aus dem Zusammenwirken vieler einzelner Betriebe ergeben. Es gibt keine Überlegungen über die Herstellung eines gesellschaftlichen Zusammenhangs, der vermittelt ist über die Aktion der einzelnen Betriebe aufeinander, also die eigentliche gesellschaftliche Ebene der Konkurrenz.

Das Fehlen einer solchen Vorstellung vom gesellschaftlichen Gesamtprozeß erklärt auch die merkwürdige Widersprüchlichkeit bei der Argumentation hinsichtlich der Irrationalität kapitalistischer Produktionsweisen: warum solche Irrationalitäten zustande kommen, kann nicht erklärt werden; sie erscheinen weniger als das Resultat gesetzmäßiger Beziehungen und Entwicklungen zwischen den verschiedenen Systemen „Betrieb", sondern eher als zufällige Fehlentwicklungen. Dazu paßt, daß bei hinreichender Information und Transparenz der Außenwelt für den Betrieb dieser im Grunde als rational handelnd unterstellt wird; er kann die verschiedenen Probleme, die ihm seine Umwelt aufgibt, immer wieder lösen. Der gesellschaftliche Zusammenhang, der sich in kapitalistischen Gesellschaften erst ex post, nämlich auf dem Markt, herstellt, erscheint hier grundsätzlich antizipierbar, planbar; die einzelnen Momente dieses gesellschaftlichen Zusammenhangs erscheinen als ex ante aufeinander beziehbar.

Allerdings ist zu berücksichtigen, daß mit der Arbeit an Problemen der Sozialpolitik ein Versuch vorliegt, die bislang nur unzureichend strukturierten Bedingungen des gesellschaftlichen Zusammenhangs, auch in ihrer Rückwirkung auf betriebliche Strategien, zu erhellen. Die konsequente Anlage der Forschungsstrategie, die sich zeigt, wenn man die verschiedenen Untersuchungen des ISF mit ihren verschiedenen Fragestellungen als Gesamtkomplex und im Zeitverlauf betrachtet, ist durchaus hervorzuheben. Dies bestärkt uns in der Einschätzung, daß eine Auseinandersetzung mit den Arbeiten des ISF zur Erhellung des aktuellen Verhältnisses von gesellschaftlichen Strukturen und gesellschaftlicher Arbeit, insofern zur Präzisierung und *empirischen Konkretisierung* eines Stückes Gesellschafts*theorie*, einiges beitragen kann.

Der Versuch, die „Umweltbedingungen" des Betriebes zu erfassen, wie sie durch staatliche sozialpolitische Maßnahmen gegeben sind, bleibt jedoch selbst beschränkt auf die vorläufige, mehr formale Ordnung der

einzelnen Maßnahmen. Diese Beschränkung bei *Böhle/Sauer* ergibt sich daraus, daß sie ihre Aussagen über konkrete Defizite staatlicher Sozialpolitik immer nur abstrakt auf gesellschaftliche Strukturbedingungen beziehen und nicht auf die gesellschaftliche Bewegung als Gesamtprozeß. Dies müßte aber geleistet werden, will man die Zusammenhänge zwischen den Bedingungen der Intensivierung der Arbeit und sozial- und arbeitsmarktpolitischen Maßnahmen konsistent erklären. Überhaupt geben die Autoren nicht an, wieso sie, wenn sie versuchen, gesellschaftliche Strukturbedingungen darzustellen, zu ihrem theoretischen Ausgangspunkt die Intensivierung der Arbeit und ihre sozioökonomischen Bedingungen nehmen. Einleuchtender wäre es, würden die Autoren versuchen, den eigenen theoretischen Orientierungsrahmen darzustellen, um von da aus aktuelle sozial- und arbeitsmarktpolitische Probleme sowie die betriebliche Nutzung von Arbeitskraft zu interpretieren. Ihre Vorstellung der Relevanz der Intensivierung der Arbeit weitet sich dagegen unter der Hand enorm aus und wird — ohne theoretisch begründet zu werden — zum Ausgangspunkt für Erklärungen gesamtgesellschaftlicher Prozesse genommen[27].
Da *Böhle/Sauer* und auch *Altmann/Bechtle* zum Ausgangspunkt ihrer Erklärungsversuche gesamtgesellschaftlicher Prozesse immer je spezifische betriebliche Strategien nehmen und damit von der Ebene des Produktionsprozesses her argumentieren, verfehlen sie im Grunde den Anspruch der Theorie, auf die sie sich beziehen. Sie verkürzen den Inhalt des Systems der Kritik der politischen Ökonomie von *K. Marx* auf Aussagen über einzelbetriebliche Produktionsprozesse, verkürzen sie damit zu einer Theorie der Produktivkraftentwicklung und berauben sie ihres „werttheoretischen Gehalts".
Vergewissert man sich des Anspruchs der Marxschen Theorie, so können die Veränderungen der Formen der Nutzung von Arbeitskraft und ihre „Vermittlung" über staatliche Aktivitäten nicht zum Ausgangspunkt der Erklärung konkreter gesellschaftlicher Prozesse gemacht werden. Die Entwicklung der Intensivierung der Arbeit und ihre sozioökonomischen Bedingungen können dann zunächst nur als historisches und empirisches Material für eine theoretische Klärung des Verhältnisses von Ökonomie und Politik begriffen werden. Was *Marx* als „Untersuchung eines Stückes Zeitgeschichte" bezeichnet, setzt voraus, daß die ökonomische Entwicklung in ihrer Gesetzmäßigkeit systematisch begriffen und in ihrer Beziehung zur politischen Sphäre dargestellt werden kann. Es ist jedoch unklar, ob *Böhle/Sauer* ihre Untersuchung eher als „Untersuchung eines Stückes Zeitgeschichte" oder eher als theoretisch-systematischen Beitrag zu Fragen der Be-

ziehungen zwischen Staat und Wirtschaft sehen. Sie haben die Resultate ihrer Analyse konkreter historischer Verhältnisse und sozialpolitischer Maßnahmen auf die Marxsche Theorie projiziert, um von da einige allgemeinere Interpretationsmöglichkeiten des empirischen Materials zu beziehen. Ein solches Verfahren kann durchaus sinnvoll sein und zur vorläufigen Systematisierung und Hypothesenbildung angewandt werden. Hält man jedoch an dem Anspruch der Erklärung gesamtgesellschaftlicher Prozesse fest, so ist der gesamtgesellschaftliche Reproduktionsprozeß als Gesamtzusammenhang in seiner Gesetzmäßigkeit und historischen Vielfalt zu untersuchen[28].
Insgesamt können wir festhalten, daß der von *Böhle/Sauer* gewählte Zugang über die „Ausweitung der intensiven Nutzung von Arbeitskraft" (betriebliche Strategie), die staatliche Maßnahmen hervortreibt und „brüchig" werden läßt, sich als nicht geeignet erweist, die quantitativen Probleme auf dem Arbeitsmarkt, wie das reichliche oder knappe Vorhandensein von Arbeitskraft, in den Griff zu bekommen. Dieser gesamtgesellschaftliche Funktionsmechanismus wird von ihnen bei genauerem Hinsehen auf betriebliche Allokationsprobleme reduziert. Sie gehen auch noch im Jahre 1975 von einer gesellschaftlich relevanten Knappheit des Produktionsfaktors Arbeit aus — was für bestimmte Betriebe möglicherweise richtig ist — ohne auf die aktuellen Veränderungen im Gesamtarbeitskörper der BRD (Arbeitslosigkeit) Bezug zu nehmen.

5. Die bürgerliche Gesellschaft als subjektloses soziales System

Wir haben gesehen, daß die Schwierigkeit der hier diskutierten Arbeiten, konsistent auf der Ebene des gesellschaftlichen Gesamtsystems zu argumentieren, sich zurückführen läßt auf das Fehlen einer hinlänglich expliziten Vorstellung vom gesellschaftlichen Gesamtzusammenhang, die „objektive Strukturbedingungen" systematisch darzustellen in der Lage wäre. Die Übernahme des systemtheoretischen Argumentationsrasters, die sich der wohl richtigen Einsicht verdankt, daß moderne kapitalistische Gesellschaften durch so etwas wie Sachgesetzlichkeiten gekennzeichnet sind, daß damit die Handlungsspielräume der Individuen eingeengt sind und daß zudem die Rationalität des Handelns von Individuen und die Rationalität des Systems auseinanderfallen können (Beispiel: derzeitiges individuelles Sparverhalten), führt dazu, daß die Frage nach den handelnden Subjekten nicht mehr gestellt wird. Offensichtlich können soziale Gebilde nicht als solche handeln, sondern bedürfen der Vermittlung über handelnde Individuen. Wer aber ist das handelnde Subjekt in dieser Theorie? *Altmann/Bechtle* und auch *Böhle/Sauer* versuchen, dieses Problem mit Hilfe der Redeweise von Strategien zu umgehen, die ein Betrieb hat. Handelndes Subjekt ist also eigentlich der Betrieb; nur daß das Wort „handeln" ersetzt ist durch „Strategie". Damit ist aber nicht das Problem eliminiert, wie man erfahrungswissenschaftlich erklärt, daß einerseits ja nur Menschen handeln können, daß diese aber andererseits in ihrem Handeln sozialen Gesetzen unterworfen sind.

Dieses Problem ist ein grundlegendes Problem jeglicher Theorie bürgerlicher Gesellschaften. Die Schwierigkeit, daß erklärt werden muß, wie die Vielzahl einzelner Individuen in ihrem Handeln einen gesellschaftlichen Zusammenhang konstituiert, der objektiv ist, insofern er sich ihrem subjektiven Wollen und Meinen entzieht, hat zu verschiedenen Lösungsversuchen geführt[29]. In der *Ökonomie* werden Sachbeziehungen zum Gegenstand des wissenschaftlichen Interesses und diese Sachbeziehungen, Güterproduktion und Güterströme, auf Funktionsbeziehungen und Gesetzmäßigkeiten untersucht. Bei der Darstellung des Preisbildungsvorganges in der Neoklassik, dem Fundament der neueren ökonomischen Theorie, wird jedoch ersichtlich, daß die Erklärung ökonomischer Beziehungen, hier der Preisbildung, sich nicht beschränken kann auf reine Sachbeziehungen, sondern mit Notwendigkeit rekurrieren muß auf Subjektives und/oder Soziales[30]. Der Versuch, Tausch, Preise, Löhne, Renten, Zinsen als soziale Beziehungen zu fassen, legt einen Ausweg nahe, der als „Soziologisierung der Nationalökonomie" bezeichnet werden kann. Die Nationalökonomie ginge dann auf in einer allgemeinen Soziologie oder in einer allgemeinen Theorie der Gesellschaft. Ob dieser Weg gangbar ist bzw. wohin er führt, wollen wir betrachten, indem wir in aller Kürze untersuchen, wie die *Soziologie* das Problem eines objektiven sozialen Zusammenhangs jenseits des subjektiven, im eigentlichen Sinne beliebigen Meinens und Wollens angeht.

In der Terminologie älterer Abgrenzungsversuche gesprochen, nimmt sich die Soziologie die Mensch-Mensch-Beziehung zum Gegenstand, während die Ökonomie die Mensch-Ding-Beziehung thematisiert; gesellschaftlicher Zusammenhang wird von der Soziologie in der sozialen Interaktion, im sozialen Handeln gesucht[31].

Soziale Systeme als Interdependenzgeflecht regelmäßiger Sozialbeziehungen sollen rekonstruiert werden aus interpersoneller sozialer Tätigkeit, aus der sozialen Interaktion[32]. Diese Formulierung des Problems sozialen Zusammenhangs beinhaltet die Schwierigkeit, aus der Interaktion selbst kontinuierliche, die aktuelle Handlungssituation überdauernde Elemente eines einheitlichen Interdependenzsystems zu entwickeln — solche Elemente sollen z. B. in sozialen Normen oder als Sinnbezug des sozialen Handelns gegeben sein. Damit wird aber das Problem nur weiter hinausgeschoben: Wodurch konstituiert sich ein stabiler, interpersoneller Sinnbezug oder worin sind soziale Normen begründet? Diese Schwierigkeit, die Kontinuität interagierender Handlungen von autonomen Subjekten in der Interaktion selbst zu begründen, führte dazu, die Bedingungen eines dauerhaften Zusammenschlusses von Handlungselementen zu einem einheitlichen Interdependenzsystem selbst zu thematisieren und diese Bedingungen als besondere konstitutive Beziehungen der Elemente zu formulieren.

Will man solche Bedingungen für die Kontinuität des gesellschaftlichen Interaktionszusammenhangs nicht wieder außerhalb des sozialen Handelns lokalisieren, indem man etwa auf die vorgängige Existenz politischer Ordnungen verweist, kommt man nicht umhin, nach den Spezifika sozialen Handelns in modernen Gesellschaften zu fragen. Es ist kein Zufall, daß in der soziologischen Theorie als paradigmatischer Fall sozialen Handelns das zweckrationale Handeln gilt, festzumachen insbesondere an der Interaktion zweier Tauschpartner auf dem Markt. Ohne an dieser Stelle anders als sehr kursorisch auf diesen Zusammenhang eingehen zu können, scheint doch einiges dafür zu sprechen, in Gesellschaften, die ihre materielle Reproduktion in Form der freien Verkehrswirtschaft zu gewährleisten suchen, das für diese Gesellschaften charakteristische Ereignis von „Gesellschaftlichkeit" im Tausch zu sehen. Die im Tausch vorliegende soziale Interaktion ist sachlich vermittelt — über Geld —, und zeigt hinlängliche Stabilität und Objektivität über die handelnden Individuen hinaus, um die durch das Handeln der Individuen zwar vermittelte, aber außerhalb der Individuen bestehende Gesellschaftlichkeit ihrer Interaktion zu erhalten.

Dieser Hinweis auf die Notwendigkeit generalisierter symbolischer Medien der Kommunikation (der auch in funktionalistischen Systemtheorien wie der von Luhmann auftaucht), deren paradigmatischer Fall das Geld ist, enthält unseres Erachtens auch den Ansatzpunkt für die Lösung des Problems des gesellschaftlichen Zusammenhangs. Dem wechselseitigen Hin- und Herschieben des theoretischen Fundaments von der Soziologie in die Ökonomie und von der Ökonomie in die Soziologie läßt sich ein Ende machen, wenn die über Geld vermittelte Tauschbeziehung als Angelpunkt für das Verständnis der bürgerlichen Gesellschaft erkannt wird. Die theoretische Auflösung dieses Verhältnisses sachlich vermittelter Interaktion und zugleich die Begründung, warum es dazu kommt, ist im *System* der Kritik der politischen Ökonomie von Marx grundsätzlich geleistet, wie es in den drei Bänden des ‚Kapital' entwickelt ist. Dort ist erklärt, warum sich gesellschaftliche Verhältnisse zu sozialen Gebilden verselbständigen gegen die handelnden Subjekte, die in ihrer Interaktion erst diese Gesellschaft konstituieren. In dieser sozialen Beziehung, die über Sachen vermittelt ist, nämlich über Waren, und die sich in Geld objektiviert, ist zugleich eine Verkehrung von Subjekt und Objekt enthalten, die bedeutet, daß die Individuen in ihrem Handeln den Gesetzmäßigkeiten des Warenaustauschs unterworfen werden. Das Kernproblem des Zusammenhangs von bürgerlichen Gesellschaften — und nur auf solche erstrecken sich zunächst die Aussagen des Systems der Kritik der politischen Ökonomie — wird damit entschlüsselbar.

6. Bemerkungen zum Status einer „Theorie des Arbeitsmarktes"

Zum Abschluß wollen wir noch einmal auf unsere Ausgangsfragestellung eingehen. Wir haben uns mit zwei theoretischen Ansätzen befaßt, die das Geschehen auf dem Arbeitsmarkt systematischer Untersuchung zugänglich machen wollen. *Mertens* versuchte, die Beziehung auf dem Arbeitsmarkt in einem Modell nach dem Muster funktionalistischer Interdependenzsysteme, d. h. ohne Erklärungsanspruch, zu erfassen; er verbleibt mit diesem Ansatz am „Ort des Geschehens", auf dem Arbeitsmarkt. Die im Umkreis dieser theoretischen Konzeption stehenden Arbeiten des IAB sind ebenfalls, in der Datenerhebung und -interpretation sowie in den Aussagen über Problemlösungsstrategien, bezogen auf den Arbeitsmarkt. Sie sind zu charakterisieren als ex post-Aussagen über das Verhalten der Wirtschaftssubjekte auf dem Arbeitsmarkt, als Resultate jener „geduldigen Beobachtung", deren prognostische Relevanz gering ist, da diese Aussagen immer in der Gefahr stehen, von der Wirklichkeit überholt zu werden.

Die Autoren des ISF haben versucht, eher kausal-genetisch verfahrend, von dem „Ort" Betrieb aus zu Erklärungen bestimmter Strukturen und Prozesse auf dem Arbeitsmarkt zu kommen. Auch hier ist jedoch fraglich, ob die gegenwärtig empirisch tragfähigen Konstrukte ihre Relevanz behalten, da es ihnen nur zum Teil gelungen ist, gesellschaftliche Strukturbedingungen mit empirisch vorfindlichen Verhältnissen theoretisch zu vermitteln. Die Auswirkungen länger anhaltender konjunktureller Einbrüche, tiefgreifender wirtschaftlicher Strukturveränderungen und starker Konzentrations- und Zentralisationsbewegungen der Kapitale, die für den Einsatz von Arbeitskraft gravierende Konsequenzen haben, sind, um nur einige wenige Problempunkte zu nennen, bisher in die theoretischen Überlegungen der ISF-Autoren nicht systematisch einbezogen.

Wenn wir den Gang der Argumentation beim ISF noch einmal nachvollziehen, um uns die darin enthaltenen theoretischen Ansätze zur Erklärung von Arbeitsmarktstrukturen vor Augen zu führen, dann zeigt sich folgendes: Wir sind bei dem Interesse, die Verhältnisse auf dem Arbeitsmarkt zu erklären und die Beziehungen zwischen den dort wirkenden Faktoren präzise zu ermitteln, zunächst vom Arbeitsmarkt auf den Anwendungsbereich von Arbeitskraft, in der Theorie des ISF: den Betrieb, verwiesen worden — was zu Anfang in dem Postulat einer „Theorie der Arbeitsplätze" schon einmal angesprochen wurde, die eine „Theorie des Arbeitsmarkts" ergänzen sollte. Dabei wurde deutlich, daß eine Theorie, die Verhältnisse auf dem Arbeitsmarkt angemessen beschreibt und erklärt, keine „Theorie des Arbeitsmarkts", aber auch keine „Theorie der Arbeitsplätze" sein kann, sondern eine Reihe von systematischen Aussagen über die Beziehungen *zwischen* diesen verschiedenen „Orten" umfassen muß.

Bei dem Versuch, diesen Komplex von Aussagen über das Verhältnis von Arbeitsmarkt und Betrieb zusammenhängend zu formulieren, sind wir auf das Problem einer systematischen Beziehung von Betrieb und Gesellschaft gestoßen, und zwar an einem sehr fundamentalen Punkt für Gesellschaftstheorie: an der Formulierung des gesellschaftlichen Gesamtzusammenhangs, oder, anders gewendet, an der Formulierung des Verhältnisses von handelnden Individuen und objektiven sozialen Gesetzmäßigkeiten. Wenngleich eine solche Auseinandersetzung mit Gesellschaftstheorie zunächst weitab vom Thema zu liegen scheint, ist u. E. doch notwendig, sie auch im Zusammenhang der Arbeitsmarkt- und Berufsforschung zu berücksichtigen. Es ist nicht zufällig und nicht bloße Modeerscheinung, wenn im sozialwissenschaftlichen Sprachgebrauch immer wieder die Rede ist von sozialen Systemen, wenn soziale Beziehungen in modernen Gesellschaften unter der Vorstellung des Systems thematisiert werden. Darin spiegelt sich ein Stand der Diskussion, der Gesellschaft nicht mehr statisch nach dem Muster einfacher Kausalverhältnisse im Sinne einer zeitlichen Aufeinanderfolge von Ursache und Wirkung begreift, sondern als „System in Bewegung", d. h. als prozeßhaftes Geschehen, vermittels dessen sich Gesellschaft als strukturierte Beziehung ihrer Elemente aufeinander erst herstellt und immer von neuem (auch in veränderter Gestalt) reproduziert. Diese Vorstellung von sozialen Systemen, so wenig sie auch oft expliziert sein mag, ist doch kennzeichnend für das gegenwärtige Verständnis der wissenschaftlichen Erfassung sozialer Verhältnisse geworden. Sie ist methodisch folgenreich insofern, als damit die empirische Untersuchung gesellschaftlicher Teilbereiche oder einzelner Aspekte des gesellschaftlichen Lebens von vornherein stärker an die theoretische Klärung des übergreifenden sozialen Zusammenhangs gebunden ist.

In diesem sozialwissenschaftlichen Kontext ist auch die Bedeutung der Marxschen Theorie zu sehen, als einer Theorie, die den Zusammenhang von Gesellschaft als einem System in nichttrivialer Weise zu formulieren versucht. Damit sind keineswegs die hier angeschnittenen sachlichen und methodischen Probleme des Funktionierens von Gesellschaft gelöst — man könnte eher sagen, daß die Schwierigkeiten hier erst beginnen, zumindest in dem Sinne, daß sie formulierbar und angebbar werden. Dadurch aber, daß im Marxschen System der Kritik der Politischen Ökonomie das Problem — Gesellschaft als System theoretisch zu rekonstruieren, nicht nur zu benennen — in systematischer Weise angegangen wird, kann es auch zum vielzitierten „methodischen Leitfaden" empirischer Untersuchungen werden.

Man kann sich fragen, ob es notwendig ist, den Rekurs bis in solche sehr allgemeine sozialwissenschaftlichen Auseinandersetzungen mitzumachen, ob man nicht für praktisch-politische Zwecke der Lösung konkreter gesellschaftlicher Probleme, z. B. auf dem Arbeitsmarkt, diese Argumentationskette schon viel früher abschneiden kann. Wir meinen, daß in der Tat eine Reihe unabdingbarer wissenschaftlicher Arbeiten auch ohne solche Überlegungen geleistet werden kann und muß. Unsere Fragestellung zielte jedoch auf ein anderes Problem: auf das Interesse an einer umfassenden, erklärenden Theorie des Arbeitsmarkts, das sich aus praktisch-politischen Erwägungen heraus begründet.

Anmerkungen

1) Kriterium für die Auswahl bildet entweder der gesellschaftstheoretische Anspruch von Arbeiten, Strukturen und Prozesse auf dem Arbeitsmarkt in einen kausalen Zusammenhang zu bringen oder zumindest der Versuch, das Geschehen auf dem Arbeitsmarkt als Gesamtzusammenhang zu sehen. Mit Arbeiten des SOFI Göttingen setzen wir uns hier nicht auseinander, da im SOFI Fragestellungen im Vordergrund stehen, die eingeengtere industriesoziologische Probleme behandeln, oder die die

Entwicklung der Produktionsprozesse und der Arbeitsorganisation einseitig auf Qualifikationsprozesse beziehen. Wie diese Qualifikationsprozesse gesellschaftlich vermittelt und gesteuert werden können, sich also als Geschehen auf dem Arbeitsmarkt darstellen und Arbeitsmarktprozesse strukturieren, wird in den Arbeiten des SOFI nicht thematisiert.

2) *Mertens, D.*, Der Arbeitsmarkt als System von Angebot und Nachfrage, in: MittAB 6 (1973), 229—235.

3) Vgl. dazu: *Mertens, D.*, Rationale Arbeitsmarktpolitik, Frankfurt a. M. 1970, Mertens, D.: Der unscharfe Arbeitsmarkt. Eine Zwischenbilanz der Flexibilitätsforschung, in: MittAB 6 (1973) 4, 314—325. Wenn wir hier lediglich auf die Vorstellungen von Mertens zurückgreifen, so deshalb, weil er den Anspruch formuliert, den Zusammenhang von Angebot und Nachfrage auf dem Arbeitsmarkt in einem System zu fassen. Inwieweit dieser Anspruch auf theoretischer Ebene eingelöst wird, versuchen wir im folgenden zu diskutieren. — Die praktische Umsetzung dieses Anspruchs dagegen scheint im IAB noch problematisch zu sein: Die Arbeiten des IAB lassen sich bisher vorwiegend als Präsentation, Interpretation und Vergleich von Daten und Datenkonstellationen kennzeichnen, deren relatives Gewicht nicht geklärt ist.

4) *Mertens, D.*, Arbeitsmarkt als System ... a. a. O., 229.

5) a. a. O., 230.

6) a. a. O., 232 f.

7) Wir beziehen uns hier vor allem auf: *Lutz, B./Nase, H./Weltz, F.*, Modelluntersuchungen eines regionalen Arbeitsmarktes am Beispiel des Wirtschaftsraums Augsburg (RKW-Projekt A 44), Bd. I, II, III, München 1972.
Lutz, B./Nase, H./Weltz, F., Arbeitswirtschaftliche Modelluntersuchungen eines Arbeitsmarktes. Zusammenfassung, Frankfurt a. M. 1973.
Sengenberger, W./Lutz, B./Schultz-Wild, R., Arbeitsmarktstruktur und Arbeitsmarktbedingungen, Ansätze zu einem erweiterten Arbeitsmarktmodell. Arbeitsbericht im Sonderforschungsbereich 101 der Universität München, Theoretische Grundlagen sozialwissenschaftlicher Berufs- und Arbeitskräfteforschung, Teilprojekt C 4, München 1974; im folgenden zitiert als Teilprojekt C 4.
Lutz, B./Sengenberger, W., Arbeitsmarktstrukturen und öffentliche Arbeitsmarktpolitik, Göttingen 1974.

8) Es erscheint uns bemerkenswert, daß gerade das ISF, ein Institut, das sich über Auftragsforschung finanziert, eine solche einzelne Fragestellungen übergreifende Kontinuität in seiner Arbeit verwirklicht.

9) Vgl. Teilprojekt C 4, S. 18 ff.

10) *Freiburghaus, D./Schmid, G.*, Theorie der Segmentierung von Arbeitsmärkten, in: Leviathan 3 (1975) 3, 417—448.

11) *Doeringer, P. B./Piore, M. J.*, Internal Labor Markets and Manpower Analysis, Lexington, Mass. 1971.

Gesellschaftstheoretische Erklärungsmuster von Arbeitsmärkten 113

12) *Lutz, B./Sengenberger, W.*, Arbeitsmarktstrukturen ... a. a. O., 44.
13) Nur am Rande sei bemerkt, daß mit der Konzeption des Humankapitals für die ökonomische Theorie ein längst überwunden geglaubtes Problem wieder auftaucht, nämlich die genaue begriffliche Fassung des Produktionsfaktors Arbeit. Ist damit gemeint: die Verausgabung von Arbeit, die Arbeitsleistung? oder die Fähigkeit, arbeiten zu können, also das Arbeitsvermögen, die Arbeitskraft? Und in der Konsequenz dieser Frage: was wird eigentlich auf dem Arbeitsmarkt gehandelt? die Arbeitskraft oder die Arbeitsleistung? Wird die Arbeitsleistung bezahlt oder die Arbeitskraft?
14) *Sengenberger* u. a. entwickeln auf Basis dieser Annahmen ein Investitionskalkül mit vier Parametern: der Dauer des Ertragsstromes, der Kontinuität des Bedarfs an bestimmtem Humankapital, der Diskontierungsrate der Erträge und dem jeweiligen Aufwand aufgrund bestimmter Investitionsbedingungen. Vgl. hierzu Teilprojekt C 4, S. 79 ff.
15) *Freiburghaus/Schmid*, a. a. O.
16) *Altmann, N./Bechtle, G.*, Betriebliche Herrschaftsstruktur und industrielle Gesellschaft. Ein Ansatz zur Analyse, München 1971, 21.
17) *Altmann/Bechtle* a. a. O., 10.
18) *Altmann/Bechtle* a. a. O., 12.
19) *Altmann/Bechtle* a. a. O., 13.
20) Die Marx-Interpretation der Autoren erscheint uns in einigen Punkten problematisch. Es ist jedoch an dieser Stelle nicht notwendig, darauf näher einzugehen, da es uns vor allem um die Herausarbeitung des grundlegenden Argumentationsmusters geht, das den Arbeiten des ISF unterliegt.
21) *Altmann/Bechtle* a. a. O., 27.
22) Vgl. dazu: *Lutz, B.*, Produktionsprozeß und Berufsqualifikation, in: Th. W. Adorno (Hg.): Spätkapitalismus oder Industriegesellschaft? Stuttgart 1969, 227—250.
23) *Böhle, F./Sauer, D.*, Betrieblicher Arbeitskräfteeinsatz und öffentliche Investitionen — zum Verhältnis von Staat und Produktionsprozeß. Arbeitsbericht im Sonderforschungsbereich 101 der Universität München, Theoretische Grundlagen sozialwissenschaftlicher Berufs- und Arbeitskräfteforschung, Teilprojekt C 2, München 1974; im folgenden zitiert als Teilprojekt C 2; Böhle F./Sauer, D.: Intensivierung der Arbeit und staatliche Sozialpolitik, in: Leviathan 3 (1975) 2, 280—284. Wir stützen uns im folgenden hauptsächlich auf die Ausführungen im Leviathan.
24) Vgl. *Böhle, F./Sauer, D.*, Intensivierung ... a. a. O., 60.
25) Heranbildung und Erhaltung physisch-psychischer Leistungsfähigkeit; Vermittlung „zivilisatorischer Mindestkenntnisse" und selektiver Herausbildung qualifizierter Arbeitskräfte; Existenzsicherung der Arbeitskräfte bei Verlust der Erwerbsmöglichkeit; Ausweitung der Konsumchancen und Sicherung von Kaufkraft.
26) *Böhle, F./Sauer, D.*, Intensivierung ... a. a. O., 70.

27) Insofern trifft auch *Offe* mit seiner Kritik an ihrem theoretisch inkonsistenten Vorgehen den Nagel auf den Kopf: vgl. *Offe, C.*, Anmerkungen zum Aufsatz „Intensivierung der Arbeit und staatliche Sozialpolitik" von *Fritz Böhle* und *Dieter Sauer*, in: Leviathan 3 (1975) 1, 79—83.
28) *Offe* verweist in seiner Kritik auf die schlichten verfahrenslogischen Inkonsistenzen, indem er zeigt, daß sie für die retrospektive historische Analyse ein anderes Verfahren anwenden als für die der Gegenwart. *Böhle/Sauer* weichen dem von *Offe* angesprochenen Problem aus und flüchten sich wieder in vage theoretische Bestimmungen („Widersprüche spitzen sich zu"), die dem Marxschen System entlehnt sind, die jedoch in ihrer aktuellen empirischen Relevanz, als Elemente des gesellschaftlichen Wirkungszusammenhangs, nicht begriffen sind. Die Annahme, daß *Offes* Kritik ihren Ausgang genommen hat von der Auffassung, daß politische Krisen heutzutage die relevanteren wären, hat ihnen jedoch den Blick getrübt für den Inhalt seiner Ausführungen. Vgl. *Offe, C.:* Anmerkungen ... a. a. O., sowie *Böhle/Sauer:* Replik ... a. a. O.
29) Die folgenden Überlegungen stützen sich auf: *Ganßmann, H.*, Werttheoretische Alternativen und ihre Implikationen für die Theorie der bürgerlichen Gesellschaft, Dissertation, Freie Universität Berlin, 1975.
30) Vgl. hierzu z. B. *Mayer, H.*, Der Erkenntniswert der funktionellen Preistheorien, in: ders. (Hg.): Die Wirtschaftstheorie der Gegenwart, Bd. 2, Wien 1932, 224: Die Preistheorie will „zum Verstehen führen, wie, d. i. nach welchen Gesetzen *Subjektives* (Bedürfnisse, den Wirtschaftssubjekten verfügbare Gütervorräte, subjektive Wertungen) sich in gesellschaftlichen Beziehungen und Vorgängen (Tausch, Preise), die, ohne von Subjekten getragen zu werden, nicht existieren, ‚objektiviert'; und die Gesetzmäßigkeiten aufzeigen, nach welchen die so entstandenen Beziehungen (Tausch, Preise, Löhne, Renten, Zinsen usw.) wieder auf die subjektiven Tatbestände (individuelle Nachfragen usw.) zurückwirken, wie also im Wechselspiel zwischen Subjektivem und Sozialem nicht nur der Preisbildungsvorgang, sondern auch der ganze Wirtschaftsprozeß abläuft."
31) Solche Positionen, die Aussagen der Soziologie letztlich auf psychologische Aussagen reduzieren, werden hier außer acht gelassen, z. B. *G. C. Homans* oder neuerdings in der BRD *K. D. Opp*.
32) Die folgenden Ausführungen stützen sich auf: *Tjaden, K. H.*, Soziales System und sozialer Wandel, Stuttgart 1972.

III.
Arbeitsmarkt und Bildungswesen

Bildungssystemplanung als Arbeitsmarktpolitik?

Ulrike Fischer

1. Konflikte der Bildungssystemplanung

Die Diskussion um Strategien der Bildungssystemplanung ist in der BRD — auf die wir uns hier beschränken — von Anfang an von tiefgreifenden Widersprüchlichkeiten gekennzeichnet gewesen. Argumente und Gegenargumente lassen sich dabei im wesentlichen auf zwei gegensätzliche Positionen reduzieren: Auf der einen Seite wurden wachstums- und arbeitsmtarktpolitische Investitionskriterien formuliert und für eine Planung des Bildungswesens propagiert, auf der anderen Seite wurde gefordert, die Planung des Bildungswesens vor allem an den individuellen Bedürfnissen des Einzelnen oder an sozialpolitischen Zielsetzungen — etwa Erhöhung der Chancengleichheit durch Ausbau der weiterführenden Bildungseinrichtungen — zu orientieren.

Dabei waren die Motive, sich überhaupt mit Fragen des Bildur.gswesens und seiner Aufgabenstellung zu beschäftigen, zunächst in der Tat ökonomisch begründet und resultierten aus arbeitsmarkt- und wachstumspolitischen Überlegungen. In der bildungsökonomischen Literatur[1] werden eine Fülle von Argumenten genannt, mit denen Ende der 50er Jahre eine wirtschaftspolitisch orientierte Bildungsplanung gefordert wurde. Im wesentlichen lief die Begründung darauf hinaus, daß die BRD im internationalen Konkurrenzzusammenhang mit kapitalistischen und sozialistischen Industrieländern dann gefährdet werde, wenn nicht mit forcierter Wissenschafts- und Technologiepolitik einer sich abzeichnenden technologischen Rückständigkeit der westdeutschen Wirtschaft Einhalt geboten würde. Darüber hinaus wurde darauf hingewiesen, daß der Zusammenhang zwischen wirtschaftlicher Entwicklung und Bildungspolitik nicht nur situationsbezogen auf die aktuellen Probleme der 60er Jahre zu denken sei: Die wirtschaftliche Entwicklung sei auf Dauer in hohem Maße von technologischen Innovationen und deren „Produktion" durch das Bildungssystem abhängig.

Demgegenüber wurden soziologisch begründete bildungswissenschaftliche und bildungspolitische Überlegungen geltend gemacht[2]. Mit eindrucksvollen Zahlen aus empirischen Untersuchungen und mit Resultaten der Begabungs- und Sozialisationsforschung wurde verdeutlicht, daß das Bildungswesen der BRD wesentlich zur Verfestigung sozialer Hierarchien beitrage. Kinder aus Arbeiter- und Bauernfamilien hätten geringe Chancen, die höheren Stufen des Bildungssystems zu absolvieren, diese blieben den schon durch ihr Elternhaus und dann durch spezifische Formen schulischer Ausbildung privilegierten Kindern der Mittel- und Oberschicht vorbehalten. Bildungspolitik habe sich somit dem Ziel der Förderung der Chancengleichheit zuzuwenden.
Im folgenden soll erstens skizziert werden, wie die Bildungssystemforschung in ihren Bemühungen, Planungskriterien für eine zielgerichtete Bildungspolitik zu entwickeln, die unterschiedlichen Positionen aufgegriffen hat. Zum zweiten wird auf die Frage eingegangen werden, welche bildungstheoretischen Anstrengungen angesichts dieses „Generalkonflikts" der Bildungssystemplanung in einer zweiten Phase der Bildungssystemforschung unternommen wurden und wie diese zu beurteilen sind. Zum dritten und abschließend wird in Form einer Problemskizze auf grundlegende Defizite der Bildungsforschung eingegangen.
Zuvor ist eine begriffliche Vorklärung angebracht. Wenn im folgenden von einer Identität zwischen Bildungsforschung und Arbeitsmarktforschung bzw. zwischen Bildungspolitik und Arbeitsmarktpolitik die Rede ist, wird Bildungsforschung und -politik als an beruflicher Verwertbarkeit orientiert interpretiert. Diese Sprachregelung ist zunächst plausibel und in der Literatur verbreitet, aber unpräzis. Ebenso unpräzis, weil unreflektiert, werden hier zunächst Begriffe wie „sozial" und „emanzipatorisch" verwendet. Wir werden im letzten Teil auf diesen Problemkreis zu sprechen kommen.

2. Entwicklungslinien der Bildungsforschung

Für die im folgenden aufgeführten repräsentativen Bildungsforschungsansätze gilt, daß sie im wesentlichen auf das Problem der Planung des Hochschulbereichs beschränkt sind. Statt einer Suada von Entschuldigungen, warum auch dieser Aufsatz sich darauf beschränkt — zum Beispiel deswegen, weil er den Verlauf der Bildungsforschung interpretieren will — oder statt schlichter Negierung der Tatsache, daß es auch und gleichfalls wesentliche Probleme in anderen Bereichen des

Bildungssystemplanung als Arbeitsmarktpolitik?

Bildungswesens gibt — deren momentane Erscheinung z. B. ein bedrückendes Maß an Jugendarbeitslosigkeit ist —, statt dessen also sei darauf verwiesen, daß viele der hier angesprochenen Probleme auch für andere Bereiche des Bildungswesens „Kernprobleme" sind. Der Konflikt zwischen „ökonomischen" und „sozialen" Planungskriterien ist keinesfalls auf den Hochschulsektor beschränkt und hat z. B. die Debatte um die Reform der Lehrlingsausbildung in der Gesamtschulstufe II[3] genauso beeinflußt wie die Diskussion um die Gesamthochschule. Die Identität der Probleme ist auch kein Zufall, sondern hat System: Konflikte im Bildungssystem sind gesellschaftliche Konflikte und auf Widersprüche in der spezifischen Verfassung des Gesellschaftssystems zu beziehen.

Im übrigen findet die intensive Ausrichtung der Bildungsforschung auf die Problemkreise Hochschule und hochqualifizierte Arbeitskräfte ihre Begründung im Selbstverständnis und in der gesellschaftlichen Realität entwickelter kapitalistischer Systeme. Auf teilweise ähnlich gelagerte Probleme in sozialistischen Ländern kann hier nicht eingegangen werden. Entwickelte kapitalistische Systeme geraten in die Gefahr, Widersprüche zwischen dem Leitbild einer „demokratischen Leistungsgesellschaft" einerseits und hierarchischer sozialer Gliederung und Ungleichheit andererseits offenkundig werden zu lassen. Bezogen auf den Bildungssektor meint dies folgendes: Der jeweilige individuelle Bildungsweg und Abschluß entscheidet wesentlich über berufliche Position und soziale Stellung: Je höher der Bildungsabschluß, desto mehr gesellschaftliches Prestige und desto mehr Erfolg. Solange der „Mißerfolg" in Form eines niedrigen Bildungsabschlusses dem einzelnen Individuum zugerechnet werden kann, gerät die Vorstellung von einer „Leistungsgesellschaft" nicht in Mißkredit: Mißerfolg beruht auf mangelnder Leistungsfähigkeit oder sogar Leistungsbereitschaft des einzelnen. Die ersten Ergebnisse der Begabungsforschung trübten allerdings dieses Bild von der „Leistungsgesellschaft". Die Qualifikationsfähigkeit des einzelnen kann danach nicht länger seinen angeborenen Fähigkeiten zugerechnet werden, sondern muß weitgehend in Abhängigkeit von der Förderungsbereitschaft durch das Bildungswesen gesehen werden.

Soll der Gleichheitsgrundsatz eines sich als demokratisch verstehenden Gesellschaftssystems nicht zur offenkundigen Ideologie gerinnen, müssen Restriktionen im Bildungssystem abgebaut und breite Förderungsmaßnahmen ergriffen werden, damit Chancengleichheit soziale Realität wird. Oder es müssen neue Mechanismen zur Legitimierung von Restriktionen im Bildungssystem an die Stelle der alten treten, da eine breite Förderung mit dem Ziel chancengleicher Höherqualifizierung mit der Realität eines hierarchisch gegliederten Beschäftigungssystems kollidiert, weil „Überqualifizierungen" das Resultat sind. Dabei ist der Begriff der Überqualifizierung — unabhängig davon, daß geklärt werden muß, in bezug worauf überqualifiziert wird — zum Teil das Resultat traditioneller Denkstrukturen. Sicher ist durchaus vorstellbar, daß eine Krankenschwester eine Hochschulausbildung erhält. Das Demokratiepostulat der Gleichheit kollidiert aber spätestens dann mit dem Prinzip der Leistungsgesellschaft und einer an Leistungskriterien orientierten Bildungssystemstruktur, wenn für die Reinigungskraft die Hochschulausbildung gefordert wird. Dieser etwas ausführliche Exkurs macht deutlich, daß der Frage nach den Grenzen des Hochschulbereichs und der Funktion von Hochschulausbildung auf dem Hintergrund der ersten bildungspolitischen Kontroversen zentrale Bedeutung zukam. Eben daraus ist somit auch die überaus intensive Beschäftigung der Bildungsforschung mit diesen Problemkreisen zu erklären.

2.1. Die „erste Generation" der Bildungsforschung

Hierunter werden von uns die beiden Planungsansätze subsumiert, die unmittelbar den oben skizzierten gegensätzlichen bildungspolitischen Positionen entsprechen[4]. Sie sind als Planungsansätze — im Gegensatz zu „Forschungsansätzen" — insofern zu apostrophieren, als mit diesen Ansätzen die Intention verbunden wurde, Investitionskriterien für die Gestaltung des Bildungssystems zu entwickeln.

Das Interesse der wachstums- und arbeitspolitisch orientierten Bildungsplanung war darauf gerichtet, den bildungspolitischen Entscheidungsträgern wissenschaftlich fundierte Grundlagen zu formulieren, mit Hilfe derer das Bildungswesen gezielt, d. h. zum Zweck einer forcierten Produktion von Wissenschaft, Technologie und technischem „know-how" ausgebaut werden sollte. Wie kann, so die Ausgangsfrage, die technische und damit ökonomische Entwicklung durch Arbeitskräfte, die technologische Neuerungen entwickeln und Arbeitskräfte, die diese Neuerungen im Arbeitsprozeß umsetzen und anwenden können, beeinflußt werden. Der Begriff der Technologie ist dabei nicht auf die Technik von Produktionsanlagen beschränkt zu denken, sondern schließt organisatorische Veränderungen im Produktionsprozeß ein.

Der dazu entwickelte Planungsansatz — als manpower-approach oder Arbeitskräftebedarfsansatz bezeichnet — entspricht allerdings keines-

Bildungssystemplanung als Arbeitsmarktpolitik?

wegs den formulierten Intentionen. In einem Ableitungsverfahren — das hier der gebotenen Kürze wegen nur skizziert werden soll — wird der künftige Arbeitskräftebedarf aus einer vorgegebenen Entwicklung des Sozialprodukts und der Arbeitsproduktivität — beide aufgegliedert nach Wirtschaftssektoren und Branchen — abgeleitet. Die Basis des mathematischen Verfahrens ist dabei folgende ökonomische Beziehung:

$$Y = A \cdot Y/A,$$

wobei Y das Sozialprodukt, A den Arbeitskräfteeinsatz und Y/A die Arbeitsproduktivität bezeichnet. Sind Y und Y/A eines Zieljahres bekannt und nach Sektoren bzw. Branchen differenziert, so kann unter Einbeziehung der Berufsstruktur der Arbeitskräftebedarf nach Berufen gegliedert ermittelt werden und als Strukturgrundlage der Planung von Ausbildungsgängen und -kapazitäten des Bildungswesens zugrunde gelegt werden. In den Bereichen, in denen — wie etwa in staatlichen Dienstleistungssektoren — keine produktionstechnischen Beziehungen unterstellt werden können, wird der Arbeitskräftebedarf über sogenannte Dichteziffern (z. B. Ärzte, Polizisten etc. pro Tausend Einwohner) ermittelt.

Die Intention der sozialpolitisch motivierten Bildungspolitik — Förderung der Chancengleichheit und Verwirklichung des Bürgerrechts auf Bildung — war Grundlage der Entwicklung des sogenannten social-demand-approach, der auch als Angebotsansatz bezeichnet wird. Die Bezeichnung „Angebotsansatz" will verdeutlichen, daß die Planung des Bildungswesens eben nicht an der Nachfrage des Arbeitsmarktes orientiert sein soll, sondern daß die Blickrichtung auf dem Angebot an Qualifikationen, das allein aus sozialen Kriterien abgeleitet wird, liegt. So wird z. B. die Anhebung der Abiturientenquote von 20 % auf 30 % eines Altersjahrgangs zum Ausgangspunkt der Berechnungen von Gymnasial- und Hochschulkapazitäten gemacht.

Die Ergebnisse dieser ersten Phase der Bildungsforschung waren in doppelter Hinsicht unbefriedigend:

Erstens erscheint aufgrund der methodischen Voraussetzungen in beiden Konzeptionen der Hochschulbereich oder generell der Bildungssektor als von anderen gesellschaftlichen Teilsystemen oder gesellschaftlichen Zielsetzungen abhängiger Sektor; er wird von ökonomischen oder politischen Zielsetzungen determiniert. Es werden somit nur *einseitige* Beziehungen unterstellt und analysiert. Die Möglichkeiten aktiver Beeinflussung gesellschaftlicher Prozesse durch das Bildungssystem bleiben unberücksichtigt.

Im manpower-approach werden wirtschaftspolitische Prognose- oder Plangrößen als Basis der Ableitung des künftigen Bedarfs an Arbeitskräften bzw. Qualifikationen vorausgesetzt. Damit wird das Bildungswesen einer irgendwie gegebenen bzw. vermuteten ökonomischen Entwicklung (Vorgabe des Sozialprodukts) bzw. technischen Entwicklung (Vorgabe der Arbeitsproduktivitäten) nachgeordnet. Ob es umgekehrt auch einen Zusammenhang zwischen dem Potential an qualifizierten Arbeitskräften und der technischen und ökonomischen Entwicklung gibt, wird nicht überprüft, obwohl dies eigentlich die Intention der wachstumsorientierten Bildungsforschung war.

Auch im social-demand-approach werden Gymnasium und Hochschule als von gesetzten, diesmal sozialen Zielgrößen abhängige Systeme betrachtet. Hier bleibt vor allem das Problem ausgeklammert, ob nicht statt der Expansion der weiterbildenden Stufen des Bildungssystems grundlegende Strukturveränderungen des Bildungssystems insgesamt oder eine inhaltliche Reform bestehender Ausbildungsgänge anzustreben wären.

Zum zweiten bleibt an diesen Ansätzen unbefriedigend, daß sie eindimensional auf einzelne Funktionen des Bildungswesens ausgerichtet sind.

Der manpower-approach leugnet mit seiner Ableitung von Qualifikationsanforderungen aus Wachstumserfordernissen, daß das Bildungswesen neben der beruflichen Qualifikation umfassende Erziehungsaufgaben wahrzunehmen hat, d. h. auf soziale Rollen z. B. im Betrieb und in der Familie vorzubereiten hat. Zur Verteidigung des Ansatzes könnte argumentiert werden, daß diese Sozialisationsprozesse methodisch von beruflichen Qualifikationsprozessen überhaupt nicht zu trennen sind: Sowohl die Bäckerlehre als auch die Ingenieurausbildung vermitteln im Zuge beruflicher Fähigkeiten gesellschaftliche Normen und somit „Sozialqualifikationen". Der manpower-approach will gar nicht die Inhalte, sondern nur die Struktur der Ausbildungsprozesse und die Kapazitäten der einzelnen Ausbildungsgänge bestimmen. Gegen diese Verteidigungslinie wurde argumentiert, daß dabei übersehen wird, daß aber eben diese Ableitung der Berufs- und Qualifikationsstruktur aus ökonomischen Zielgrößen verhindere, daß Berufe, die zwar unter wirtschaftspolitischen Aspekten von geringer, unter gesellschaftspolitischen Aspekten aber von äußerst hoher Bedeutung seien — wie etwa Berufe des Sozialbereiches — unberücksichtigt blieben.

Aus der Perspektive der social-demand-approach-Vertreter stellt sich der Bedarfsansatz dennoch in doppelter Hinsicht als verengt dar.

Dahrendorfs Forderung nach der Verwirklichung des Bürgerrechts auf Bildung implizierte vor allem Abbau von Bildungsmonopolen im weiterführenden Bildungsbereich. Waren diese — wie *Dahrendorf* eindringlich verdeutlicht — bisher in der Tradition der bürgerlichen Gesellschaft begründet, so zeichnet sich über das manpower-Denken in der Bildungsplanung das ökonomisch motivierte Bildungsprivileg ab, die bürgerliche Elite wird von der technokratischen Elite abgelöst. Mit dem Bürgerrechtspostulat wird aber nicht nur Höherausbildung zum Abbau elitärer Strukturen intendiert, sondern auch Höherausbildung in dem Sinne gefordert, mehr ‚Sozialqualifikationen' zu vermitteln.

Aktive Demokratisierung im Sinne der Bürgerrechtsidee meint somit Abbau von Privilegien und Vermittlung von Inhalten, die aktive politische Beteiligung an demokratischer Willensbildung ermöglichen.

Das liberale Modell mit seiner Forderung nach der Expansion des Hochschulbereichs versagt jedoch aus der Sicht des Arbeitsmarktes: Es negiert die Tatsache, daß die Absolventen des Hochschulbereichs auch eine ihrer Ausbildung adäquate Beschäftigung finden müssen. Da die Intention des Ansatzes dies zwangsläufig unterstellen muß, soll die Forderung nach Chancengleichheit nicht leere Formel bleiben, unterstellt der Ansatz implizit auch, daß jegliches Angebot an Hochqualifizierten aufgenommen werden kann.

Fassen wir zusammen: Die Formulierung bildungspolitischer Strategien hat unterschiedliche Interessen am Bildungssystem offengelegt und den Konflikt zwischen Angebot an und Nachfrage nach Hochschulabsolventen zu einer „sozialen Frage" werden lassen. Dabei blieb die Diskussion weitgehend auf quantitative Aspekte des Bildungssystems, eben: Kapazitäten des Hochschulbereiches, beschränkt; implizit wurden aber immer schon qualitative Aspekte mitgedacht. Über die Entwicklung bildungspolitischer Strategien wurde zugleich ein Aufgabenkatalog für das Bildungssystem formuliert, der sowohl quantitative als auch qualitative Dimensionen aufweist und in sich widersprüchlich zu sein scheint: Erziehungsfunktion und Qualifikationsfunktion werden als kontroverse Aufgabenstellungen diskutiert. Aus der Qualifikationsfunktion des manpower-Denkens resultiert eine Restriktion des Hochschulbereiches und der Inhalte über die am Arbeitsmarkt formulierten Verwertungsbedürfnisse; aus der Sozialisationsfunktion des social-demand-Denkens eine Expansion des Hochschulbereiches und sozialer Qualifikationen.

2.2 Die Bildungsforschung der „zweiten Generation"

Die bildungspolitische Diskussion der ersten Phase hat über die Artikulation von unterschiedlichen Interessen einen Konflikt von immenser gesellschaftlicher Relevanz offengelegt, mit dem — vorsichtig formuliert und ohne Bildungspolitik zum Nabel der Welt erklären zu wollen — das in der Nachkriegszeit gefestigte Selbstverständnis von einer staatlich verbürgten demokratischen Wohlstandsgesellschaft in der BRD erschüttert wurde. Die Krise des Bildungssystems stellte sich gleichermaßen als Krise der Bildungsforschung dar, die demzufolge doppelt bemüht sein mußte, einen Ausweg oder zumindestens einen Kompromiß aus dieser Situation zu suchen. Die im folgenden skizzierten Forschungsansätze[5] sind von dem Bemühen gekennzeichnet, widersprüchliche Ansprüche an das Bildungswesen zu vereinen — wenn nicht sogar nachzuweisen, daß diese Widersprüche nicht existieren bzw. an Schärfe verlieren, wenn statt einseitiger *wechselseitige* Beziehungen zwischen Bildungssystem und Gesellschaftssystem analysiert werden.

Der *Absorptionsansatz*[6] stellt angesichts der beeindruckenden Expansion des Hochschulbereiches in den 60er Jahren folgende Fragen:
— welche gesellschaftliche Entwicklungen diesen Expansionsprozeß bewirkt haben
— welche Veränderungen in gesellschaftlichen Subsystemen, insbesondere im Beschäftigungssystem, diese Expansion bewirkt haben
— und ob die Veränderungen im Bildungssystem zur Verwirklichung oder Verkehrung der Intentionen aktiver Bildungspolitik geführt haben.

Dazu wird zunächst der Transfer untersucht, über den hochqualifizierte Arbeitskräfte, für die zunächst keine Nachfrage am Arbeitsmarkt artikuliert ist, ins Produktionssystem aufgenommen werden. Dieser Transfer kann in etwa folgendermaßen skizziert werden: Die Entwicklung des Produktionssystems hat ein Stadium erreicht, in dem permanenter Wandel von Technologie und Organisation Voraussetzung jeder weiteren Entwicklung ist. Obwohl darauf angewiesen, können die Arbeitsorganisationen ihren Innovationsbedarf nicht ex ante bestimmen. Arbeitskräfte mit akademischen Qualifikationen sind — läßt man ihnen genügend Autonomiespielraum — aufgrund ihrer spezifischen Qualifikationen in der Lage, produktionsfördernde Neuerungen zu entwickeln. Diese Fähigkeit und der über Konkurrenz vermittelte Zwang zur Innovation veranlaßt die Arbeitsorganisation zu wachsender Nachfrage nach hochqualifizierten Arbeitskräften.

Bildungssystemplanung als Arbeitsmarktpolitik?

Quintessenz dieses Ansatzes ist somit der Nachweis, daß — durch entsprechend einer latenten Nachfrage im Produktionssystem qualifizierte Angebote des Bildungssystems — die latente Nachfrage zur offenen Nachfrage wird.
Damit basiert der Ansatz auf folgenden Annahmen über die Veränderung von Produktions- und Wachstumsprozessen im Zuge der Entwicklung kapitalistischer Systeme[7]. Wesentliche Merkmale bzw. Voraussetzungen dieser Entwicklung sind fortschreitende Arbeitsteilung und wachsender Innovationsbedarf — ein anderer Ausdruck für die Institutionalisierung permanenter technologischer Entwicklung. Beide Aspekte sind eng miteinander verknüpft, haben jedoch unterscheidbare Auswirkungen auf den gesamtwirtschaftlichen Produktionsprozeß: Umfang und Bedeutung primärer Produktionsprozesse nehmen zugunsten sekundärer und tertiärer Produktionsprozesse ab.
Primäre oder traditionelle Produktionsprozesse sind dadurch charakterisiert, daß zwischen Produktionsprozeß und Produkt ein direkter Zusammenhang besteht. Die Arbeit in diesen Produktionsprozessen ist unmittelbar auf den Produktionszweck (Güter- oder Dienstleistungsproduktion) gerichtet.
Die sich vertiefende Arbeitsteilung — als Konsequenz technologischer Neuerungen — erfordert in wachsendem Maß Koordination von Teilprozessen. Arbeitszusammenfassung als komplementäre Funktion zur Arbeitsteilung führt zu Institutionalisierung von tertiären Produktionsprozessen, deren Leistungsziele (Koordination, Kontrolle, Herstellung von Kommunikation und Information etc.) in nur mittelbarem Zusammenhang zu den eigentlichen Produktionszwecken stehen.
Mit sekundären Prozessen sind all diejenigen Arbeitsvollzüge gemeint, deren Ziel die Erforschung und Entwicklung neuer Technologien oder aber auch Organisations- und Planungsmethoden für primäre Produktionsprozesse ist.
Sekundäre und tertiäre Produktionsprozesse dienen somit eher der Produktionsvorbereitung als dem unmittelbaren Produktionsziel, d. h. der Güter- und Dienstleistungsproduktion. Als Charakteristika der Arbeit in diesen Bereichen werden beispielsweise genannt: Sie ist keinem — etwa in Produktionseinheiten meßbarem — Leistungsergebnis unterworfen; Ziele der Arbeit sind eher abstrakte Leistungen wie Organisation und Innovation. Daraus ergeben sich spezifische Anforderungen wie Fähigkeit zur Selektion wesentlicher Problemstellungen aus der Fülle von Einzelproblemen, d. h. Fähigkeit zur Generalisierung; Fähigkeit zur Verarbeitung auch sachfremder Problemstellun-

gen; d. h. Kooperation. Als weitere Elemente dieser Berufsrollen werden freiwillige Identifikationsbereitschaft und Wertkonsensus mit der Arbeitsorganisation, d. h. Leistungsbereitschaft genannt — dies aufgrund der Tatsache, daß die Abstraktheit der Leistungen eine direkte Leistungskontrolle, wie z. B. in primären Produktionsprozessen über geleistete Stückzahlen, nicht möglich ist. Höhere Autonomiespielräume können dem Ansatz zufolge aber uminterpretiert werden und nicht im Sinne der Unternehmensziele, sondern mit emanzipatorischen Handlungskriterien ausgefüllt werden.
Als Ergebnis des eben skizzierten Ansatzes kann festgehalten werden: über die Analyse der qualitativen Konsequenzen der Wirtschaftsentwicklung für die Arbeitsplatzstrukturentwicklung und die Entwicklung der Qualifikationsanforderungen wird nachgewiesen, daß sich ökonomisch motivierte Bedarfsplanung einerseits und die Verwirklichung des Bürgerrechts auf Bildung andrerseits nicht in der Weise widersprechen, wie die manpower- und social-demand-approach-Gegenüberstellungen der ersten Phase bildungsökonomischer Forschung implizierten.
Aus quantitativer Perspektive, d. h. aus der Perspektive der Frage nach den Grenzen des Hochschulbereiches, ist in den Ergebnissen dieses Ansatzes impliziert, daß wirtschaftliches Wachstum permanente Höherqualifizierung erfordert und somit Bildungsprivilegien gleichsam automatisch abgebaut werden. Angesichts einer sich abzeichnenden Zunahme von Akademikerarbeitslosigkeit scheint allerdings der Innovationsprozeß und damit die Expansion der Nachfrage nach Hochqualifizierten überschätzt worden zu sein. Aber nicht nur die quantitativen Effekte der ökonomisch-technischen Entwicklung auf die berufliche Qualifikationsstruktur, sondern auch die qualitativen Auswirkungen auf die Ausbildungsinhalte werden ausschließlich positiv beurteilt. Beides ist zu kritisieren.
Zum ersten wird die Verwirklichung von chancengleichem Bürgerrecht auf Bildung von der Verwertungslogik des kapitalistischen Systems abhängig gemacht. Kehrt man den Zusammenhang um, so wird die Problematik der Aussagen dieses Ansatzes noch deutlicher: ohne Wachstum keine Höherqualifizierung und damit auch keine Chancengleichheit durch Expansion des Hochschulbereiches. Die Forderung liberaler Bildungspolitiker nach Verwirklichung von Chancengleichheit war aber gerade gegen eine ausschließlich an Effizienz- und Wachstumskalkülen ausgerichtete Bildungspolitik gerichtet. Zum zweiten — und dies steht in unmittelbarer Verbindung mit den im ersten Einwand kritisierten Zusammenhängen — wird unterstellt, daß öko-

nomische und technologische Entwicklung per se auch sozialen Fortschritt bewirken. Die Frage, wie die spezifischen Produktionsbedingungen des kapitalistischen Systems Technik und Wissenschaft durchformen, wird nicht gestellt. Der Konflikt zwischen der Verwertungsorientierung der Strukturen und Inhalte des Bildungswesens und der Orientierung des Bildungswesens auf Strukturen und Qualifizierungsprozesse, die individuelle und soziale Emanzipation ermöglichen, kann in diesen Ansätzen nur deshalb als gelöst erscheinen, weil von der spezifischen Gesellschaftlichkeit kapitalistischer Systeme und ihrer Auswirkung auf Berufsrolle und Qualifizierung abstrahiert wird.
So ist es nur konsequent, wenn von den Vertretern des Absorptionsansatzes die qualitativen Aspekte von Technologie, Entwicklung und Wachstum ausschließlich als fortschrittliche Momente interpretiert werden. Aus größeren Autonomiespielräumen in sekundären und tertiären Produktionsprozessen wird auf größere Chancen der Verwirklichung von nicht nur technischer Innovation, sondern auch von sozialem Fortschritt geschlossen.
Die Argumente, mit denen die Vertreter dieser Konzeption ihren eigenen Ansatz kritisiert haben, sprechen für sich und werden deshalb ausführlich zitiert: „Diese Überschätzung beruht vor allem darauf, daß der vertretene Ansatz, obgleich er soziale Komponenten von Qualifikationen und Qualifikationsanforderungen hervorhebt, letztlich doch auch ein ökonomistischer Ansatz ist, der den qualifikatorischen Annahmen der bildungsökonomischen Forschung und der Forschung über Wachstum verhaftet bleibt. Die wachstumstheoretischen Annahmen aber ..., ebenso wie die Annahmen zur Bedeutung von Wissenschaft als Produktivkraft und zur zunehmenden Verwissenschaftlichung der im Bildungssystem vermittelten Qualifikationen abstrahieren von den Herrschaftsverhältnissen, von der durch sie bestimmten Form der Arbeitsorganisation und von den hierdurch geprägten Arbeitsrollen und ihren qualifikatorischen Anforderungen[8]."
Die *sozio-ökonomische Kausalanalyse* als zweiter Ansatz tritt explizit mit der Intention an, die Eindimensionalität vorliegender Konzepte zu sprengen; die Konkurrenz alternativer Planungskonzepte soll zugunsten einer Integration sich relativierender bildungsökonomischer Ziele aufgelöst werden.
Ausgangspunkt einer dazu vorliegenden empirischen Studie zur Prognose hochqualifizierter Arbeitskräfte[9], die neben dem sozio-ökonomischen Konzept weitere Relativierungen des manpower-approach vornimmt, war die Überlegung, daß der Hochschulbereich weitgehend politisch und nicht ökonomisch determiniert ist[10]. Mit dem Hinweis,

daß nur etwa ein Drittel der Hochschulabsolventen dem industriellen Bereich zugeordnet sei und ein Großteil der Absolventen im staatlichen Sektor tätig werde, wird ein politisch-normativer Ansatz für Analyse und Planung des Potentials an hochqualifizierten Arbeitskräften gefordert. Eine Reformulierung politischer Kriterien für die Qualifizierung von Arbeitskräften — und damit der Investitionskriterien für den Ausbildungssektor — sei notwendig, weil in westlichen Demokratien eine Unterversorgung mit sozialen Gütern und entsprechend mit Arbeitskräften im staatlichen Sozialbereich — Bildungswesen (!), Gesundheitswesen und Sozialarbeit — zu verzeichnen sei.
Damit basiert diese Konzeption auf einer wohlfahrtstheoretischen Fassung des Staates und — als Teilsektor staatlicher Politik — des Bildungswesens. Dem Staat kommt dieser Fassung gemäß die Funktion zu, gesellschaftlich notwendige, aber durch private, an individueller Verwertung orientierte Produktion nicht zur Verfügung gestellte Leistungen, z. B. Ausbildung und Gesundheitsdienst, zu übernehmen: Der Staat schafft die für die private Produktion bestandsnotwendigen allgemeinen Produktionsvoraussetzungen und die Qualifikation eines entsprechenden Arbeitskräftepotentials.
Die wohlfahrtstheoretische Fassung des Staates wie das Konzept der sozio-ökonomischen Kausalanalyse leiden Mangel an einer präzisen Bestimmung dessen, was „Politik" *im Gegensatz* zur „Ökonomie" heißt. Staatlicher (Bildungs)politik kommt in dieser Konzeption die Funktion zu, Defizite privater Produktion aufzufangen und negative Folgewirkungen von wirtschaftlichem Wachstum zu kompensieren[11]: Physische und psychische und allgemeine Umweltschädigungen als Erscheinungen destruktiver Konsequenzen von Produktion führen zur Zielmodifikation staatlicher Politik und erfordern eine modifizierte Arbeitskräftestruktur. Auch in dieser Konzeption bleibt die Planung des Bildungswesens von der sich qualitativ wandelnden ökonomischen Entwicklung und einer sich entsprechend wandelnden Arbeitskräftenachfrage abhängig.
Der dritte wesentliche Ansatz der neueren Bildungsforschung — wir wollen ihn hier kurz als *Integrationsansatz*[12] bezeichnen — basiert auf der Zielvorstellung, daß das Bildungswesen Arbeitskräfte so zu qualifizieren habe, daß gesellschaftliche und ökonomische Ziele realisiert werden, aber auch Zieländerungen möglich sind. Dies erfordert nicht nur eine Expansion des Hochschulbereiches, sondern vor allem eine Expansion durch die Integration neuer Berufe in den Hochschulbereich. Die „Akademisierungsfähigkeit", d. h. Integrationswürdigkeit

von Berufen ergibt sich aus ihrer Innovationseffizienz und ihrer sozialpolitischen Relevanz. Wieviele Absolventen in diesen neuen berufsqualifizierenden Studiengängen ausgebildet werden, bestimmt sich zum einen über die Gesamtkapazitäten, die durch die dem Hochschulbereich zur Verfügung gestellten Finanzmittel determiniert sind, und den Bedarf für einzelne Berufsgruppen. Es ist somit zu unterscheiden zwischen den Berufsgruppen im Hochschulbereich — Ableitung über die Integrationskriterien — und der Kapazität innerhalb dieser Berufsgruppen — manpower-approach-Kriterien. In der Konsequenz vereint dieser Ansatz die beiden oben skizzierten Ansätze: Das Integrationskriterium „Innovationseffizienz" ist dem Expansionskriterium des Absorptionsansatzes gleichzusetzen; das Integrationskriterium „gesellschaftspolitische Relevanz" entspricht in etwa der Konzeption der sozio-ökonomischen Kausalanalyse. Zwar werden curriculare Reformen „ohne Oktroi des Staates und unbeeinflußt von Interessengruppen" gefordert; eine Strategie, die über die der beiden schon genannten Konzeptionen hinausgeht, wird aber nicht positiv formuliert. Von daher trifft dieser Ansatz auch die gleiche Kritik: Die Erweiterung der Hochschulausbildung bleibt an die sozio-ökonomische Dynamik eines gegebenen und nicht in Frage gestellten gesellschaftlichen Systems gekoppelt.

3. Problemskizze: Defizite der Bildungsforschung

Die hier vorgenommene Beurteilung neuerer Ansätze der Bildungssystemforschung führt zu der Schlußfolgerung, daß diese Ansätze der Tradition des manpower-Denkens verhaftet geblieben sind und das Bildungswesen aus Arbeitsmarktperspektiven strukturieren.
Kriterien der Bildungsplanung werden aus Annahmen über die wirtschaftliche Entwicklung, die Entwicklung der Arbeitskräftenachfrage und den dafür notwendigen Bildungssystemleistungen entwickelt. Statt einer Integration unterschiedlicher bildungspolitischer Strategien sind diese neueren Ansätze eher als konsequente Ausfüllung der Defizite des ursprünglichen manpower-approach zu werten:

— Das Absorptionskonzept versucht Wechselbeziehungen zwischen dem Hochschulbereich und der technologischen Entwicklung über die spezifischen Fähigkeiten hochqualifizierter Arbeitskräfte und deren Aufnahme und Verwendung im Produktionsprozeß zu erfassen;

— Die sozio-ökonomische Kausalanalyse erweitert das quantitative Wachstumskonzept des manpower-approach um qualitative Dimensionen als ‚externe Effekte' ökonomischer Entwicklungsprozesse;
— das Integrationskonzept vereint beide Aspekte, dies allerdings mit einer wesentlichen Neuerung als Konsequenz: Der Hochschulbereich bleibt nicht auf traditionelle Fachrichtungen beschränkt, Expansion vollzieht sich vor allem über die Intergration neuer Berufe.

Wir haben eingangs darauf verwiesen, daß die Kriterien der Bewertung einer Präzisierung bedürfen und Begriffe wie berufliche Verwertung, Arbeitsmarktorientierung der Bildungsforschung einerseits und emanzipatorische Bildungsstrategie andererseits explizert werden müssen. Mehr noch: Die Kritik an der „Arbeitsmarktorientierung der Bildungsforschung" kann erst dann präzisiert werden, wenn ein Begriff von der Alternative, d. h. den Grundzügen eines emanzipatorischen Bildungsbegriffes, formuliert sind. Und noch einen Schritt weiter: Das Bildungssystem ist keine isolierte Institution, sondern wesentlicher Bestandteil gesellschaftlicher Existenz- und Entwicklungsfähigkeit; von daher sind die spezifischen Entwicklungs- und Veränderungsmöglichkeiten im Bildungssystem nur im Kontext des gesellschaftlichen Ganzen formulierbar und umsetzbar. Genau hier werden die Defizite einer kritischen Bildungsforschung offenkundig. Erst wenn es der Bildungsforschung gelingt, sich von traditionellen Erklärungsmustern gegebener gesellschaftlicher Verhältnisse zu lösen und gesellschaftliche Alternativen zu denken, werden alternative Bildungsstrategien formulierbar. Wir können an dieser Stelle diesen Mangel nur artikulieren, nicht ausfüllen.

Die liberale bildungspolitische Forderung nach Verwirklichung des „Bürgerrechts auf Bildung" kann dabei nicht weiterhelfen, obgleich ihr Ruf nach mehr Aufklärung durch Bildung Momente der Basis von Emanzipation benennt. Mit ihrer eindimensionalen Ausrichtung auf den Hochschulbereich scheint sie jedoch eher den traditionellen Bildungsbegriff des Bürgertums — Bildung als Reich der Freiheit im Gegensatz zur Notwendigkeit der Arbeit — vor Auge zu haben. Aus eben dieser Perspektive ist auf den eingangs erwähnten Aspekt der Beschränkung der Bildungsforschung auf die Probleme des Hochschulbereiches zu verweisen: Eine Expansion der Hochschule ist eben nicht *per se* emanzipatorische Bildungspolitik.

Der liberalen wie der ökonomischen Theorie der Bildungsplanung mangelt es an einer Gesellschaftstheorie insofern, als nicht expliziert wird, warum Bildung und wozu Wachstum und in welcher spezifischen Gesellschaftlichkeit Entwicklungsprozesse verlaufen.

Der marxistischen Bildungsökonomie kommt zwar das Verdienst zu, erstens eine Gesellschaftstheorie überhaupt expliziert und zweitens für das Bildungswesen konkretisiert zu haben. Allerdings sind auch hier sehr unterschiedliche Positionen zu vermerken: Erstens wird konstatiert, daß die Verwertungslogik kapitalistischer Systeme Struktur und Inhalte des Bildungswesens durchformt[13]. Andererseits wird die kapitalistische Produktivkraftentwicklung und damit die wissenschaftlich-technische Entwicklung per se als fortschrittlich, weil die Produktionsverhältnisse sprengend interpretiert[14]. Wann und wo bei dieser Interpretation die Basis der Marxschen Theorie verlassen wurde, ist angesichts gewaltiger möglicher Destruktivkräfte, die Wissenschaft und Technik entfalten können, zunächst ein akademischer Streit: Wir verweisen nur auf das sehr plastische und deswegen vielzitierte Beispiel der Umweltzerstörung.

Wir haben den Mangel einer emanzipatorischen Bildungsstrategie über die Darstellung sehr verschiedener Ansätze der Bildungsforschung verdeutlicht. Angesichts sich verstärkender politischer Restriktionen, die gerade im Bildungswesen als neben der Familie wesentlichem Bereich gesellschaftlicher Erziehung fatale Konsequenzen haben können, wären intensive Anstrengungen zur Behebung dieses Defizites zu unternehmen. Doch auch gerade wegen dieser Restriktionen wäre es Illusion zu meinen, diese Arbeit sei jedenfalls und schnell zu leisten.

Anmerkungen:

1) Vgl. hierzu stellvertretend *Hirsch, J.*, Wissenschaftlich-technischer Fortschritt und politisches System, Frankfurt/M. 1970, S. 65 ff.
2) Vgl. hierzu stellvertretend: *Dahrendorf, R.*, Bildung ist Bürgerrecht, Plädoyer für eine aktive Bildungspolitik, Hamburg 1965; Rolff, H. G., Sozialisation und Auslese durch die Schule, Berlin/Münster 1967; Gottschalch, W., Bedingungen und Chancen politischer Sozialisation, Frankfurt/M. 1972.
3) Vgl. hierzu stellvertretend: Deutscher Bildungsrat, Emfehlungen der Bildungskommission, Zur Neuordnung der Sekundarstufe II, Stuttgart 1974; Maass, H., Zur Politischen Ökonomie der Lehrlingsausbildung, Frankfurt/M. 1971.
4) Vgl. hierzu als Grundlagenliteratur: *Scherer, F.*, Ökonomische Beiträge zur wissenschaftlichen Begründung der Bildungspolitik, in: Studien und

Berichte, Max-Planck-Insitut für Bildungsforschung, Berlin 1969; Armbruster, W., Arbeitskräftebedarfsprognosen als Grundlage der Bildungsplanung in: Studien und Berichte, Max-Planck-Institut für Bildungsforschung, Berlin 1971.

5) Der gesamte Bereich der Flexibilitätsforschung bleibt hier ausgespart, da es sich dabei explizit um Korrekturen des manpower- und social-demand approach aus *arbeitsmarkttheoretischer* Perspektive und kaum um eine Lösungsstrategie für den Konflikt zwischen emanzipatorischer und ökonomischer Bildungsplanung handelt. Vgl. als Überblick über die berufliche Flexibilitätsforschung *Mertens, D.*, Der Stand der Forschung über die berufliche Flexibilität, Eine Zwischenbilanz; in Mitteilungen aus der Arbeitsmarkt- und Berufsforschung, 6. Jahrg. 1973, S. 314—325. Die Konsequenzen von Flexibilität als beruflicher Anforderung für Ausbildungsinhalte werden diskutiert in *Mertens, D.*, Schlüsselqualifikatio- und Weiterbildungssystem, in: Mitteilungen aus der Arbeitsmarkt- und Berufsforschung, 7. Jahrg. 1974, S. 36—43; vgl. weiter den Aufsatz von *Hajo Riese* im vorliegenden Band.

6) *Armbruster, W., Bodenhöfer, H. J., Hartung, D., Nuthmann, R., Winterhager, D.*, Expansion und Innovation, Bedingungen und Konsequenzen der Aufnahme und Verwendung expandierender Bildungsangebote, in: Studien und Berichte, a. a. O., Berlin 1971.

7) Vgl. dazu: *Lutz, B.* und *Krings, I.*, Überlegungen zur sozio-ökonomischen Rolle akademischer Qualifikationen in: HIS-Brief 18, Hannover 1971.

8) *Hartung, D., Nuthmann, R.*, Status- und Rekrutierungsprobleme als Folgen der Expansion des Bildungswesens, in: Studien und Berichte, a. a. O., Berlin 1975, S. 7.

9) *Krafft, H., Sanders, H., Straumann, P. R.*, Hochqualifizierte Arbeitskräfte in der Bundesrepublik bis 1980, Sozio-ökonomische Analyse und Prognose, in: Schriftenreihe Hochschule 6, Bonn 1971.

10) Vgl. *Widmaier, H. D.*, Studienwahl versus Bedarf im Hochschulbereich, in: Arndt, H., Swatek, D., Grundfragen der Infrastrukturplanung für wachsende Wirtschaften, Schriften des Vereins für Socialpolitik, Berlin 1971.

11) Vgl. *Straumann, P. R.*, Neue Konzepte der Bildungsplanung, Hamburg 1974.

12) *Heindlmeyer, P., Heine, U., Möbes, H. J., Riese, H.*, Berufsausbildung und Hochschulbereich, in: HIS-Hochschulplanung 13, München 1973.

13) Vgl. dazu *Altvater, E., Huisken, F.*, Materialien zur Politischen Ökonomie des Ausbildungssektors, Erlangen 1971; *Deutschmann, M.*, Qualifikation und Arbeit, Zur Kritik funktionalistischer Ansätze zur Bildungsplanung, Berlin 1974.

14) Vgl. exemplarisch *Richta, R.* u. a., Politische Ökonomie des 20. Jahrhunderts, Frankfurt/M. 1971.

Kritik der Flexibilitätskonzeption

Hajo Riese

1. Einführung

Es gehört zu den periodisch wiederkehrenden Standardthemen der politischen Meinungsbildung, auf die Gefahr von Ungleichgewichten zwischen Arbeitskräftebedarf und Arbeitsnachfrage der Absolventen des Hochschulsystems hinzuweisen. Bereits in den 30er Jahren wurde der Begriff vom „akademischen Proletariat" geprägt, ein Begriff, der bis heute zum Arsenal der politischen Diskussion gehört; Ende der 60er Jahre tauchte er, vorerst in indirekter Form, bezogen auf eine Situation allgemeiner Vollbeschäftigung, wieder auf, und zwar als Diskrepanz zwischen den Status- und Gehaltserwartungen, die das Hochschulsystem vermittelt und den Arbeitsmarktchancen, einen entsprechenden Beruf auszuüben; heute, Mitte der 70er Jahre, gewinnt angesichts erheblicher Arbeitslosigkeit im allgemeinen und der beschränkten Absorption von Hochschulabsolventen durch die öffentliche Hand im besonderen die These von der Gefahr eines akademischen Proletariats wieder an Gewicht. Das gilt insbesondere für den Lehrerberuf, bei dem sich bei einer unverändert hohen Nachfrage nach Studienplätzen eine ständig sinkende Übernahme von Absolventen durch den Staat anbahnt.

Die Diskrepanz zwischen Berufserwartungen und Berufschancen hat zugleich das Flexibilitätspostulat geboren. Flexibilität zwischen Ausbildungsrichtungen und Berufsbildern wird zur bildungspolitischen Norm, weil der Mangel an Flexibilität als Ursache von Ungleichgewichten erscheint und eine Erhöhung der Flexibilität diese Ungleichgewichte tendenziell aufheben kann.

Eine Inflexibilität kann dabei zwei Ursachen haben. Zum einen kann sie deshalb auftreten, weil die Ausbildung zu einem ganz bestimmten Beruf mit determinierten Qualifikationsmustern führt. Inflexibilität hat in diesem Fall qualifikationstheoretische Ursachen. Zum anderen kann Inflexibilität auftreten, weil die Ausbildung Erwartungen auf eine bestimmte soziale Position erweckt; in diesem Fall hat Inflexibilität statusdistributive Ursachen. Im letzten Fall ist vor allem die

vertikale Inflexibilität, also die zwischen einzelnen Ausbildungsstufen, hoch; im ersten Fall vor allem die horizontale, also die zwischen einzelnen Fachrichtungen.
Flexibilität bedeutet dagegen im Rahmen der Tertiären Bildung qualifikationstheoretisch, daß ein Absolvent einer bestimmten Fachrichtung eine Vielzahl von Berufen ergreifen kann oder daß ein bestimmter Beruf von Absolventen verschiedener Fachrichtungen ergriffen werden kann.
Statustheoretisch dagegen bedeutet Flexibilität, daß die Ausgebildeten aus der Art des Ausbildungsabschlusses keine irgendwie gearteten Gehalts- oder Positionserwartungen ableiten; aus der Perspektive des Arbeitsmarktes bedeutet Flexibilität, daß der Abschluß kein Kriterium für die individuelle Qualifikation bildet.
Allgemein gesprochen bedeutet Flexibilität eine Entkoppelung von Ausbildungssystem und Beschäftigungssystem. Das impliziert nicht, daß die Allgemeinbildung Priorität vor der Berufsausbildung hat oder gar auf die Vermittlung von Berufsqualifikationen kein Wert gelegt wird. Das Gegenteil kann der Fall sein. Flexibilität der Ausbildung bedeutet lediglich, daß die Berufsausbildung nicht allein zur Ausübung streng determinierter und abgegrenzter Tätigkeitsfunktionen führt.

2. Entwicklungsschritte der Bildungsökonomie

Wenn der Mangel an Flexibilität die Ursache von Ungleichgewichten zwischen Arbeitskräftebedarf und Arbeitsnachfrage ist, so muß konsequenterweise Flexibilität dieses Ungleichgewicht beseitigen können. Die Berechtigung dieser These soll in diesem und in den folgenden Abschnitten überprüft werden. Bevor dies geschieht, ist es notwendig, sie in den Kontext der Entwicklung der Bildungsökonomie zu stellen, um zu thematisieren, daß sie nicht nur nach funktionellen Gesichtspunkten zu beurteilen ist, sondern in einen bestimmten theoriegeschichtlichen Zusammenhang eingebettet ist.
Es ist kein Zufall, daß die Flexibilitätsthese etwa Mitte der 60er Jahre entwickelt wurde. Die erste, etwa Anfang der 60er Jahre einsetzende Phase bildungsökonomischer Diskussion wurde durch die Dichotomie von Bedarfsansatz (manpower approach) und — in der Terminologie von *Dahrendorf* — Bürgerrechtsansatz (social demand approach) geprägt. Aus bildungsstrategischer Sicht besagt der Bedarfsansatz, daß sich der Ausbau des Hochschulsystems am Bedarf an Akademikern,

der sich aus der sozialökonomischen Entwicklung (die durchaus auch gesellschaftspolitische Zielvorstellungen enthalten kann) ergibt, orientieren muß. Der Sputnikschock hat beispielsweise zu einer solchen bildungsstrategischen Position geführt.
Der Bürgerrechtsansatz bedeutet dagegen bildungsstrategisch, daß die Realisierung des Bürgerrechts auf Bildung zur obersten Maxime der Bildungspolitik wird. Der soziale Gehalt dieser Strategie liegt darin, Begabungsreserven auszuschöpfen, um die Chancengleichheit der Ausbildung zu verwirklichen. Die sozialen Voraussetzungen dafür sind zu schaffen, daß die individuelle Motivation, sich ausbilden zu lassen, zur Bestimmungsgröße der Ausbildungskapazitäten werden kann.
Beide Ansätze wurden in der ersten Phase der bildungsökonomischen Diskussion als unversöhnliche Gegensätze, bestenfalls als natürliches Spannungsverhältnis zwischen emanzipativen Zielsetzungen und ökonomischen Notwendigkeiten interpretiert. *Dahrendorf* beispielsweise warf dem Bedarfsansatz Ökonomismus, die Vertreter des Bedarfsansatzes denen des Bürgerrechtsansatzes Illusionismus vor.
Aber es zeigt sich bald, daß die Reduktion diese Strategien auf gesellschaftspolitische Grundvorstellungen darauf beruhte, daß die kategorialen Grundlagen der beiden Ansätze nicht angemessen analysiert wurden. Die behauptete Dichotomie hielt einer näheren Überprüfung nicht stand, war zumindest nicht in der Weise ableitbar, wie es von den kontroversen Positionen aus versucht wurde.
Ausgangspunkt wurde eine Kritik der kategorialen Grundlagen des Bedarfsansatzes. Die Methodik, die dazu führt, einen Bedarf an Absolventen bestimmter Fachrichtungen abzuleiten, basiert darauf, eindeutige (limitationale) Beziehungen zwischen ökonomischer Entwicklung, Qualifikationsforderungen und Ausbildungsanforderungen zu unterstellen. Das produktionstheoretische Konzept der Limitationalität, übertragen auf den Bildungsbereich, impliziert eine bestimmte Vorstellung über die Struktur des Tertiären Bildungsbereichs: einmal, daß Qualifikationen, die für eine bestimmte Produktion erforderlich sind, durch einen ganz bestimmten Beruf ausdrückbar sind; zum zweiten, daß aus einem bestimmten Beruf wiederum eine ganz bestimmte Ausbildung (-sstruktur), die sich durch bestimmte Fachrichtungen ausdrücken läßt, ableitbar ist.
Das aber bedeutet zugleich, daß der Bedarfsansatz der Bildungspolitik eine Minimalstrategie liefert, weil er die durch die sozialökonomische Entwicklung bedingte Absorptionsnotwendigkeit des Arbeitsmarktes, nicht aber dessen Absorptionsfähigkeit den Berechnungen zugrundelegt. Der Bedarfsansatz kann mit seiner Methodik überhaupt nichts

darüber aussagen, ob seine Ableitungen zugleich das Maximum der Absorptionsmöglichkeiten des Arbeitsmarktes angeben.
Dabei steht der Produktionstheorie durchaus ein Instrumentarium zur Verfügung, um die Absorptionsfähigkeit von Arbeitsmärkten zu bestimmen. Vollbeschäftigung im allgemeinen vorausgesetzt, ist die Aufnahmefähigkeit des Arbeitsmarktes von bestimmten Qualifikationen an die Substituierbarkeit des Angebots an Arbeit gebunden, wobei der Grad der Substituierbarkeit angibt, zu welchem (relativen) Preis der Faktor Arbeit eingesetzt werde kann. Je geringer dabei der Grad der Substituierbarkeit ist, desto höher wird die Reduktion der Entlohnung sein, die es einem zusätzlichen Angebot erlaubt, vom Arbeitsmarkt absorbiert zu werden. Je höher umgekehrt der Grad der Substituierbarkeit ist, je höher also, auf das Bildungswesen übertragen, die Flexibilität zwischen Qualifikationsanforderungen und Ausbildung ist, desto höher ist die Absorptionsfähigkeit des Arbeitsmarktes zu einem angemessenen Gehalt.
Damit wird Flexibilität zur strategischen Variable, die den Ausgleich von Bildungsmotivation und Arbeitsmarkterfordernissen ermöglichen soll. Das Spannungsverhältnis von Bildungsmotivation und Bedarf wird zum Resultat bestimmter produktionstheoretischer Annahmen, hat nichts mit unterschiedlichen gesellschaftspolitischen Zielsetzungen zu tun.
Das produktionstheoretische Konzept, das der Bildungsplanung zugrundegelegt wird, braucht dabei nicht willkürlich gewählt worden zu sein, sondern kann eine bestimmte Struktur des Bildungswesens ausdrücken. So hat der englische Bildungsökonom *Blaug*[1] darauf hingewiesen, daß die Dominanz des Bedarfsansatzes im Kontinentaleuropa der 60er Jahre darauf zurückgeführt werden kann, daß die Beziehungen zwischen Ausbildungsgang und Berufswahl dort eng sind, während im angelsächsischen Raum, in dem der social demand approach dominiert, diese engen Beziehungen nicht vorhanden sind, wodurch das Problem einer ausbildungsangemessenen Absorption durch den Arbeitsmarkt an Bedeutung verliert.
Zweifellos hat *Blaug* Tendenzen richtig beschrieben, auch wenn nicht übersehen werden darf, daß es sich um nicht mehr als Tendenzen handelt. Aber gerade auf das Hochschulsystem des deutschen Sprachraums trifft die enge Beziehung zwischen Ausbildung und Berufsausübung und, statustheoretisch ausgedrückt, zwischen Ausbildung und Berufserwartung zu: Sie dokumentiert sich darin, daß der Eintritt in bestimmte Berufe — formal oder materiell — an eine akademische Ausbildung gebunden wird und sie dokumentiert sich in der Existenz

bestimmter „akademischer Berufe", die ein Hochschulabsolvent auszuüben hat, wenn seine Ausbildung erfolgreich gewesen sein soll. Diese Erörterungen demonstrieren trotz ihrer Kürze, daß die Flexibiltätsthese eine Reaktion auf die bildungsstrategisch unbefriedigende Dichotomisierung der ersten Phase bildungsökonomischer Reflexion war. Was für Folgerungen lassen sich nun aus der Flexibilitätsanalyse für eine Strategie des Tertiären Bildungsbereichs ziehen? In den Kategorien der positiven Ökonomie gesprochen, bedeutet Flexibilität nichts anderes als die Vermeidung von Ungleichgewichten zwischen Arbeitskräftebedarf und Arbeitsnachfrage; für eine Strategie der Bildungspolitik wird damit Flexibilität zur Norm, die den Ausgleich von Angebot und Nachfrage auf dem Arbeitsmarkt garantiert.

Die flexibilitätsorientierte Bildungsforschung hat jedoch kaum oder nur in der allgemeinen Form wie bei *Blaug* herausgearbeitet, wo und in welchem Ausmaß tatsächlich Flexibilität herrscht. Vor allem ist nicht ausreichend thematisiert worden, daß der Flexibilität zwischen Qualifikationsanforderungen und Ausbildung dann die Grenze gesetzt wird, wenn die Flexibilität mit den Qualifikationsanforderungen des Beschäftigungssystems in Konflikt gerät. Flexibilität wurde auf die Norm, die den Ausgleich von Arbeitskräftebedarf und Arbeitsnachfrage ermöglicht, reduziert. Damit jedoch erweist sich die Flexibilitätshypothese lediglich als Spiegel des Bedarfsansatzes, der die rigide Annahme einer Substitutionselastizität von Null in die genauso rigide Annahme einer unendlich hohen Substitutionselastizität reflektiert. Vor allem zeigt die Flexibilitätshypothese nicht die Konsequenz, die sich für eine Bildungspolitik ergibt, wenn die Flexibilität aus qualifikationstheoretischen Erwägungen beschränkt ist.

Die etwa zu Beginn der 70er Jahre einsetzende dritte Phase der Bildungsökonomie ist wiederum eine Reaktion auf die Schwächen der Flexibilitätshypothese gewesen: Insbesondere die Manpower-Gruppe des Max-Planck-Instituts für Bildungsforschung in Berlin hat wesentlich zu dieser Entwicklung beigetragen, indem sie die Aufnahme und Verwendung von Hochschulabsolventen durch den Arbeitsmarkt in den Mittelpunkt ihrer Analyse rückte. Vereinfacht ausgedrückt, ist für sie eine Aufnahme dann geglückt, wenn die vom Arbeitsmarkt zugewiesenen Berufspositionen den Erwartungen der Absolventen entsprechen; die Verwendung ist dann geglückt, wenn die Qualifikation der Absolventen ausreicht, vorgebene sozialökonomische Ziele zu erreichen und zu verändern.

Der methodische Fortschritt dieses Ansatzes gegenüber den beiden vorhergehenden Phasen bildungsökonomischer Reflexion liegt darin, daß der Bedarf an Qualifikationen nicht mehr als eine vom Angebot unabhängige, autonom aus der sozialökonomischen Entwicklung ableitbare Kategorie erscheint, sondern daß als Bedarf dasjenige Angebot fungiert, das sich auf dem Arbeitsmarkt adäquat durchsetzt. Man bezeichnet diesen Ansatz deshalb zu Recht als Absorptions- oder Penetrationsansatz.

Aber es erwies sich sehr bald, daß von den beiden Kriterien der Adäquanz das der Verwendung nur schwer operationalisierbar ist. Die arbeitsmarktorientierte Bildungsforschung legt deshalb das Schwergewicht der Analyse auf die zwischen Bildungssystem und Beschäftigungssystem auftretenden Aufnahmeprobleme. Bezeichnend dafür ist *Teichler*[2], der zur Manpower-Gruppe des Instituts für Bildungsforschung gehört und die Funktionsstörungen zwischen Bildungs- und Beschäftigungssystem unter Aufnahmeaspekten untersucht. Einen ähnlichen Ansatz verfolgt auch *von Weizsäcker*[3], für den das Hochschulsystem durch die Qualität seiner Abschlüsse den Rang von Berufspositionen determiniert. Mit der Hypothese von einer derartigen Filterfunktion des Hochschulsystems wird völlig von produktionstheoretischen Kriterien abstrahiert.

Der methodische Fortschritt der dritten Phase bildungsökonomischer Überlegungen gegenüber den beiden vorangegangenen besteht somit darin, daß sie die Bildungsplanung nicht mehr allein unter dem Aspekt der Realisierung gesellschaftspolitischer Ziele, gleichgültig, ob bedarfs- oder bürgerrechtsorientiert, sieht, sondern die Funktionsbedingungen des Bildungssystems als Problem der Absorption der Ausgebildeten durch den Arbeitsmarkt analysiert. Der gravierende Mangel gegenüber ihren Vorläufern besteht jedoch darin, bildungsstrategische Fragen in den Hintergrund zu drängen.

Das bleibt dann ein gravierender Mangel, wenn die keineswegs unumstrittene Position vertreten wird, daß das Hochschulsystem der Bundesrepublik Deutschland in den letzten 10 Jahren jene quantitative Dimension erreicht hat, die es auf eine Stufe mit vergleichbaren industrialisierten Ländern stellt. Denn eine ausreichende quantitative Dimension bedeutet noch keineswegs, daß sie sich innerhalb einer angemessenen Struktur vollzogen hat. Diese Frage aber hat die Bildungsforschung gerade der letzten Jahre zugunsten einer Klärung der Rolle des Hochschulsystems im „Kapitalismus" oder in „Marktwirtschaften" zurückgedrängt, wobei dann spezifische institutionelle Bedingungen der Tertiären Bildung, die gerade für das Bildungswesen des deutschen Sprachraums von erheblicher bildungspolitischer Relevanz sind, undiskutiert vorgegeben werden. Von der gegenwärtigen

Kritik der Flexibilitätskonzeption 139

Bildungsforschung wird dabei nicht einmal der Reflexionsstand über die Beziehungen zwischen Bildungsplanung und Bildungsinstitutionen eines *Blaug* aus dem Jahre 1967 übernommen.
Dieses bildungsstrategische Defizit der jüngeren bildungsökonomischen Forschung legt es nahe, wiederum an die Flexibilitätsthese der zweiten Phase der Bildungsökonomie anzuknüpfen, um zu untersuchen, inwieweit sie sich für eine Ableitung einer angemessenen Struktur des Bildungswesens eignet. Dabei kann es allerdings nicht mehr darum gehen, Flexibilität zu derjenigen allgemeinen Norm zu erheben, die einen Ausgleich von Arbeitskräftebedarf und Arbeitsnachfrage erreicht. Die allgemeine Devise kann vielmehr nur lauten, daß zwischen Ausbildung und Qualifikation so viel Flexibilität wie möglich, aber so viel Rigidität wie nötig erreicht werden muß.
Damit zeigt sich, daß die Annahme möglicher, aber nicht unbeschränkter Flexibilität den Konflikt von Bedarf und Bürgerrecht der ersten Phase der Bildungsökonomie auf die neue Ebene des Konflikts zwischen Flexibilität und Qualifikationsanforderungen hebt. Je höher dabei der Grad der Flexibilität ist, desto eher wird zwar ein Ausgleich von Arbeitskräftebedarf und Arbeitsnachfrage erreicht, desto größer aber ist auch die Gefahr, daß die Ausbildung nicht den Qualifikationsanforderungen des Beschäftigungssystems genügt. Und je stärker umgekehrt die Ausbildung den Qualifikationsanforderungen genügt, desto größer ist die Gefahr, daß ein Ausgleich zwischen Arbeitskräftebedarf und Arbeitsnachfrage unmöglich wird.
Es ist kein Zufall, daß diese Dilemmathese den alten Konflikt zwischen Bedarf und Bürgerrecht auf der qualifikationstheoretischen Ebene neu thematisiert: bildungspolitische Restrtiktionen ergeben sich durch den Bedarf an Qualifikationsanforderungen, die Realisierung des Bürgerrechts bleibt an Flexibilität gebunden. Daß der alte Wein wieder in den neuen Schläuchen auftaucht, deutet an, daß entgegen den Mutmaßungen der zweiten Phase der Bildungsökonomie nicht die produktionstheoretischen Voraussetzungen des rigiden Bedarfsansatzes die entscheidende Bedingung für den Konflikt zwischen Bedarf (alias Qualifikationsanforderungen) und Bürgerrecht (alias Flexibilität) angeben.
In der Tat zeigt eine nähere Analyse der Flexibilitätsstrategie, daß sie auf der Vorstellung beruht, daß eine Erhöhung der Flexibilität durch eine Revision der Curricula, die zu einer stärkeren theoretischen Durchdringung fachorientierter Ausbildung (z. B. in den Ingenieurwissenschaften, allgemein jedoch für das gesamte Fachhochschulsystem), zu einer Beschäftigung mit Nachbardisziplinen und zu einer

stärkeren (fach-)didaktischen Orientierung führen, zu erreichen ist. Diese Vorstellung aber ließ die gegenwärtige Struktur des Tertiären Bildungswesens in der spezifischen Ausformung, wie sie der deutsche Sprachraum aufweist, außerhalb der Flexibilitätsdiskussion. Weder wurde seine vertikale Struktur mit dem undifferenzierten Ausbildungsziel des Vollakademikers noch seine horizontale Struktur mit dem festgefügten Angebot an Studiengängen, die auf bestimmte Berufsbilder hinzielen, problematisiert.

Wenn das übersehen wird, wird zugleich unterstellt, daß lediglich eine Revision der Curricula, nicht aber der Struktur des Bildungswesens notwendig ist, damit die Expansion vom Arbeitsmarkt absorbiert werden kann. Daß eine solche Unterstellung jedoch höchst fragwürdig ist, wird sofort deutlich, wenn sie auf die Situation des Hochschulsystems des deutschen Sprachraums bezogen wird. Das soll im folgenden geschehen.

3. Flexibilitätsthese und Reform des Tertiären Bildungsbereichs

Die klassische deutsche Universität, verbunden mit dem Namen Humboldt, bildete etwa 2—3 % der Altersjahrgänge aus. Diese Quote ist in den letzten beiden Jahrzehnten auf etwa 15—20 % angestiegen. Auch wenn die sozialökonomische Entwicklung den Qualifikationsbedarf in erheblichem Umfang in die Richtung akademischer Qualifikationen verschoben hat, so weisen alle qualifikationstheoretischen Überlegungen wie auch internationale Vergleiche daraufhin, daß dieser Strukturwandel nicht einen Umfang angenommen hat, der diese Höhe der Expansion rechtfertigt. Hinzu kommt, daß diese Expansion keineswegs von Bedarfsüberlegungen, sondern von der allgemeinen Erhöhung der Bildungsmotivation gesteuert wurde.

Das jedoch bedeutet, daß der Konflikt zwischen Arbeitskräftebedarf und Arbeitsnachfrage seine Ursache in der Beharrung auf der tradierten Struktur des Tertiären Bildungsbereichs hat, die bestenfalls eine qualifikationstheoretisch begründbare, nicht aber eine bildungsmotivational begründete Expansion erlaubt hätte.

Mit der Expansion im Rahmen der tradierten Struktur des Tertiären Bildungsbereichs wurde in der Bundesrepublik Deutschland jedoch nicht nur der finanziell aufwendigste, sondern auch der gesellschaftspolitisch fragwürdigste Weg beschritten. Denn im Rahmen der Humboldtuniversität verlangt eine Expansion der Ausbildungskapazitäten eine entsprechende Ausdehnung der Forschungskapazitäten — die

Einheit von Forschung und Lehre konkretisiert sich vor allem in einer niedrigen Lehrstundenbelastung —, ohne daß jemals problematisiert worden wäre, ob eine solche Ausdehnung der Forschungskapazitäten sozialökonomisch oder auch nur forschungspolitisch sinnvoll ist. In jedem Fall aber ist diese Lösung gesellschaftspolitisch fragwürdig, weil sie die Bildungsmotivation in ein Angebot tradierter Studiengänge zwängt, dessen Absorption durch den Arbeitsmarkt zweifelhaft ist, bestenfalls nur dann gelingt, wenn, wie für manche sozialwissenschaftlich orientierte Berufe, die Qualifikationsanforderungen flexibel sind.

Das Beharren auf den tradierten vertikalen und horizontalen Strukturen des Hochschulsystems dürfte auch den eigentlichen Grund für die Notwendigkeit des numerus clausus abgeben. Zwar ist der numerus clausus auch deshalb eingeführt worden, weil in den nächsten 10 Jahren stark besetzte Altersjahrgänge in den Hochschulbereich strömen und weil die ökonomische Krise finanzielle Engpässe verursacht — obwohl diese Engpässe zumindest teilweise auch ein Ergebnis der mangelnden Ausbildungsrationalität einer auf alte Strukturen aufgepfropften Expansion sind; aber der numerus clausus läßt sich, und das ist ein entscheidender Grund für seine politische Durchsetzbarkeit, auch arbeitsmarktpolitisch legitimieren, weil ohne ihn der Arbeitsmarkt (noch größere) Schwierigkeiten hätte, die Hochschulabsolventen zu absorbieren. Diese Absorptionsschwierigkeiten aber resultieren daraus, daß sich eine expandierende Bildungsmotivation auf ein eng umgrenztes Feld „wissenschaftlicher" Studiengänge konzentriert und damit früher oder später die aufnehmenden Bereiche des Arbeitsmarktes verstopfen muß. Das gilt selbst für den medizinischen Bereich.

Es kann nicht verwundern, daß eine solche Situation auf die Bildungspolitik zurückwirken muß, ja, einer expansiven Bildungspolitik jenseits finanzieller Engpässe die Legitimationsgrundlage nimmt. Wenn der Arbeitsmarkt nicht in der Lage ist, die Ausgebildeten zu absorbieren oder nur unerwünschte Berufe unter erheblichen Reduktionen der Status- und Gehaltserwartungen anzubieten vermag, dann kann es nicht erstaunen, daß Stimmen politisch an Gewicht gewinnen, die auf eine Reduzierung der Ausbildungskapazitäten drängen.

Deshalb bleibt auch die Flexibilitätsstrategie, die die zweite Phase der Bildungsökonomie dominierte, defensiv, weil sie allein auf den Ausgleich von Ungleichgewichten abhebt, aber keine expansive Bildungspolitik zu begründen erlaubt. Flexibilität ist zwar ein Argument für Absorption, aber keines für Expansion.

Nicht ohne Grund befinden sich Bildungsforschung und Bildungspolitik, soweit sie sich als offensiv verstehen, in einer Legitimationskrise. Da sie lediglich begründen können, daß Expansion möglich ist (wenn Flexibilität herrscht), nicht aber, daß arbeitsmarktpolitische Notwendigkeiten für eine Expansion bestehen, gerät die Bildungspolitik gegenüber anderen Ansprüchen an knappen Budgets ins Hintertreffen.

Hinzu kommt, daß fraglich ist, inwieweit sich das Flexibilitätspostulat überhaupt realisieren läßt. Das Mittel dazu sollten, wie bereits angedeutet, Reformen der Curricula sein. Sie können sicherlich dann die Verwendungsmöglichkeiten der Hochschulabsolventen erhöhen, wenn eine bloße Fachausbildung durch eine stärker wissenschaftlich orientierte Ausbildung ersetzt wird. Aber es ist fraglich, ob solche Effekte auch durch eine Reform der wissenschaftlichen Ausbildung selbst zu erzielen sind. *Lutz*[4] beispielsweise hat gezeigt, daß die akademische Qualifikation als solche flexibel ist und daß das Vordringen sogenannter sekundärer Produktionsprozesse, die im Planen, Steuern, Kontrollieren u. v. m. bestehen, die akademische Qualifikation als solche, keineswegs aber eine flexibler werdende notwendig macht. Das aber würde zugleich bedeuten, daß Reformen der Curricula aus produktionstheoretischen Gründen, wie der Notwendigkeit von Kooperationsbeziehungen, notwendig werden, die aber nicht die Spezialisierung in dem Sinne aufheben, daß Absolventen verschiedener Fachrichtung gegeneinander substituierbar werden. Vor allem aber scheidet unter diesen Umständen eine Orientierung der Reform der Curricula an einem Ausgleich von Arbeitskräftebedarf und Arbeitsnachfrage aus.

Eine offensive Bildungsstrategie muß somit von der Einsicht ausgehen, daß Flexibiltät zwischen Ausbildung und Berufsausübung kein angemessenes Instrument ist, um Ungleichgewichte zwischen Arbeitskräftebedarf und Arbeitsnachfrage auszugleichen. Das ist die Negativformel.

Aber es gibt auch eine Positivformel: Inflexibilitäten zwischen Ausbildung und Berufsausübung zwingen keineswegs dazu, wie es sowohl die erste Phase der Bildungsökonomie explizierte und die dritte zumindest implizit unterstellte, daß sich die Ausbildungskapazitäten des Hochschulsystems am sozialökonomischen Bedarf orientieren müssen.

Bildungsforschung und Bildungspolitik haben nicht thematisiert, daß eine derartige Schlußfolgerung nur dann zulässig ist, wenn die Struktur des Tertiären Bildungsbereichs vorgegeben wird und eine Expan-

sion im Rahmen dieser Struktur erfolgt. Das ist, worauf bereits hingewiesen wurde, in der Bundesrepublik Deutschland geschehen und hat erst jene Bedarfsgesichtspunkte in den Vordergrund geschoben, die dann fälschlicherweise als Produkt ökonomischer Notwendigkeiten erscheinen.
Aber eine Bildungspolitik wird nicht, wie es uns die gängige politische und wissenschaftliche Diskussion weismachen will, dadurch defensiv, daß sie Bedarfsgesichtspunkte berücksichtigt, sondern dadurch, daß sie auf der Grundlage einer unveränderlichen Struktur des Bildungswesens agiert.

4. Grundzüge einer offensiven Bildungspolitik

Wie aber läßt sich das überkommene Hochschulsystem des deutschen Sprachraums so reformieren, daß eine offensive, auf Expansion setzende Bildungspolitik von Arbeitsmarktnotwendigkeiten her legitimiert werden kann? Einige Überlegungen sollen im folgenden kurz skizziert werden. Ihr Ausgangspunkt muß dabei der Umstand sein, daß der Tertiäre Bildungsbereich statt wie früher nicht mehr 2—3 %, sondern mehr als 15 % der Altersjahrgänge ausbildet. Dieser Umstand verlangt, wie bereits angedeutet, eine stärkere Differenzierung des Hochschulsystems als bisher. Dabei dürfte einer Verstärkung der horizontalen Differenzierung die größere prinzipielle Bedeutung als einer Verstärkung der vertikalen Differenzierung zukommen.
Die heutige Praxis, die steigende Zahl von Absolventen in traditionelle „akademische" Berufe zu schleusen, erübrigt sich dann, wenn Berufe, deren Bedarf langfristig etwa 15—20 % der Beschäftigten ausmacht, eine Hochschulausbildung erhalten. Dem heutigen bildungspolitischen Schlendrian, traditionell ausgebildete Akademiker in eine immer größer werdende Zahl von Berufen zu zwingen und es dem Arbeitsmarkt zu überlassen, wie er das bewerkstelligt, muß ein Konzept der Akademisierung von traditionellen Berufen, deren Ausübung bisher keine Hochschulausbildung erforderte, entgegengesetzt werden.
Die Ausbildungskapazitäten können sich dabei durchaus am (prognostizierten) Bedarf für diese Berufe orientieren. Bildungs- und Beschäftigungssystem lassen sich dann aufeinander abstimmen. Eine gewisse Flexibilität in der beruflichen Verwendung ist sicherlich auch hier sinnvoll und notwendig; aber Flexibilität hat dann nur noch die reduzierte Bedeutung, den Spitzenausgleich zwischen fluktuierender

Berufsmotivation (Arbeitsnachfrage) und fluktuierendem Berufsangebot (Arbeitskräftebedarf) zu ermöglichen; nicht mehr ist jedoch, wie es die gegenwärtige Flexibilitätsstrategie verlangt, Ausbildung und Beruf gekoppelt, um die Befriedigung der Arbeitsnachfrage der Hochschulabsolventen zu garantieren.
Während das Konzept einer Akademisierung von Berufen den Qualifikationspegel zumindest der akademisierten Berufe erheblich erhöhen kann, droht der gegenwärtige Schlendrian, entweder eine Ausbildung zu begünstigen, deren Flexibilität mit den Qualifikationsanforderungen in Konflikt gerät oder ein akademisches Proletariat zu schaffen. Es ist aus gesellschaftspolitischen wie arbeitsmarktpolitischen wie finanzpolitischen Gründen vorzuziehen, die Ausbildung zur Krankenschwester zu akademisieren als Hochschulabsolventen, die für den Lehrerberuf ausgebildet worden sind, Krankenschwester werden zu lassen.
Auch wenn das Primat einer offensiven Bildungspolitik in einer stärkeren horizontalen Differenzierung des Hochschulsystems liegt, so dürfte mit ihr zugleich eine vertikale Differenzierung in berufsqualifizierende Abschlüsse notwendig werden. Eine derartige Differenzierung ist in den angelsächsischen Ländern bereits seit langem fest institutionalisiert. Die Notwendigkeit einer entsprechenden oder ähnlichen Differenzierung kann jedoch kaum qualifikationstheoretisch begründet werden, da eine Verlängerung der Ausbildung die Qualifikation, gleichgültig, um welchen Beruf es sich handelt, tendenziell erhöht. Kurzstudiengänge sind von daher kaum begründbar.
Um so mehr sprechen arbeitsmarktpolitische Gründe für eine vertikale Differenzierung. Mit steigendem Anteil der Hochschulabsolventen an den entsprechenden Altersjahrgängen entsteht die Gefahr einer Dichotomisierung von Akademikern und Nichtakademikern, die vor allem aus einer Verdrängung der Nichtakademiker aus nichttrivialen, nichtlaufbahngebundenen Jobs bestehen dürfte. *Von Weizsäcker* sieht deshalb auch die Gefahr eines nichtakademischen und nicht so sehr die eines akademischen Proletariats.
Selbst wenn ein solcher Pessimismus eher für das Konzept einer Penetration traditioneller Akademikerausbildung in (laufbahnunabhängige) Berufe als für das hier vertretene Konzept der Akademisierung von Berufen Berechtigung hat, so bleibt dennoch die von *von Weizsäcker* thematisierte Gefahr dann bestehen, wenn der Zusammenhang von Fachrichtung und Beruf aus funktionellen Gründe locker bleibt. Aber auch bei einer aus qualifikationstheoretischen Gründen rigiden Beziehung von Ausbildung und Beruf bietet sich eine Differenzierung

von Abschlüssen an, wenn eine eindeutige Berufshierarchie ableitbar ist. Das gilt z. B. sicherlich bei den Gesundheitsberufen Krankenschwester/Arzt, für die es zweckmäßig ist, Studiengänge von unterschiedlicher Studiendauer zu schaffen.
Hinter dem Postulat nach differenzierten berufsqualifizierenden Abschlüssen steht die Überzeugung, daß eine ausbildungsbedingte Hierarchie von Berufen notwendig ist, um allzu krasse Übergänge vor allem zwischen akademischen und nichtakademischen Berufen zu vermeiden.
Gerade die Humboldt'sche Universität hat durch die Fixierung auf sogenannte „akademische Berufe", an denen sich die klassische Fakultätsgliederung orientiert und die durch den Anspruch, auf einer wissenschaftlichen Ausbildung zu beruhen, allen anderen Berufen bestenfalls das Odium einer Fachausbildung gab, die Dichotomie zu den nichtakademischen Berufen gefördert. Es gibt keine gesellschaftspolitische Legitimation dafür, diese Implikation der Humboldt'schen Universität auf ein Hochschulsystem zu übertragen, das 15—20 %/0 der Altersjahrgänge ausbildet. Ein mehr oder weniger gleitender Übergang zwischen den einzelnen Stufen der Berufshierarchie wird jedoch nur dann seine arbeitsmarktpolitischen Früchte tragen, wenn auch den Ausgebildeten, die bereits einen Beruf ausüben, eine Weiterbildung ermöglicht wird.
Das Bildungsprogramm einer Akademisierung von Berufen, das gegen den Schlendrian der gegenwärtigen Bildungspolitik, Akademiker sukzessive in nichtausbildungsadäquate Berufe zu pressen, gesetzt wird, ist die notwendige strukturpolitische Konsequenz einer bereits vollzogenen Expansion, kann aber auch eine weitere Expansion des Hochschulsystems begründen. Die Notwendigkeit einer erhöhten Qualifizierung bestimmter Berufe konstituiert ihre Akademisierung.
Dieses Bildungsprogramm impliziert zugleich eine Integrationspolitik, während die herrschende Bildungspolitik dem Konkurrenzideal huldigt. Denn das Bildungsprogramm beruht darauf, Ausbildungsgänge für Berufe in den Tertiären Bildungsbereich zu integrieren, nicht aber wie es das Konkurrenzmodell impliziert, eine steigende Zahl von Hochschulabsolventen ungewissen Arbeitsmarktchancen auszuliefern. An einem Beispiel dargestellt: Das Integrationskonzept führt dazu, daß die Krankenschwester eine akademische Ausbildung erhält, während das Konkurrenzmodell bei einer Überfüllung des Arztberufes einen Mediziner in die Konkurrenz zur traditionell ausgebildeten Krankenschwester zwingt.
Das Bildungsprogramm einer Akademisierung von Berufen kann den

gegenwärtigen numerus clausus an den Hochschulen zumindest entschärfen. Das wird schon durch ein viel breiteres Angebot an Ausbildungsgängen mit entsprechenden Berufsaussichten gefördert; aber auch eine vertikale Differenzierung von Abschlüssen kann dies bewirken, weil sie dem Hochschulsystem erlaubt, interne Selektionsmechanismen anzuwenden.

Der entscheidende Vorzug einer solchen bildungspolitischen Strategie besteht jedoch darin, Bildungsexpansion im Einklang mit arbeitsmarktpolitischen Notwendigkeiten verwirklichen zu können. Denn es ist sinnvoll, Berufen, deren steigende sozialökonomische Relevanz unübersehbar ist, eine stärker wissenschaftlich fundierte Ausbildung zu geben. Das erlaubt den Ausgebildeten nicht nur, ihre Funktion in der Gesellschaft besser auszufüllen, sondern ermöglicht es ihnen auch, sich flexibler Änderungen einer Arbeitsmarktsituation anzupassen. Deshalb müssen Bildungsprogramme für einzelne Berufe entwickelt werden. Sie können einen wesentlichen Beitrag zur Konsolidierung der Bildungsexpansion der letzten Jahrzehnte leisten und, wie das Beispiel der Bundeswehrhochschulen eindrucksvoll zeigt, die Legitimationsgrundlage für eine weitere Expansion abgeben.

Ob eine solche Bildungsstrategie durchsetzbar ist, erscheint angesichts der Reformunwilligkeit des etablierten Hochschulwesens und der Reformfähigkeit der gegenwärtigen Bildungspolitik fast müßig zu sein. Aber es reicht sicherlich nicht aus, dieses zu konstatieren und dann zur Tagesordnung überzugehen. Man muß tiefer loten, um die Ursachen der Malaise der gegenwärtigen Bildungspolitik zu erkennen. Ein Vergleich mit anderen industrialisierten Ländern der westlichen Welt ist da sehr aufschlußreich. Er zeigt das eigenartige Phänomen, daß der Anteil der Altersjahrgänge, der das Tertiäre Bildungswesen durchläuft, durchweg größer ist als im deutschen Sprachraum, ohne daß auch nur in annähernd gleichem Umfang Repressionen der individuellen Nachfrage nach Ausbildungsplätzen durch einen numerus clausus oder Probleme der Absorption durch den Arbeitsmarkt auftreten. Auch das deutet darauf hin, daß das Hochschulsystem des deutschen Sprachraums mit besonderen, sich aus seinem Aufbau ergebenden Strukturproblemen zu kämpfen hat. Das liegt nicht unwesentlich daran, worauf *Hamm-Brücher*[5] hingewiesen hat, daß sich in vergleichbaren Ländern die Bildungsexpansion als natürliche Folge vorangegangener Reformen des Tertiären Bildungsbereichs vollzogen hat. Im deutschen Sprachraum sind jedoch umgekehrt nach dem Zweiten Weltkrieg die tradierten Strukturen des Bildungswesens restauriert worden und dann erst unter dem Schock, daß der Anteil der Altersjahrgänge, der das Tertiäre Bildungswesen durchläuft, im Vergleich zu anderen industrialisierten Ländern ungewöhnlich niedrig liegt, somit erst zu Beginn der 60er Jahre ausgeweitet worden. Die Expansion konnte sich dann nur noch im Rahmen bestehender Strukturen vollziehen.

Erst heute dringt allmählich ins Bewußtsein der Bildungspolitik, daß die gegenwärtigen Strukturen des Bildungswesens ungeeignet wären, diese Expansion zu bewältigen.

Ein Bildungswesen, das unter den Folgen seiner Expansion ächzt und kaum seine Tagesprobleme zu bewältigen vermag, muß jedoch reformunfähig bleiben. Das macht die Unbeweglichkeit der deutschen Bildungspolitik aus.

Anmerkungen

1) *Blaug, M.*, Approaches to Educational Planning; in: The Economic Journal 77 (1967), S. 262 ff.
2) *Teichler, U.*, Struktur des Hochschulwesens und ‚Bedarf' an sozialer Ungleichheit. Zum Wandel der Beziehungen zwischen Bildungssystem und Beschäftigungssystem. In: Mitteilungen aus der Arbeitsmarkt- und Berufsforschung. 7 (1974), S. 197 ff.
3) *v. Weizsäcker, C. C.*, Markt und Plan im tertiären Bildungsbereich unter besonderer Berücksichtigung von Bedarfsprognosen. In: Die deutsche Hochschule zwischen Numerus clausus und Akademikerarbeitslosigkeit. Hannover 1975, S. 306 ff.
4) *Lutz, B., Krings, I.*, Überlegungen zur sozioökonomischen Rolle akademischer Qualifikation; HIS-Brief 18, Hannover 1971.
5) *Hamm-Brücher, H., Edding, F.*, Reform der Reform. Ansätze zum bildungspolitischen Umdenken, Köln 1973.

Die Filterfunktion des Bildungswesens

Hans-Joachim Möbes

1. Einleitung

In den letzten Jahren sind in der ökonomischen Theorie in zunehmendem Maße Beiträge geliefert worden, die sich mit dem Problem von Marktprozessen befassen. Der Grund hierfür liegt darin, daß weder die Neoklassik noch der Keynesianismus in der Lage sind, der Theorie des allgemeinen Gleichgewichts eine Theorie der Marktprozesse gegenüberzustellen. Während die Neoklassik letztlich an die Vorstellung des ‚tâtonnements' (Walras) gebunden war, konnte der Keynesianismus mit Hilfe der IS- und LM-Kurven allenfalls komparative Statik betreiben.

Eine Möglichkeit, zu einer Verbesserung des theoretischen Instrumentariums zu kommen, wurde darin gesehen, Anpassungsprozesse auf Märkten mit unvollkommener Information der Marktteilnehmer zu untersuchen.

Für die auf *Keynes* aufbauende Theorie, die mit den Namen *Clower* und *Leijonhufvud* verbunden ist, sollte damit eine befriedigende Erklärung des Inflationsphänomens möglich werden und für die Neoklassik, hier können unter anderen *Arrow*, *Phelps* und *Alchian* als Repräsentanten gelten, sollte die Erklärung von Unterbeschäftigung und Inflation geleistet werden.

Theoriegeschichtlich ist das Auftreten dieser Zweige der Forschung insofern interessant, als es sich um eine Abkehr von der reinen Gleichgewichtsanalyse handelt. Für die Bildungs- und Arbeitsmarkttheorie ist die Bedeutung darin zu sehen, daß der Arbeitsmarkt und die Funktionen des Bildungswesens für den Arbeitsmarkt eine wichtige Rolle bei der Untersuchung von Marktprozessen spielen.

In der neoklassischen Version der mikroökonomischen Grundlegung einer Beschäftigungs- und Inflationstheorie soll der Arbeitsmarkt eine Erklärung für Unterbeschäftigung und Inflation liefern. Die Fülle der Beiträge zur Phillips-Relation zwischen Beschäftigungsgrad und Lohnsteigerungsrate signalisiert die zentrale Bedeutung des Arbeitsmarktes. Mangelnde Information und hohe Kosten der Informationsbeschaffung

Die Filterfunktion des Bildungswesens 149

werden zum entscheidenden Grund für Friktionsarbeitslosigkeit hohen Ausmaßes[1].
Der grundlegende Unterschied zu einer Keynesschen Theorie des Arbeitsmarktes bleibt jedoch nach wie vor der, daß eine neoklassische Theorie, die Lohnbewegungen und Beschäftigung miteinander verknüpft, die zentrale Bedeutung von effektiver Nachfrage und Einkommen für den Ablauf von Marktprozessen übersieht. Denn in den mikroökonomischen Erklärungsversuchen der Unterbeschäftigung und der Inflation wird nicht die zirkulare Beziehung zwischen Einkommen, Gesamtnachfrage und Beschäftigung zum Ausgangspunkt der Überlegungen gemacht; betrachtet werden vielmehr die Verhaltensweisen der Wirtschaftssubjekte an einem Markt, dem Arbeitsmarkt, die eine momentane Anpassung der Reallöhne an eine veränderte reale Gesamtnachfrage verhindern.
Die feedbacks der Lohnbewegungen zur Gesamtnachfrage können nur deshalb unberücksichtigt bleiben, weil letztlich die Gesamtnachfrage als unabhängig vom Arbeitsmarkt betrachtet wird. Im Hintergrund dieser theoretischen Ansätze steht die monetaristische Variante der Neoklassik. Die wirtschaftspolitischen Konsequenzen können demnach nur in Anforderungen an die Geldpolitik gesehen werden.
Gibt es eine stabilisierende Geldpolitik, dann werden die Teilnehmer des Arbeitsmarktes gezwungen, sich an diese Politik anzupassen. Löhne, Preise und Beschäftigung können auf diese Weise stabilisiert werden.
Dieser Aspekt der neueren informationstheoretisch orientierten Arbeitsmarkttheorie soll hier aber nicht weiter verfolgt werden. Dasselbe gilt für die Frage, ob eine auf *Keynes* aufbauende Analyse von Ungleichgewichten und Marktprozessen den Weg zu einer Keynesschen Inflationstheorie öffnet.
Hier soll vielmehr untersucht werden, welche Bedeutung der informationstheoretische Ansatz für das Verhältnis von Arbeitsmarkt und Bildungswesen hat. Es soll also die Bedeutung des Bildungswesens für die Allokation der Arbeitskräfte am Arbeitsmarkt untersucht werden. Der informationstheoretische Aspekt ist deshalb interessant, weil, in dem hier behandelten Ansatz von *Arrow* und *Spence*, davon ausgegangen wird, daß die Ausbildung der Arbeitskräfte den Abnehmern von Arbeitskraft Informationen über die Qualität dieser Arbeitskräfte liefern, die dann eine optimale Allokation ermöglichen. Das Bildungswesen übt dabei eine Filterfunktion (oder vom Arbeitsangebot aus betrachtet: eine Signalfunktion) aus, durch die Arbeitskräfte unterschiedlicher Qualität voneinander getrennt werden können.

Diese Ansätze sind insbesondere deshalb für die Bildungspolitik interessant, weil die Expansion des Hochschulbereichs und die Konzeption der Gesamthochschule gerade unter dem Aspekt der Funktionalität des Bildungswesens für den Arbeitsmarkt kritisiert wurden. Wir werden uns hier speziell auf den Beitrag *C. C. von Weizsäckers* beziehen[2].

2. Ein Filtermodell des Bildungswesens

Das Filtermodell des Bildungswesens wurde nahezu gleichzeitig von *Arrow*[3] und *Spence*[4] entwickelt. Dabei verwendet *Arrow* den Terminus „Filtermodell", während *Spence* von „Market Signaling" spricht (man könnte also von einem „Signalmodell" reden). Gemeint ist in beiden Fällen dasselbe Phänomen. Es soll jedoch hier der Begriff ‚Filtermodell' verwendet werden, weil dieser durch *Weizsäcker* in die bildungspolitische Diskussion eingebracht wurde.
Aufgrund der Übersichtlichkeit und Einfachheit der Darstellung werden wir uns indes auf das Modell von *Spence* beziehen. Dieses Modell soll nun dargestellt und in Teil 3 seine Bedeutung für die Bildungspolitik untersucht werden.
Man kann den Prozeß der Beschäftigung von Arbeitern als Investitionsprozeß unter Unsicherheit betrachten. Der Unternehmer hegt bestimmte Erwartungen hinsichtlich der Eigenschaft der Arbeitskräfte, jedoch wird erst während des Einsatzes im Produktionsprozeß klar, ob diese Eigenschaften tatsächlich vorliegen. Die Funktion eines Filters (bzw. eines Signals) besteht darin, Informationen zu liefern, die eine Grundlage für das Beschäftigungsverhalten der Unternehmer, insbesondere was die Zuordnung von Personen zu Jobs oder die Lohngestaltung anbelangt, darstellen können. Die Unsicherheit soll dadurch gemindert werden. Der Unternehmer soll bei Vorliegen bestimmter beobachtbarer Eigenschaften auf andere, für die Produktion wesentliche Eigenschaften schließen können, die ihrerseits nicht unmittelbar beobachtbar sind. In dem hier vorgestellten Beispiel von *Spence* soll vom Vorliegen eines Ausbildungszertifikats auf die Grenzproduktivität der Arbeitskräfte geschlossen werden.
Während des Produktionsprozesses kann der Unternehmer dann feststellen, inwieweit die Zuordnung bestimmter Ausbildungszertifikate zur erwarteten Grenzproduktivität der Arbeitskräfte tatsächlich gerechtfertigt ist. Er kann dann bedingte Wahrscheinlichkeiten für das Vorliegen der Grenzproduktivität $X_1, X_2, \ldots X_n$ angeben.
Es muß hier darauf hingewiesen werden, daß die grundlegenden Aus-

Die Filterfunktion des Bildungswesens

sagen des Modells unabhängig davon sind, ob die gewünschte Eigenschaft die Grenzproduktivität ist. Man könnte statt Grenzproduktivität $X_1, \ldots X_n$ ebensogut Pünktlichkeit oder Kooperationsfreudigkeit unterschiedlichen Grades wählen. An den Ergebnissen ändert sich dadurch nichts. Der grenzproduktivitätstheoretische Ansatz hat den Vorteil, eine Theorie der Lohndifferenzierung zu implizieren. Die Unternehmer entlohnen danach die Arbeiter gemäß ihrer Grenzproduktivität.

Auf der Anbieterseite von Arbeitskraft besteht die Tendenz, wenn das Passieren des Filters von Vorteil ist (höhere Löhne!), sich in den Besitz von Eigenschaften zu bringen, die eben dieses Passieren ermöglichen. Dazu werden gewisse Kosten (Ausbildungskosten) notwendig sein. Eine wichtige Voraussetzung *dieses* Modells ist die, daß diese Kosten negativ mit der Grenzproduktivität korreliert sind. Andernfalls würde sich jedermann die Signal-Eigenschaft verschaffen und es gäbe keinen Filter. Diese Annahme ist ein Spezifikum dieses Modells. In anderen Darstellungen (z. B. *Arrow*) können andere Annahmen gesetzt werden (z. B. Eingangsqualifikationen), die aber alle den Zweck haben, als Hürde zu fungieren, die bei Beschaffung der Signal-Eigenschaften zu überspringen ist. Der Filter funktioniert dann richtig, wenn alle, die die Hürde überspringen, hohe Grenzproduktivität haben. Das vom Arbeitsanbieter bei der Bewerbung eingereichte Zertifikat: ‚Ausbildungsniveau Y erreicht' signalisiert dem Nachfrager: ‚Hohe Grenzproduktivität'.

Ein Informationsflußbild vom Arbeitsmarkt sieht jetzt wie folgt aus:

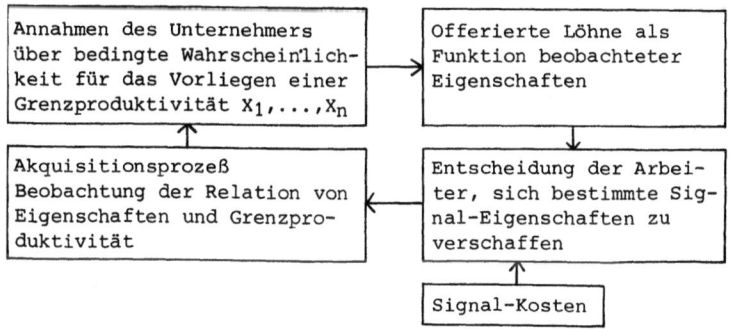

Marktgleichgewicht kann dann definiert werden als eine Kombination dieser Elemente, die sich reproduziert. Um weitere Aussagen über die Wirkungen von Filtern zu machen, werden wir jetzt genauer die Eigenschaften eines Informationsgleichgewichts analysieren.

Spence stellt zu diesem Zweck ein numerisches Beispiel zusammen, das die wesentlichen Eigenschaften des Gleichgewichts transparent macht.

Es wird davon ausgegangen, daß zwei Gruppen von Arbeitern existieren, die über unterschiedliche Grenzproduktivität verfügen und deren Signal-Kosten — wie schon angedeutet — negativ mit der Grenzproduktivität korreliert sind. Der Filter, der dem Unternehmer signalisiert, wie hoch die Grenzproduktivität eines Arbeiters ist, ist das Ausbildungsniveau des Arbeiters. Es wird dabei angenommen, daß für den Unternehmer bei Vorliegen eines Ausbildungsniveaus von $Y < Y^*$ die Grenzproduktivität mit einer Wahrscheinlichkeit von 1 gleich 1 ist, während für Ausbildungsniveaus $Y \geq Y^*$ die Grenzproduktivität mit einer Wahrscheinlichkeit von 1 gleich 2 ist. Bei Entlohnung gemäß der Grenzproduktivität ist das Bildungsniveau dann die Hürde, die von den Anbietern von Arbeitskraft übersprungen werden muß, um in den Genuß des höheren Lohnes zu kommen. Man kann für die unterschiedlichen Ausbildungsniveaus jetzt einen Index so wählen, daß sich die Ausbildungskosten (Signalkosten) in Einheiten dieses Index ausdrücken lassen.

Man kann jetzt die Grundannahmen des Modells zusammenfassen

Arbeiter	Grenzproduktivität	Anteil am ges. Arbeitsangebot	Ausbildungskosten des Ausbildungsniveaus Y
Gruppe I	1	q_1	Y
Gruppe II	2	$1 - q_1$	Y/2

Wenn $Y < Y^*$: Gruppe I mit Wahrscheinlichkeit 1

$Y \geq Y^*$: Gruppe II mit Wahrscheinlichkeit 1

Daraus folgt, daß alle diejenigen Arbeitskräfte, die über $Y \geq Y^*$ verfügen, einen Lohnsatz $W(Y) = 2$ erhalten und die übrigen Arbeitskräfte $W(Y) = 1$.

Die Filterfunktion des Bildungswesens 153

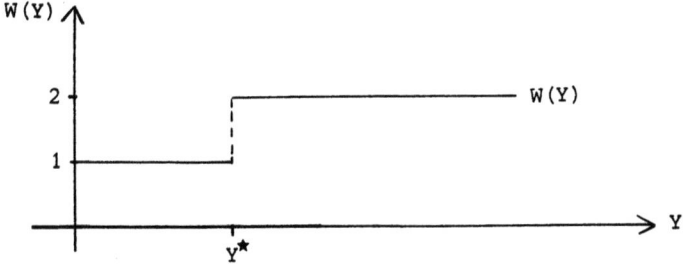

Gibt es jetzt keinerlei Beschränkungen im Zugang zu den Bildungsinstitutionen, so wird jedes Individuum $Y = Y^*$ setzen. Die Kosten bzw. irgendwelche anderen Erschwernisse bei der Erlangung von Ausbildung stellen also den Filter dar.

Schließlich ist noch darauf hinzuweisen, daß alle Arbeiter, für die $Y < Y^*$ optimal ist, $Y = 0$ setzen werden, weil keine andere Bildungsstufe $Y < Y^*$ irgendeinen Vorteil vor $Y = 0$ erbringt. Ebenso gilt, daß alle Arbeiter für die $Y \geq Y^*$ optimal ist, $Y = Y^*$ wählen werden, da ein zusätzliches Y keine weiteren Einkommenssteigerungen erbringt.

Wir können jetzt die Gleichgewichtssituation für die beiden Gruppen in zwei Diagrammen verdeutlichen.

Gruppe I

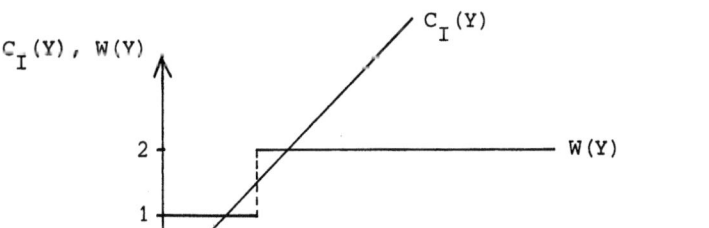

Solange $1 > 2 - Y^*$ ist, werden die Arbeiter der Gruppe I $Y = 0$ setzen, weil dann ihr Nettoeinkommen am größten ist. $C_I(Y)$ ist die Kostenfunktion der Arbeiter der Gruppe I.

Für Gruppe II gilt folgende Darstellung:

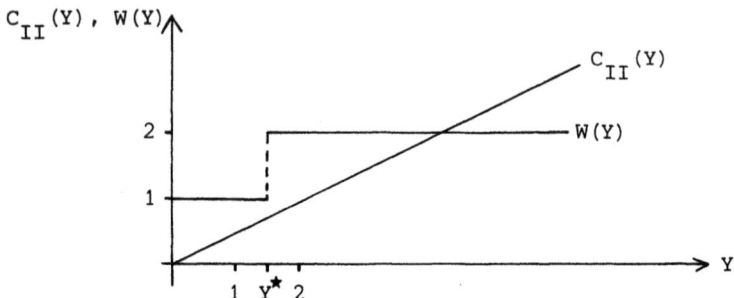

Die Arbeiter der Gruppe II werden solange $Y = Y^*$ realisieren, wie $1 < 2 - Y/2$. $C_{II}(Y)$ ist die Kostenfunktion' der Arbeiter der Gruppe II.

Daraus läßt sich die kombinierte Gleichgewichtsbedingung $1 < Y^* < 2$ ableiten.

Wenn Y^* in diesem Intervall liegt, dann fungiert Ausbildung als Filter und es besteht Gleichgewicht insofern, als die Erwartungen der Unternehmer, daß alle Arbeiter, für die $Y \geq Y^*$ gilt, eine Grenzproduktivität von 2 haben und alle Arbeiter, für die $Y < Y^*$ gilt, eine Grenzproduktivität von 1 haben, erfüllt werden.

Die wohlfahrtstheoretischen und bildungspolitischen Konsequenzen dieser Lösung sind interessant. Zunächst einige Bemerkungen zur wohlfahrtstheoretischen Seite.

Gäbe es keinen Filter in dem oben entwickelten Beispiel, dann müßten die Unternehmer alle Arbeiter gemäß der wahrscheinlichen Grenzproduktivität entlohnen. Diese ergibt sich als gewogenes Mittel der Grenzproduktivitäten der Gruppen I und II.

$q_1 + 2(1 - q_1) = 2 - q_1$

Für $q_1 = 1/2$ wäre demzufolge der Lohn ohne Filter 1,5. In dieser Situation wären folglich die Arbeiter der Gruppe I in jedem Falle besser gestellt als in einer Situation mit Filter, denn wenn $Y^* > 1$, dann ist der Nettolohn immer nur 1,0.

Aber auch Gruppe II wäre bei Vorliegen des Filters (abgesehen von $Y^* = 1$) schlechter gestellt, weil für alle $Y^* > 1$ auch $2 - Y/2 < 1,5$ ist.

Für Gruppe II ergibt sich die Besonderheit, daß bei anderen q_1 aber auch andere Gleichgewichtslagen denkbar sind. Es lassen sich für ver-

schiedene q_1 jeweils Y* finden, bei denen Gruppe II besser bzw. schlechter gestellt ist als im Fall ohne Filter.
Über die soziale Wohlfahrt läßt sich insofern nichts aussagen, als über die Effekte von suboptimalen Faktorallokationen, die ja auf jeden Fall auftreten werden, wenn die Unternehmer die Arbeitskräfte hinsichtlich ihrer Produktivität nicht unterscheiden können, hier keine Annahmen gemacht werden. Selbst wenn hierüber Kenntnis bestünde, hätte man diese Wirkungen gegen die Auswirkungen der Verteilungsänderung zwischen den Gruppen I und II abzuwägen. Es soll hier aber unterlassen werden, die Diskussion um Kompensationskriterien, gesellschaftliche Indifferenzkurven etc. aufzunehmen. Denkbar wäre auch, die Wirkungen des Filters in einem Infrastrukturmodell à la *Jochimsen* zu beurteilen. Es müßten dann Integrations- und Niveaueffekte der Einführung eines Filters abgeschätzt werden[5].
Die bildungspolitischen Konsequenzen sind entschieden aufschlußreicher. Es wird nämlich klar, daß der Träger des Ausbildungswesens durch die Abstufung der Abschlüsse des Bildungswesens die Funktion des Filters steuern kann. Im vorliegenden Fall bestünde eine gleichgewichtige Strategie der bildungspolitischen Entscheidungsträger in der Bereitstellung zweier Bildungsniveaus, nämlich Y = O und Y = Y*, wobei es ausreichen würde, Y* minimal größer als 1 werden zu lassen, weil schon dann der Filter funktionierte. Es wäre aber schon denkbar, daß der Staat aus einnahmepolitischen Gründen Y* minimal unter 2 festlegt, so daß der Filter immer noch funktioniert, aber mehr Einnahmen für den Staat anfallen. Andererseits könnte auch beabsichtigt sein, die *Netto*lohndifferentiale möglichst klein zu halten.
Sind nicht bloß zwei, sondern viele Gruppen von Arbeitern unterscheidbar, dann benötigt man entsprechend mehr Stufen des Bildungswesens, um die Abstufung der Grenzproduktivität für den Arbeitsmarkt transparent zu machen.
Ein Informationsgleichgewicht wird in jedem Fall aber nur dann entstehen, wenn die Abstufungen so gewählt werden, daß die Erwartungen der Unternehmer hinsichtlich der Relation von Ausbildung und Grenzproduktivität bestätigt werden.

3. Die Bedeutung des Filtermodells für die bildungspolitische Diskussion

Interessant ist, daß das Filtermodell im Gegensatz zum Humankapital- und zum Bedarfsansatz der Bildungsforschung den Einfluß der Quali-

fikation auf die Produktivität der Arbeitskräfte völlig vernachlässigt. Insofern kann es als ‚radikales Gegenmodell' (*Weizsäcker*) zum Humankapital- und Bedarfsansatz bezeichnet werden.
Weizsäcker[6] hat versucht, die Relevanz des Filtermodells für die bildungspolitische Landschaft herauszuarbeiten. Dabei stand die Expansion des Hochschulbereichs im Vordergrund seiner Betrachtung. *Weizsäcker* unterscheidet grundsätzlich zwischen drei Arten von Positionen, in die Hochschulabsolventen üblicherweise übergehen, 1. regulierte Positionen, 2. Spezialistenpositionen und 3. flexible Positionen.
Regulierte Positionen sind dadurch gekennzeichnet, daß durch staatliche Setzung der Zugang an bestimmte Ausbildungsniveaus gebunden ist. Prominente Beispiele sind neben den Beamten des höheren Dienstes etwa die Ärzte, Apotheker, Rechtsanwälte, Richter.
Die Spezialistenpositionen erfordern einen Fundus an Wissen, der nur im Rahmen einer längeren wissenschaftlichen Ausbildung im Hochschulbereich zu erlangen ist (Beispiel: Naturwissenschaften).
Die flexiblen Positionen hingegen erfordern de facto und de jure keine bestimmte Art von Ausbildung und schon gar keine bestimmten Prozentsätze an wissenschaftlich Ausgebildeten. Bedarfsprognosen lassen sich folglich nach *Weizsäcker* sinnvoll nur für die regulierten und die Spezialistenpositionen durchführen. Für die Spezialistenpositionen ist dabei die absolvierte Fachrichtung das entscheidende Kriterium für die Nachfrager am Arbeitsmarkt. Für die Mehrzahl der regulierten und flexiblen Positionen ist der Sachverhalt indes anders. Hier tritt die Filterfunktion des Bildungswesens in den Vordergrund. Für die regulierten Positionen sieht *Weizsäcker* diese Filterfunktion auch als sinnvoll an, trägt hier doch entweder der Staat das Beschäftigungsrisiko oder geht es andererseits um so hohe Güter wie Leib und Leben (Ärzte) oder Gerechtigkeit (Richter). Die Filterfunktion besteht, um dies nochmals zu verdeutlichen, hier darin, der Gesellschaft ein Maximum an Sicherheit darüber zu verschaffen, daß ein Absolvent auch die in der Position verlangten Fähigkeiten tatsächlich mitbringt. Deshalb ist es sinnvoll vor diesen Positionen die größtmögliche Hürde aufzubauen. Obwohl hier die Filterfunktion dominiert, läßt sich trotzdem sinnvoll ein Bedarf ermitteln, weil der Bedarf nicht durch die Produktivität der Absolventen des Bildungswesens, sondern durch gesellschaftspolitische Zielsetzungen (Dichteziffern, Schüler-Lehrer-Verhältnis) begründet wird.
Anders bei den flexiblen Positionen. Hier sagt das Hochschulstudium nach *Weizsäcker* in erster Linie etwas über die Fähigkeiten der Absolventen aus, die nicht unbedingt viel mit der studierten Fachrichtung zu

Die Filterfunktion des Bildungswesens 157

tun haben. Hierher gehören also in erster Linie die Geisteswissenschaften, deren Absolventen gemäß den Untersuchungen des Max-Planck-Instituts für Bildungsforschung über vorzügliche Penetrationsmöglichkeiten am Arbeitsmarkt verfügen. Andererseits führt die Tatsache, daß nun andere Eigenschaften (Allgemeinbildung, Anpassungsfähigkeit, abstraktes Denkvermögen) herausgefiltert werden, dazu, daß Akademiker in zunehmendem Maße Nicht-Akademiker aus Berufspositionen verdrängen, denn die benannten Eigenschaften werden von den Nachfragern für ‚gut' erachtet. Diese Filterfunktion betrachtet *Weizsäcker* aber nicht als erwünscht, sondern im Gegenteil inzwischen als pathologisch. Denn die Expansion der Hochschulen bewirkt im Verein mit der Filterfunktion eine Polarisierung von Akademikern und Nicht-Akademikern, die letztlich die Situation der Nicht-Akademiker ständig verschlechtert. Insbesondere für die Bereiche der flexiblen Positionen ist demnach der Humankapitalansatz und auch der Bedarfsansatz der Bildungsplanung, die ja beide im Prinzip davon ausgehen, daß mehr Ausbildung eine erhöhte Produktivität nach sich zieht, nicht brauchbar. Nicht die Produktivität, sondern die von Anbietern und Nachfragern von Arbeit akzeptierte Filterfunktion führt zu einer Vergrößerung des Bedarfs und infolgedessen des Angebots. Die Vorstellung der Unternehmer, daß die Hochschulabsolventen besonders ‚gute' Arbeitskräfte sind, die folglich auch besser zu entlohnen sind, führt, wenn von den Absolventen erkannt, zum Run auf die Hochschulen, zu Ausleseverfahren und damit zur Verifizierung der Annahme der Unternehmer. Das System ist self-fulfilling.
Die bildungspolitischen Konsequenzen, die *Weizsäcker* aus seiner Analyse zieht, bestehen im wesentlichen in einer Abschottung der Hochschulen. Dadurch könnte der Prozeß der Diskriminierung der Nicht-Akademiker aufgehalten werden.
Weizsäckers Analyse ist in zweierlei Hinsicht unbefriedigend. Zum einen leuchtet es nicht unmittelbar ein, warum die Gesellschaft sich schlecht ausgebildete Richter nicht, schlecht ausgebildete Polizisten oder Handwerker wohl leisten kann. Über diesen Punkt soll hier aber nicht gestritten werden.
Zum anderen — und das erscheint schwerwiegender — folgt aus *Weizsäckers* Analyse, daß die Filterfunktion des Hochschulbereichs bereits in starkem Maße vorhanden ist. Betrachtet man dies als unerwünscht, so kann eine Beseitigung doch nur dadurch geleistet werden, daß dem Hochschulbereich seine exponierte Rolle im Bildungswesen genommen wird. Wenn man davon ausgeht, daß eine Bewußtseinsänderung bei Anbietern und Nachfragern durch reine Seelenmassage nicht zu er-

reichen sein wird, könnte man das gewünschte Resultat auf prinzipiell zwei Wegen erreichen. Man könnte den Hochschulbereich verschwindend klein machen, was zwar elitär ist, aber im Bewußtsein der Individuen kein so starkes Gefühl der Diskriminierung aufkommen läßt. Oder der Hochschulbereich müßte 100 % eines Altersjahrganges umfassen, so daß alle Individuen über das Signal ‚Ich bin Hochschulabsolvent' verfügen und folglich der Filter nicht mehr funktionieren kann.

Betrachtet man sich die bildungspolitische Landschaft, so erscheint der erste Weg kaum gangbar. Der Gedanke an 3—4 % Hochschulabsolventen innerhalb eines Altersjahrgangs kann allenfalls nostalgische Gefühle erwecken.

Die Gegenwart ist durch das Vorhandensein einer „kritischen Menge" von Hochschulabsolventen gekennzeichnet. Um die Filterfunktion zu beseitigen, bleibt nur der Weg, die Unterschiede im Bildungsniveau einzuebnen, d. h. prinzipiell 100 % eines Altersjahrganges auf die Hochschulen zu führen. Das mag zwar, und darin ist *Weizsäcker* zuzustimmen, zunächst zu einer weiteren Verstärkung des Filters führen, aber das langfristige Verharren bei 22—25 % Hochschulabsolventen innerhalb eines Altersjahrganges stellt keinen geeigneten Ausweg aus dieser Situation dar, sondern zementiert die Polarisierung, die *Weizsäcker* gerade beklagt.

Die hier geführte Argumentation ist indes mit Vorsicht zu betrachten. Es hieße das Filtermodell, vor allem in der hier vorgetragenen einfachsten Form, überstrapazieren, wollte man allein durch den Rekurs auf die Filterwirkung schwerwiegende Entscheidungen über die Dimension des Hochschulbereichs begründen. Das ist weder *Arrows* noch *Weizsäckers* Intention.

Es ist jedoch das Verdienst *Weizsäckers,* bestimmte Entwicklungstendenzen des Ausbildungswesens geklärt zu haben. Daß flexible Positionen nicht ohne Not in regulierte Positionen transformiert werden sollen, ist die Essenz seiner Argumentation. Denn in einem solchen Transformationsprozeß besteht die Dynamik des Arbeitsmarkts, wenn in flexible Positionen zunehmend Akademiker eindringen und die Filterwirkung des Hochschulabschlusses von Absolventen und Nachfragern anerkannt wird. Das Vertrauen auf die Absorptionsfähigkeit des Arbeitsmarkts und der moralische Impetus des Chancengleichheitspostulats allein reichen nicht aus, um den Expansionsprozeß des Hochschulbereichs zu legitimieren. Denn die Kehrseite der Medaille ist die Polarisierung von Akademikern und Nicht-Akademikern und die dadurch verringerte Lebenschance der Nicht-Akademiker. Interessant ist, daß auch von einem Ansatz, der die statusdistributive Funktion der Hochschulen ins Zentrum seines Räsonnements stellt, die Expansion der Hochschulen nicht unbedingt positiv beurteilt wird. (Wir beziehen uns hier auf die Beiträge, die von Mitarbeitern des Max-Planck-Instituts für Bildungsforschung, insbesondere *Teichler*[7], geliefert wurden.) Das ist nicht verwunderlich, denn das Hochschulsystem kann auch als Filter für Statusansprüche angesehen werden. Bei einer Ausweitung des Hochschulbereichs wird dann nicht die Diskriminierung der Nicht-Akademiker, sondern die Frustration der Akademiker, die, überspitzt formuliert, nicht Generaldirektor oder Hochschullehrer geworden sind, beklagt.

Wenn die Transformation von flexiblen in regulierte Positionen durch Aufblähung tradierter Ausbildungsgänge deshalb auch abzulehnen ist, so ist sie doch nicht grundsätzlich in Frage zu stellen. So wird von anderen Autoren, wie *Riese* und dem Verfasser selbst[8], eine bildungspolitische Strategie, die den durch Analyse von Berufsbildern und permanente Studienreform gesteuerten Prozeß der Verwissenschaftlichung von Berufen beinhaltet, durchaus als sinnvoll erachtet.

Im Rahmen einer solchen, an den Bedingungen des Arbeitsmarktes orientierten Strategie haben dann auch Chancengleichheitspostulat und Überlegungen zu den Penetrationswirkungen und den Problemen der Statusdistribution ihren Stellenwert. Auf diese Weise erscheint es möglich, diejenige Dynamik des Arbeitsmarktes, die in der Transformation von flexiblen in regulierte oder Spezialistenpositionen besteht, bewußt zu steuern.

4. Resümee

In welchem Verhältnis steht nach dem Gesagten das Filtermodell des Bildungswesens zu den bisherigen Ansätzen der Bildungsforschung und den jeweils implizierten Arbeitsmarkttheorien?

Humankapital-, Bedarfs- und Angebotsansatz der Bildungsforschung vergleichen Gleichgewichtslagen miteinander. Es wird nach der für ein vorgegebenes Wachstum notwendigen Dimension und Struktur des Bildungswesens gefragt (Humankapital-, Bedarfsansatz) oder nach Art und Anzahl der Ausbildungsplätze, die notwendig sind, um die Wünsche der Auszubildenden zu befriedigen (Angebotsansatz).

In kombinierten Angebots-Nachfragemodellen wird dann noch versucht, durch das Aufstellen von Bildungsbilanzen möglichen Diskrepanzen von Angebot und Nachfrage auf die Spur zu kommen. Für das Nachfrageverhalten wird dabei unterstellt, daß es sich ausschließlich an der geforderten Qualifikation orientiert, während für das Angebot Lohnerwartungen, Sozialprestige und utilities bzw. disutilities von beruflichen Tätigkeiten Grundlagen der Motivation sein sollen. Tendenziell besteht die Therapie für die Beseitigung von Ungleichgewichten in einer Anpassung der Ausbildungskapazitäten an den ökonomischen Bedarf. Diese Dominanz des Bedarfs zeigt sich auch in den durchgeführten Prognosen des Bildungs- und Beschäftigungssystems.

Das Unbehagen an dieser ziemlich starren, am Ziel-Mittel-Kalkül der Wirtschaftspolitik orientierten Vorgehensweise schlug sich in Modifikationen der Grundmodelle der Bildungs- und Arbeitsmarktforschung nieder, die in zunehmendem Maße das tatsächliche Marktverhalten der Anbieter und Nachfrager in den Mittelpunkt des Räsonnements stellen. Hierher gehören die Flexibilitätsanalyse des Instituts für Arbeitsmarkt- und Berufsforschung, die Analyse der statusdistributiven Funktion des Bildungswesens und der Penetrationsansatz des Max-Planck-Instituts für Bildungsforschung, aber auch die Untersuchung von Einsatzbereichen von Akademikern durch Lutz und seine Mitarbeiter. Damit wendet sich die Diskussion in zunehmendem Maße dem Problem der Funktionalität des Bildungswesens zu. Das Filtermodell des Bildungswesens zielt in dieselbe Richtung. Die Bildungs- und Arbeitsmarktforschung könnte dadurch einen neuen Impuls erhalten. Das Filtermodell problematisiert den Marktprozeß, der durch bildungspolitische Maßnahmen ausgelöst wird. Dieser Prozeß wird durch die Einschätzung der Leistungen des Bildungswesens durch die Marktteilnehmer am Arbeitsmarkt maßgeblich beeinflußt. So kann durch die Internalisierung der bildungspolitischen Zielsetzung — z. B. Wachstum — durch Anbieter und Nachfrager eine Dynamik des Arbeitsmarktes entstehen, die weder in bezug auf diese Zielsetzung noch für die berufliche Situation der Absolventen des Bildungssystems als günstig zu betrachten ist. Das Filtermodell lenkt somit die Aufmerksamkeit auf die Tatsache, daß die Bildungspolitik die Einschätzung ihrer Maßnahmen und die daraus folgenden Reaktionen von Anbietern und Nachfragern in ihr Kalkül einbeziehen muß.

Es erscheint durchaus möglich, und darin liegt ein weiterer Vorzug des Filtermodells, Befragungen von Anbietern und Nachfragern am Arbeitsmarkt durchzuführen, um herauszufinden, ob eine allseits akzeptierte Filterfunktion des Bildungswesens besteht und ob Ausbildungszertifikate oder gegebenenfalls andere Merkmale den Filter darstellen. So hat z. B. *Arrow* die Rassendiskriminierung in den USA unter dem

Aspekt der Filterwirkung des Merkmals ‚Rassenzugehörigkeit' untersucht.

Während Analysen wie die von *Arrow* sich auf den gesamten Arbeitsmarkt beziehen, bieten sich in anderen Fällen Untersuchungen von Teilmärkten an. So könnte eine Analyse der Lohndifferenzierung insbesondere bei flexiblen Positionen Aufschluß über mögliche Filtereffekte geben.

Wird somit einerseits klar, daß das Filtermodell durchaus eine Bereicherung der Bildungs- und Arbeitsmarktforschung darstellt, so darf seine Leistungsfähigkeit andererseits doch nicht überschätzt werden. Denn insbesondere im Gegensatz zu den Varianten des Bedarfsansatzes liefert das Filtermodell unmittelbar keine bildungspolitische Strategie. Der Stellenwert des Filtermodells dürfte folglich eher bei der Beurteilung der Probleme der Durchführung bildungspolitischer Strategien liegen, während für die Entwicklung der Strategien selbst die traditionellen Ansätze (und ihre neueren Varianten) die größere Leistungsfähigkeit besitzen.

Anmerkungen

1) Interessante Beiträge finden sich in den Sammelbänden: *Phelps, E.* (Hrsg.), Microeconomic Foundations of Employment and Inflation Theory; London 1971 und *Nowotny, E.*, (Hrsg.), Löhne, Preise, Beschäftigung; Frankfurt 1974.
2) Vgl. *von Weizsäcker, C. C.*, Markt und Plan im tertiären Bildungsbereich unter besonderer Berücksichtigung von Bedarfsprognosen; in: *Lohmar, U.*, Ortner, G. E. (Hrsg.), Der doppelte Flaschenhals. Die deutschen Hochschulen zwischen Numerus Clausus und Akademikerarbeitslosigkeit; Hannover 1975, S. 306 ff.
3) *Arrow, K. J.*, Higher Education as a Filter; in: Journal of Public Economics 1973; S. 199 ff.
4) *Spence, M.*, Job Market Signaling; in: The Quarterly Journal of Economics 1973; S. 355 ff.
5) Vgl. *Jochimsen, R.*, Theorie der Infrastruktur; Tübingen 1966.
6) Vgl. *von Weizsäcker, C. C.*, Markt und Plan im tertiären Bildungsbereich..., a. a. O.
7) Vgl. *Teichler, U.*, Struktur des Hochschulwesens und ‚Bedarf' an sozialer Ungleichheit; in: Mitteilungen aus der Arbeitsmarkt- und Berufsforschung, 7. Jg. (1974), H. 3, S. 197–209.
8) Vgl. *Heindlmeyer, P., Heine, U., Möbes, H.-J., Riese, H.*, Berufsausbildung und Hochschulbereich; Pullach bei München 1973, S. 31 ff.

IV.

Alternative arbeitsmarktpolitische Strategien

IV.

Alternative Lebensentwürfe der Stratiotika

Zur Konzeption einer aktiven Arbeitsmarktpolitik

Günther Schmid

1. Einleitung

„Aktiv" ist ein Reiz- und Leitbegriff unserer Zeit, dessen Wurzeln in die gesellschaftliche Tiefenpsychologie reichen. Der Begriff rechtfertigt sich nicht primär analytisch, sondern sozialpsychologisch. Er repräsentiert eine noch vage gesellschaftliche Leitidee, ein mehr oder weniger klares Willensgefühl: „Das Schicksal selbst in die Hand nehmen" — „nicht nur reagieren, sondern auch agieren" — „die Krankheit an den Wurzeln fassen und nicht nur an Symptomen kurieren" etc. „Aktiv" dient so als regulative Leitidee, die für viele Handlungsbereiche gelten kann (z. B. Gesundheitspolitik, Umweltschutzpolitik, Arbeitsmarktpolitik) und von Fall zu Fall zu präzisieren ist. Solche Begriffe scheinen als Verbindungs-Begriffe zwischen Wissenschaft und Praxis zu fungieren; sie sollten daher auch analytisch sinnvoll definiert werden.
Im Zusammenhang mit Arbeitsmarktpolitik scheint der Begriff „aktiv" zum ersten Mal 1964 verwendet worden zu sein (vgl. OECD 1964): Der OECD-Ausschuß für Beschäftigungs- und Soziale Fragen markierte mit diesem Begriff eine strategische Wende, die er den OECD-Ländern angesichts wachsender wirtschaftlicher Schwierigkeiten als neue Politik empfahl. Die Empfehlungen basierten im wesentlichen auf Ansätzen, die Ende der fünfziger Jahre in Schweden entwickelt wurden. Maßgeblichen Anteil an der Formulierung des neuen Konzepts hatte der Schwede Gösta Rehn, damals Direktor der Abteilung für Beschäftigungs- und Soziale Fragen der OECD in Paris. Zum Verständnis des damaligen OECD-Ansatzes „aktiver Arbeitsmarktpolitik" muß vorausgeschickt werden, daß er nicht auf die Situation hoher konjunktureller Arbeitslosigkeit zugeschnitten war, sondern auf die Situation der Vollbeschäftigung bei partieller Überbeschäftigung, bei damals relativ hohen Inflationsraten und bei einem zwar relativ niedrigen, aber harten Kern struktureller Arbeitslosigkeit. Ziel der damaligen Empfehlungen war, Vollbeschäftigung bei niedrigen Preissteigerungsraten herzustellen.
Die Lösung wurde darin gesehen, die (inflationstreibende) partielle

Überbeschäftigung durch beschäftigungspolitische Aktivierung der strukturell bedingten Arbeitslosigkeit abzubauen. Als Maßnahmen wurden vor allem finanzielle Anreize für berufliche, sektorale und geographische Mobilität vorgeschlagen (weitgehende Kostendeckung von Umschulung, Weiterbildung, Wohnortwechsel); diese sollten bewirken, daß freigesetzte Arbeitskräfte dorthin wechseln, wo eine Übernachfrage nach Arbeitskräften besteht[1].
Arbeitsmarktpolitik sollte nun die Voraussetzungen für solche Anpassungs-Mobilität schaffen, und es lag auf der Hand, auch die Mittel der Arbeitslosenversicherung für diese neuen Funktionen zu aktivieren: Statt Arbeitslosengeld zu bezahlen, erscheint es unter den oben geschilderten Umständen sowohl ökonomisch wie sozial und psychologisch sinnvoller, den vom strukturellen Wandel betroffenen Personen z. B. eine Umschulung oder Weiterbildung zu finanzieren, so daß sie die erforderlichen Qualifikationen der vorhandenen oder erwartbaren Übernachfrage erfüllen. Hauptmerkmal „aktiver Arbeitsmarktpolitik" war also die Transformation der bloß kompensatorischen Arbeitslosenversicherung in ein Instrument der Anpassung an Ungleichgewichte des Arbeitsmarkts. Als zusätzliches Kriterium wurde die Prognosefähigkeit eingeführt: Arbeitsmarktpolitik wurde als um so aktiver betrachtet, je genauer sie Engpässe der Nachfrage und Überschüsse des Angebots vorauszuschauen in der Lage war, um entsprechend vorbeugende Maßnahmen in Gang zu setzen oder — in anderen Worten — um die Anpassungsgeschwindigkeit und -güte zu erhöhen.
Inzwischen ist der Begriff „aktiv" allgemein üblich, und unter „aktiver Arbeitsmarktpolitik" wird gemeinhin — vor allem von seiten der Arbeitsverwaltung — jede arbeitsmarktpolitische Maßnahme subsumiert, die über die bloße Zahlung von Arbeitslosengeldern hinausgeht, also Arbeits- und Berufsberatung, Berufsförderung, Arbeitsvermittlung etc.
In dieser Fassung ist der Begriff „aktiv" eine bloße Restkategorie ohne analytische Unterscheidungsfähigkeit, und selbst die eingangs erwähnte psychologische Leitidee ist kaum noch zu erkennen.
Von wissenschaftlicher Seite dagegen wurden die Kriterien „aktiver Arbeitsmarktpolitik" im bestimmten Sinne verschärft: „Aktiv" wird im wesentlichen identisch gesetzt mit „zielorientiert" (vgl. BA-Überlegungen 1974; Kühl 1975), wobei die Ziele so weit wie möglich operationalisiert werden sollen; also z. B. nicht nur „Verbesserung der Beschäftigungsstruktur" (vgl. AFG, § 2/7), sondern z. B. Reduzierung des Anteils unqualifizierter Arbeitskräfte um 10 % in 10 Jahren und im Wirtschaftssektor X und/oder in der Region Y. Diese Betonung

des Zielaspekts führt konsequent zu einer Dreiteilung, wie sie z. B. Mertens (vgl. 1975) vorgeschlagen hat: (1) aktiv, d. h. eine im wesentlichen zielorientierte Arbeitspolitik, (2) vorausschauend reaktiv und (3) reaktiv. Wenn auch diese Dreiteilung eine wesentliche Bereicherung darstellt, hat sie eine entscheidende Schwäche: Sie vernachlässigt die politics-Dimension[2], d. h. den Kampf um Machtanteile, Einfluß, Durchsetzung von Interessen in Verbindung mit arbeitsmarktpolitischen Maßnahmen, ebenso wie die ökonomischen und materiellen Rahmenbedingungen, welche die Durchsetzungsmöglichkeiten arbeitsmarktpolitischer Programme beschränken. Es wird daher ein anderer Weg eingeschlagen, um den Begriff „aktiv" im Zusammenhang mit *Arbeitsmarktpolitik* zu präzisieren. Hierbei wird davon ausgegangen, daß eine solche Präzisierung nur durch eine systemanalytische Verbindung von Arbeitsmarkttheorie und Handlungstheorie gelingt. Die folgenden Anstrengungen (vgl. Kap. 2 und 3) sind aber als erster und insgesamt noch unzureichender Versuch zu verstehen, wie dieses Programm anzugehen und zu verwirklichen wäre. Im vierten Kapitel werden dann einige neuere Entwicklungen und Ansätze der Arbeitsmarktpolitik in Schweden und in der BRD danach befragt, inwieweit sie das Prädikat „aktiv" verdienen. Schweden wurde deshalb gewählt, weil es vielfach als Vorbild einer fortschrittlichen Arbeitsmarktpolitik betrachtet wird.

2. Dimensionen „Aktiver Arbeitsmarktpolitik"

In der politischen Wissenschaft hat sich der Policy Science-Ansatz „aktiv" auf die Fahne geschrieben (vgl. beispielhaft Mayntz/Scharpf 1973). Dieser Ansatz will eine empirisch informierte und praxisrelevante Wissenschaft sein, die dem Politiker Entscheidungshilfen in Form rezeptnaher Handlungsanweisungen und alternativer Gesellschaftsentwürfe vermittelt (vgl. kritisch Blankenburg/Schmid/Treiber 1974). Der Policy Science-Ansatz hat „aktiv" bisher vornehmlich aus der Sicht von Regierung und Verwaltung formuliert: Aktive Politik setzt die Fähigkeit zur autonomen, d. h. nicht von externen Interessengruppen bestimmten Programmentwicklung voraus sowie das Primat der politischen Leitung; sie setzt weiter voraus die Fähigkeit, auch umfassende und längerfristig orientierte Programme zu entwickeln, und sie ist schließlich durch die Fähigkeit gekennzeichnet, die Richtung sozio-ökonomischer Entwicklungstendenzen selbst zu steuern, anstatt sich diesen immer nur anzupassen und deren krisenhafte Folgeprobleme

zu bewältigen; aktive Politik berücksichtigt auch nicht-organisierte Interessen, d. h. solche, die über ein geringes gesellschaftliches Konflikt- oder Sanktionspotential verfügen (Mayntz/Scharpf 1973, S. 122 f.).
Diese Bestimmung „aktiver Politik" macht zweierlei deutlich: Die Merkmale „aktiv" und „reaktiv" sind Gegensatzpaare auf einem Kontinuum, so daß im konkreten Fall nur Aussagen über ein „mehr oder weniger" an aktiver Politik gemacht werden können; soll der Begriff „aktiv" auch analytisch einen Sinn bekommen, sind die handlungseinschränkenden Dimensionen zu definieren, vor deren Hintergrund eine Handlung als „aktiv" oder „reaktiv" charakterisiert werden kann. Der Policy Science-Ansatz hat auch dazu Vorschläge entwickelt; er nennt vier Restriktionstypen aktiver Politik (Mayntz/ Scharpf 1973, 120 f.):
— formell-politische Beschränkungen (z. B. verfassungsmäßig garantierte Grundrechte, bundesstaatliche Kompetenzverteilung),
— formell-ökonomische Beschränkung (z. B. die privatkapitalistische Wirtschaftsverfassung: Autonomie der Investitions- und Produktionsentscheidungen der Unternehmen und der Lohnentscheidungen der Tarifpartner),
— materiell-politische Beschränkungen (z. B. Abhängigkeit von öffentlicher Meinung und von politischen Wahlen infolge von Pressefreiheit und von freien Wahlen),
— materiell-ökonomische Beschränkungen (z. B. Abhängigkeit von finanziellen und sachlichen Ressourcen, von der Höhe des Wirtschaftswachstums, des Außenhandelsgleichgewichts etc.).
Kurz- und mittelfristig stellen die oben erwähnten Beschränkungen Grenzen politischen Handelns dar, die kaum überschritten werden können; aktive Politik müßte dann innerhalb dieser Grenzen bestimmt werden. Langfristig stehen jedoch auch sie zum großen Teil zur Disposition aktiver Politik. Politik müßte daher unter Umständen nach kurz- und mittelfristigen Gesichtspunkten als enorm aktiv, unter langfristigen Gesichtspunkten als reaktiv gekennzeichnet werden. Man müßte sich also über die Zeitperspektive einigen und vor der Analyse festlegen, welche Sachverhalte überhaupt zur Disposition aktiver Politik stehen; dies ist auch eine normative Frage.
Eine weitere Schwierigkeit der obigen Typologie drängt sich auf: Sollte jemand zu der Auffassung gelangen, die „Turbulenzen" des Systems (aus der Fachsprache des PS-Ansatzes), mit denen sich Politiker herumschlagen müssen, seien Folge der privatkapitalistischen Wirtschaftsverfassung, dann muß jede Politik, die diese Wirtschaftsverfassung intakt läßt, als „reaktiv" charakterisiert werden; denn sie

wird dann niemals imstande sein, die Richtung sozio-ökonomischer Entwicklung zu steuern. Damit soll auf die Abhängigkeit des analytischen Begriffspaars „aktiv-reaktiv" vom empirischen, theoretischen, aber auch vom normativen Vorverständnis gesellschaftlicher Prozesse aufmerksam gemacht werden, eine Abhängigkeit, die vom Policy Science-Ansatz vernachlässigt wird. Ein weiterer Mangel des PS-Ansatzes liegt in der verkürzten Analyse der Gründe, warum eigentlich „aktive Politik" erforderlich wird; der Ansatz beschränkt sich meist auf die common sense-getränkte Erfahrung der Krisenhaftigkeit ungesteuerter Entwicklung und beschwört die modernen Apokalypsen der Umweltverschmutzung, der Ressourcenerschöpfung, der Rebellion oder Kriminalität und der gesellschaftlichen Neurose oder Drogensucht.
Es wird daher eine andere Typologie der Dimensionen „aktiver Politik" vorgeschlagen. Der strukturierende Gewinn dieser Typologie gegenüber dem PS-Ansatz mag zunächst unerheblich erscheinen. Der Vorteil besteht darin, daß die Dimensionen in ein Netz systemtheoretischer Kategorien eingespannt sind, die genetisch-historische sowie funktional-kausale Bestimmungsgrößen zueinander in Beziehung setzen. Zu ersten Versuchen der Ausarbeitung eines solchen systemtheoretischen Bezugsrahmens kann hier nur hingewiesen werden (vgl. Schmid/Treiber 1975, S. 61 ff.).
Abb. 1 (vgl. S. 170) enthält das kategoriale Grundgerüst einer solchen anvisierten Systemtheorie: die strukturell gegenläufige Hierarchisierung der Gesellschaftsfunktionen. Dahinter steht u. a. der einfache Gedanke, daß menschliches Handeln in zweifacher Weise determiniert ist: a) durch objektive Rahmenbedingungen verschiedener „Durchschlagskraft", die zu einem bestimmten Zeitpunkt nicht zur Disposition stehen (Steuerung), b) durch subjektive Rahmenbedingungen, die zu einem bestimmten Zeitpunkt in verschiedenem Ausmaß zur Disposition stehen (Regelung). Die Steuerung geht von der Produktions- und Reproduktionsfunktion aus (und läßt zunehmenden Handlungsspielraum entgegen „dem Uhrzeigersinn" zu), während die Regelung umgekehrt von der sozialen Kontrollfunktion ausgeht (mit abnehmendem Dispositionsspielraum „im Uhrzeigersinn"). Die Leitidee „aktiv" — und mithin auch „aktive AM-Politik" — ist auf die Kontrollfunktion bzw. auf soziale Handlungssysteme zu beziehen, hier auf das Handlungssystem „Regierung und Verwaltung" (= „Staat"). Die formalen Problemdimensionen aktiver AM-Politik ergeben sich aus dem Verhältnis der Kontrollfunktionen zu allen anderen Funktionen und zu sich selbst.

170 Günther Schmid

Abb. 1: **Gegenstrukturelle Hierarchie der Gesellschaftsfunktionen**

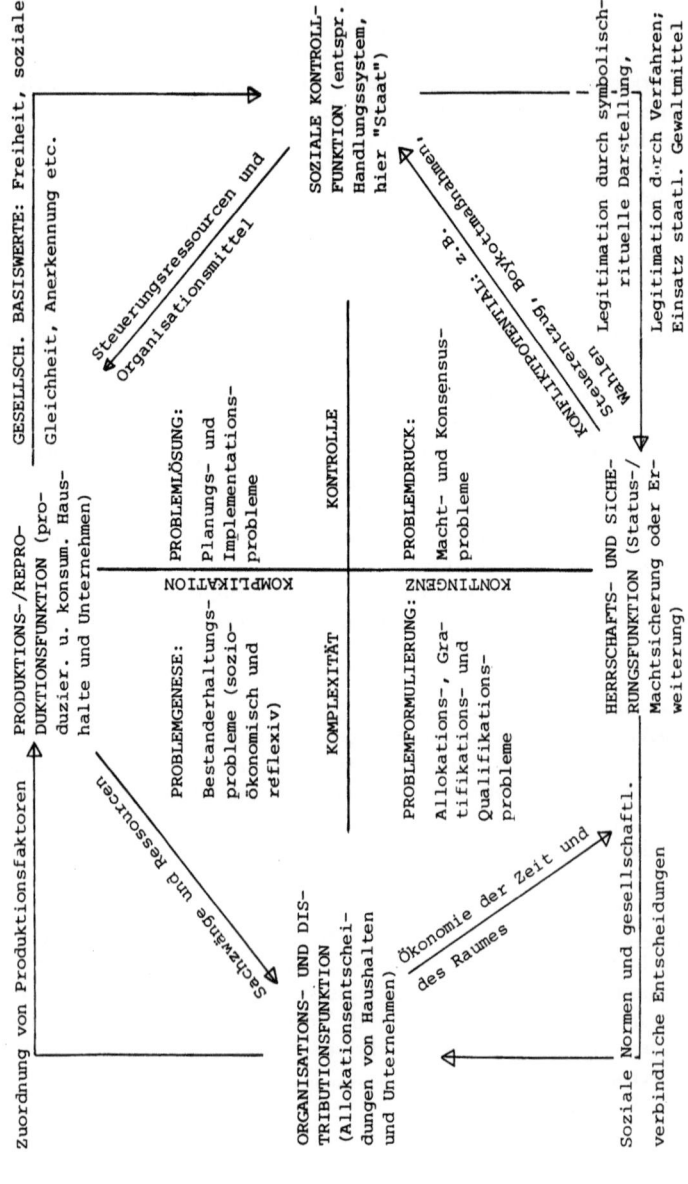

Zur Konzeption einer aktiven Arbeitsmarktpolitik

Die handlungseinschränkenden Dimensionen der AM-Politik sind so
(→ steuerungstheoretisch) in erster Linie Sachzwänge und Ressourcen
(z. B. Arbeitskräftepotential, Arbeitsmittel, Rohstoffe...), dann die
„Ökonomie der Zeit und des Raumes" (z. B. die regionale Verteilung
der Arbeitskräfte und Arbeitsmittel, die Produktivität...), dann das
Konflikt- oder Machtpotential anderer sozialer Handlungssysteme
(z. B. Investitionsverweigerung, Steuerentzug, Streik, Veränderung
des Wahlverhaltens...) und schließlich die Kapazität der eigenen
Steuerungsressourcen (hier: finanzielle und sachliche, administrativ-
rationale Ressourcen, Konsens- und Konfliktpotential, personale
Ressourcen). Die handlungseinschänkenden Dimensionen von der
regelungstheoretischen Seite her (↱) sind in erster Linie die Organisation der Entscheidungsgewalten (Allokations-, Gratifikations- und
Qualifikationsentscheidungen), dann soziale und rechtliche Normen
(z. B. Freiheit der Berufs- und Arbeitsplatzwahl), dann der Legitima-
tionsgrad des politischen Systems (z. B. Rückhalt an Wählern, öffentliche Meinung), und schließlich gesellschaftliche Basiswerte wie Bedürfnisse der individuellen Freiheit, der sozialen Gleichheit und Anerken-
nung. Bewegungen der Gegenregelung haben ihren Ausgangspunkt im
System gesellschaftlicher Basiswerte: z. B. bewußtwerdende Verletzung
der sozialen Gleichheit kann zu Legitimationsentzug führen, dann eine
Änderung sozialer und rechtlicher Normen bewirken und schließlich
evtl. eine Änderung der gesellschaftlichen Entscheidungsstruktur her-
vorrufen (darum strukturell gegenläufige Hierarchisierung der Gesellschaftsfunktionen).
Durch Charakterisierung der jeweiligen *allgemeinen Problemsituation*
lassen sich *erste* „konkrete" Anhaltspunkte zur Bestimmung aktiver
AM-Politik gewinnen. In Tab. 1 (vgl. S. 172/173) ist das Gegensatzpaar
„mehr aktiv — mehr reaktiv" im Hinblick auf die formalen Problemdimensionen und allgemeinen Problemsituationen charakterisiert. Dies
muß als ein erster Versuch gewertet werden; denn eine genetisch-
funktionale Systemtheorie setzt voraus, was hier nicht geleistet werden kann: a) eine materielle Gesellschaftstheorie, welche vor allem die
Problemgenese aus dem spezifischen Verhältnis der Produktions- und
Reproduktionsfunktion zur Organisations- und Distributionsfunktion
herausarbeitet (hier: Arbeitsmarktentwicklung und -struktur im Verhältnis zur gesellschaftlichen Entscheidungsstruktur hinsichtlich von
Allokations-, Gratifikations- und Qualifikationsproblemen der Arbeit), b) eine Handlungstheorie, die erfolgversprechende Handlungs-
strategien im Hinblick auf bestimmte Problemtypen abzuleiten in der
Lage ist. Erst die Beziehung beider Theoriesysteme zueinander würde

Tab. 1:

Problemdimensionen	Problemsituation	mehr „aktive" Politik	mehr „reaktive" Politik
BESTAND-ERHALTUNGS-PROBLEM: sozio-ökonomisch und reflexiv (hier Staat) (Komplikation/ Komplexität)	sozio-ökonomisch: ‚autonome' Parameterveränderungen (demograph. Entw., Produktivitätsentw., Weltmarkt etc.), Ressourcenerschöpfung; reflexiv: Bestandskrise des politischen Systems (Verminderung des Steueraufkommens, Erhöhung unproduktiver Transferzahlungen, Änderung des Wählerverhaltens etc.);	Einwirkung auch auf ‚autonome' Parameterveränderungen wie Migrations-, Bevölkerungs-, Technologie- und Strukturpolitik; reflexiv: quantitative und qualitative Ressourcenerhöhung, Erweiterung des Handlungsspielraums durch Erhöhung der finanz. Ressourcen (z. B. Schaffung von Fonds); Schaffung von Arbeitsplätzen;	bloße Zurkenntnisnahme exogener Parameterveränderungen und keine Einwirkung darauf; keine quantitative und qualitative Steigerung der Ressourcen;
ALLOKATIONS-, GRATIFIKATIONS-, QUALIFIKATIONS-PROBLEME (Komplexität/ Kontingenz)	Notwendigkeit der Reallokation der Produktionsfaktoren Kapital und Arbeit; hohes Mobilitätserfordernis derselben; Andersqualifikation; Redistribution des Mehrprodukts; Allokation und Redistribution (bis hin zur Änderung der Entscheidungsgewalt über Produktionsmittel);	Strategien der Optionsmaximierung im sozio-ökonomischen Bereich: gezielte Verbote und Gebote im Hinblick auf gesellschaftlich erwünschte Mobilität; dito gezielte negative und positive Anreize zur Mobilität; Umstrukturierung sozialer Erwartungen und Normen; Schaffung neuer „Verkehrsformen" im Prozeß der	keine gezielte und differenzierte Mobilitätspolitik; Beibehaltung tradierter gesellschaftlicher „Verkehrsformen" der Allokation und Distribution; Beschränkung auf kompensatorischen Ausgleich von Anpassungsfriktionen (Arbeitslosenversicherung, Konkursausfallgeld, Arbeitsplatzsubventionen etc.);

Problemdimensionen	Problemsituation	mehr „aktive" Politik	mehr „reaktive" Politik
MACHT- UND KONSENSUS-PROBLEME (Kontingenz/Kontrolle)	unterschiedliche Betroffenheit von Statusgruppen durch die Notwendigkeit der Reallokation und Redistribution, unterschiedliches Konflikt- und Sanktionspotential der Betroffenen (betr. vor allem untern ehm. Mittelstand, tradit. Facharbeiter, niedrige Angestellte, „Problemgruppen" des Arbeitsmarkts);	autonome Zielplanung; auch wenig konfliktfähige und nichtorganisierte Interessen berücksichtigend; Verbesserung der Konsensbildungsprozesse durch stärkere Einbeziehung der gesellsch. Gruppen in den Politikformulierungs- und Implementierungsprozeß; Brechung von Boykottmaßnahmen durch staatliches Gewaltmonopol (empfindliche Geldstrafen etc.); Orientierung am Finalprinzip statt am Kausalprinzip;	heteronome Zielbestimmung (z. B. durch die konfliktfähigsten Interessengruppen); Politik der Statusverfestigung (wie Schutzzollpolitik, Subventionspolitik etc.);
PLANUNGS- UND IMPLEMENTATIONS-PROBLEME (Kontrolle/Komplikation/Komplexität/Kontingenz)	Widersprüchlichkeit und Vielfältigkeit der Interessen; Nichtvoraussehbarkeit von Entwicklungen; geringe Kenntnis von Probleminterdependenzen; zersplitterte Zuständigkeiten.	Operationalisierung der Ziele sowie quantit. und qualit. Erfolgskontrolle; Reorganisation der Implementationsstruktur (Entflechtung aktiver von kompensatorischen Funktionen); Strategien der Optionsmaximierung im staatlichen Bereich: Entflechtung von Einnahmen und Ausgaben, Entflechtung der Langfristplanung von Legislaturperiode und Konjunkturzyklus etc.; Ausbau des Intelligenzsystems; Koordination der Politiken; soziale, sachliche und räumliche Differenzierung der Instrumente.	unpräzise und kurzfristige Zielbestimmung und allenfalls quantitative Erfolgskontrollen (z. B. Zählung der Anzahl der Vermittlungen, unabhängig von der Qualität der vermittelten Arbeitsplätze); Anpassung der Politik an Legislaturperioden und Konjunkturzyklen.

den Hintergrund ergeben, der zur Bestimmung „aktiver AM-Politik" erforderlich wäre.

Tab. 1 (S. 172/173) enthält implizit einige Thesen, wie Gesellschafts- und Handlungstheorie aufeinander zu beziehen sind, ohne daß sie hier im einzelnen ausgeführt und begründet werden können. Um nur ein Beispiel anzuführen: Aus der Entwicklung der Angebotsstruktur läßt sich eine zunehmende Differenzierung und starke zeitliche Schwankung der arbeitsmarktpolitischen Interessen feststellen (Frauen, die wieder ins Erwerbsleben eintreten wollen; Frauen, die sich auf Teilzeitarbeit verschiedenen Ausmaßes umstellen wollen; ältere Arbeitskräfte, die einen weniger beanspruchenden Arbeitsplatz suchen etc. etc.); der Staat, von dem vielfach der entscheidende Schritt der Problemlösung erwartet wird, sieht sich so einer wachsenden Vielfältigkeit und Widersprüchlichkeit der Arbeitsmarktinteressen gegenüber; in solchen Situationen bewährt sich die *Strategie der variablen Optionsmaximierung* (vgl. auch Offe 1975), sowohl sozio-ökonomisch als auch reflexiv: *sozio-ökonomisch* sind auf dem AM die Voraussetzungen zu schaffen, daß die sozialen Handlungssysteme zwischen zahlreichen Formen und Inhalten der Erwerbstätigkeit wählen können (solche Voraussetzungen werden z. B. geschaffen durch Mobilitätshilfen, flexible Altersgrenze, Teilzeitarbeit, Kurzarbeit, Umschulungs- und Weiterbildungsangebote, Transferierbarkeit von betriebsspezifischen Gratifikationen); *reflexiv*, d. h. hier auf den Staat bezogen, sind die Voraussetzungen dekontingenter Politik zu schaffen, d. h. einer Politik, die vom unmittelbaren Handlungsdruck bestimmter Interessen frei ist und die ihre Mittel relativ autonom und nach Opportunitätsgesichtspunkten variabel (hinsichtlich Zeit, Umfang etc.) einzusetzen in der Lage ist (solche Voraussetzungen sind u. a. Entflechtung von Einnahmen und Ausgaben; Entflechtung der Langfristplanung von Legislatur- und Konjunkturzyklen; Trennung der Arbeitslosenversicherung von Arbeitsvermittlung, Arbeitsberatung und Weiterbildungssystem; Setzung präziser Kriterien und ihre Variation nach arbeitsmarkt- oder sozialpolitischen Gesichtspunkten).

3. Thesen zur Notwendigkeit und Zielsetzung aktiver Arbeitsmarktpolitik

In diesem Abschnitt werden einige Thesen zur Notwendigkeit und Zielsetzung aktiver Arbeitsmarktpolitik zur Diskussion gestellt. Sie basieren auf einer Situationsanalyse der Arbeitsmarktproblematik in

ausgewählten Ländern: BRD, Frankreich, Großbritannien, Schweden, DDR und UdSSR (vgl. Schmid 1975, S. 44—81).
(1) Infolge der stärkeren Eingliederung der Frauen in das Erwerbsleben (vor allem verheirateter Frauen) und als Folge der sozialen Zielsetzung, behinderte und ältere Personen stärker in das Erwerbsleben zu integrieren, wächst der relative Anteil derjenigen Erwerbstätigen, deren Arbeitskraft im marktwirtschaftlichen Sinne nicht voll konkurrenzfähig ist. Um diesen Teil der Erwerbspersonen vor Diskriminierung zu schützen, bedarf es einer aktiven Arbeitsmarktpolitik,
a) welche die Konkurrenzfähigkeit dieser Erwerbspersonen verbessert oder die Nichtkonkurrenzfähigkeit kompensiert,
b) und welche die Nachfragebedingungen nach Arbeitskräften den besonderen Wünschen dieser Erwerbspersonen anpaßt (Teilzeitarbeit, Anpassung der Produktionstechnologie an Arbeitsfähigkeit Behinderter etc.)
(2) Befragungen stellen einen erheblichen Anteil „latenter" Erwerbspersonen fest (vor allem unter Frauen, Jugendlichen und Rentnern), die auf dem Arbeitsmarkt nicht auftreten, weil keine ihren Wünschen entsprechenden Arbeitsplätze zur Verfügung stehen. Aktive AM-Politik sollte Umfang und Bedürfnisse dieser „latenten" Erwerbsbevölkerung genau feststellen und auf die Nachfrageseite einwirken, um diesen Anteil der Bevölkerung in das Erwerbsleben zu integrieren.
(3) Dadurch daß die westlichen Länder relativ leichten Zugang zu ausländischen Arbeitskräften hatten, die physisch und psychisch belastende Arbeiten übernahmen, sank die Bereitschaft inländischer Erwerbspersonen, manuelle produktive Arbeiten und Dienstleistungstätigkeiten zu übernehmen. Dies führt dann zu Engpässen in diesen Bereichen, wenn die Einwanderung ausländischer Arbeitskräfte gestoppt oder „konsolidiert" wird und wenn die zweite Generation ausländischer Arbeitskräfte heranwächst und auf dem Arbeitsmarkt gleichwertiger zu konkurrieren in der Lage ist. Ungesteuerte Wanderung führt zu starker Infrastrukturbelastung in Ballungsgebieten, zur Verzögerung notwendigen Strukturwandels und zur Ausnutzung ausländischer Arbeitskräfte als Subproletariat und variabler Arbeitskräftepuffer. Im Gegensatz zu Schweden hat sich die BRD noch zu keiner langfristigen Zielsetzung ihrer Ausländerpolitik entschließen können; dies belastet Ausländer und Unternehmen zugleich infolge unklarer Perspektiven.
(4) „Interne" Teilarbeitsmärkte, in denen die Arbeitskräfte zum Teil in „neofeudaler" Weise gebunden werden[3], nehmen an Bedeutung zu.

Sie sind aber dem Blick- und Wirkungsfeld traditioneller Arbeitsmarktpolitik weitgehend entzogen; diese beschränkt sich weitgehend auf Arbeitslosenversicherung und zwischenbetriebliche oder berufliche Mobilitätsförderungen. Interne Arbeitsmärkte stellen aber in Zeiten umfassender struktureller Wandlungen und im Falle persönlicher Veränderungen (z. B. Heirat) ein erhöhtes Risiko für die einzelnen Erwerbspersonen dar. Auch für die Erwerbssozialisation von Jugendlichen, die den Sprung in die marktstrukturell meist privilegierten internen Teilarbeitsmärkte nicht schaffen, droht die Gefahr dauerhafter Marginalisierung auf dem Arbeitsmarkt. Aktive AM-Politik sollte sich daher Einwirkungsmöglichkeiten in interne Arbeitsmärkte verschaffen.

(5) Je stärker Betriebe Wettbewerbsbedingungen ausgesetzt sind, desto mehr sind sie gezwungen, die Kosten der Arbeitskräfte zu minimieren, das Qualifikationsniveau der Produktionsarbeiter möglichst niedrig und das verfügbare Arbeitspotential möglichst variabel zu halten. Dies ist einer der Hauptgründe dafür, daß bei konjunkturellen Einbrüchen ein überdurchschnittlicher Teil der Arbeitslosen unqualifizierte oder angelernte Arbeiter sind. Die politische Forderung nach Höherqualifizierung ist solange sinnlos, wie nicht gleichzeitig Einfluß auf die Bedingungen der Nachfrage nach Arbeitskräften genommen wird (= nachfrageorientierte Strukturpolitik).

(6) Der technologische Wandel unter heutigen Bedingungen fördert eine weitere Polarisierung der Qualifikationsstruktur: Die Notwendigkeit von Höher- und Andersqualifizierung beschränkt sich fast ausschließlich auf kleinere Gruppen qualifizierter Facharbeiter, Ingenieure, Führungskräfte und Akademiker, während ein Großteil mittlerer Qualifikationen (vor allem handwerklich Ausgebildete) eher von Dequalifizierung bedroht ist. Eine aktive AM-Politik, welche die Qualifikationsstruktur verbessern will, muß auch aus diesem Grunde stärker auf die Determinanten der Arbeitskräfte-Nachfrage einwirken.

Diese Notwendigkeit ergibt sich auch aus dem wachsenden Bedürfnis nach Weiterbildung als solcher, ohne daß die Anpassung der Nachfrageseite an diese endogene Entwicklung gesichert wäre.

(7) Die zunehmende internationale Konkurrenz erzeugt einen weiteren arbeitsmarktrelevanten Problemdruck: Die bisher weitgehend ungesteuerten Arbeitskraftbewegungen (inner- und zwischenbetrieblich), die jährlich zwischen zwanzig und dreißig Prozent des gesamten Arbeitsvermögens ausmachen, sind mit Arbeitskraftverschwendungen verschiedenster Art verbunden: zu lange Umsetzungszeiten, ökono-

misch sinnlose Arbeitsplatzwechsel, Wanderungen in langfristig unproduktive Zweige etc. Dies mindert die gesamtwirtschaftliche Produktivität und damit die internationale Konkurrenzfähigkeit. Aber auch betriebswirtschaftlich sind hohe Fluktuationsraten und lange Umsetzungszeiten zu kostspielig geworden, und für die Erwerbspersonen selbst ist der Arbeitsplatzwechsel wegen mangelnder Information oft mit Verlusten und Enttäuschungen verbunden. Eine aktive AM-Politik sollte sich daher um eine Verbesserung des Allokationsprozesses bemühen.

(8) Der sektorale Strukturwandel ist durch zwei Entwicklungen bestimmt: a) durch die endogene Strukturverschiebung zwischen primärem, sekundärem und tertiärem Sektor, b) durch die Veränderung der internationalen Arbeitsteilung zuungunsten der traditionell-industriellen Produktion. Daraus ist abzuleiten, daß eines der Hauptprobleme industriell hochentwickelter Staaten die Umstrukturierung des sekundären Sektors mit einer entsprechenden Umstrukturierung der Erwerbstätigen sein wird. Arbeitsintensive Massengüter werden in zunehmendem Maße in oder von aufstrebenden Entwicklungsländern produziert. Dies zwingt traditionelle Industriestaaten mit einem hohen Lohnkostenniveau, den Schwerpunkt auf kapitalintensive Produktion mit hoher Technologie und großem know how zu verlegen. Der Sekundärsektor wird nicht mehr in dem Maße wie bisher das Auffangbecken für freigesetzte Arbeitskräfte im Primärsektor sein können, sondern eher selbst zu einem positiven Freisetzungssaldo beisteuern; da auch der tertiäre Sektor vor einem Rationalisierungsdruck steht, scheint dessen Absorptionsfähigkeit, die er in den letzten 10 Jahren bewiesen hat, ebenfalls an Grenzen zu stoßen.

(9) Da die traditionelle verarbeitende Industrie regional sehr ungleich verteilt ist, muß mit erheblichen regionalen Folgeproblemen gerechnet werden. Diese betreffen nun freilich weniger die unterentwickelten Regionen („ländliche Gebiete"), sondern vor allem die traditionell-industriellen Ballungsgebiete. Da aber nach wie vor mit einem raschen Freisetzungseffekt im primären Sektor zu rechnen ist, überlappen sich regional-politisch zwei Probleme, deren gleichzeitige Lösung sehr schwierig werden wird (konkurrierende Förderungsgebiete).

(10) Faßt man sektoralen, regionalen und demographischen Strukturwandel zusammen, so stellt sich für die Zukunft der BRD nicht generell das Problem der Arbeitskräfteknappheit, sondern das Problem der Gleichzeitigkeit struktureller Unterbeschäftigung (auf höherem Niveau als bisher) und partieller Überbeschäftigung. Das heißt, die Notwendigkeit der sektoralen und beruflichen Umstrukturierung der

Erwerbsbevölkerung und der Industrie wird zu erheblichen Anpassungsfriktionen führen, wenn keine Mittel vorbeugender AM-Politik gefunden werden:

a) Abgesehen von sozialistischen Ländern, in denen sich arbeitsmarktpolitische Funktionsdefizite mehr hinter den Werkstoren der Betriebe verbergen, ist in allen hier einbezogenen Ländern im vergangenen Jahrzehnt ein Anstieg strukturell bedingter Arbeitslosigkeit zu verzeichnen. Indikationen dafür sind: steigende Dauer und die sektoral, regional, alters- und geschlechtsspezifisch ungleiche Verteilung der Arbeitslosigkeit sowie die Gleichzeitigkeit von Über- und Unterbeschäftigung.

b) Überdurchschnittlich betroffen sind in allen Ländern: jugendliche, weibliche und ältere Arbeitnehmer, unqualifizierte und angelernte Arbeiter, wobei sich neuerdings die Tendenz abzuzeichnen scheint, daß die Angestellten-Arbeitslosigkeit schneller steigt als die der Produktionsarbeiter.

4. Wie „aktiv" ist die Arbeitsmarktpolitik in Schweden und in der BRD?

Abschließend soll die AM-Politik in Schweden und in der BRD den im zweiten Kapitel entwickelten Kriterien aktiver Politik gegenübergestellt werden. Aus editorischen Gründen muß hier auf eine ausführliche Analyse und auch auf beispielhafte Demonstrationen der in diesen Ländern praktizierten Steuerungsinstrumente verzichtet werden. Das folgende beschränkt sich daher auf einige Hinweise[4].

(1) Im Hinblick auf Umfang und Struktur des elementaren sozialen Systembestandes (Umfang und Struktur des Arbeitskräftepotentials, der Arbeitsmittel, der natürlichen Ressourcen) hat der Staat „von Natur aus" einen geringen Handlungsspielraum. Infolge der noch weitgehend privaten Struktur der Organisierung und Verteilung der Produktionsfaktoren in Schweden wie in der BRD (Autonomie der betrieblichen Investitionsentscheidungen, freie Arbeitsplatz- und Berufswahl, Autonomie der Tarifpartner) engt sich dieser Spielraum noch weiter ein. Auf die Genese von Arbeitsmarktproblemen hat daher sowohl die bundesdeutsche wie die schwedische Arbeitsmarktpolitik im wesentlichen keinen Einfluß.

Das Erfordernis der permanenten Allokation und Reallokation von Produktionsfaktoren infolge der technologischen Entwicklung, der Veränderungen der internationalen Arbeitsteilung, relativ autonomer

demographischer Entwicklungen wird so primär „privat" gelöst, aber mit Wirkung enormer Folgeprobleme, die wir im 3. Kapitel zum Teil angeführt haben (Gleichzeitigkeit von Unter- und Überbeschäftigung, Strukturalisierung der Unterbeschäftigung, Polarisierung der Qualifikationsstruktur, Anpassungsprozesse mit hohen gesellschaftlichen und individuellen Kosten etc.).
Der Staat sieht sich so aus zwei Gründen einem großen Problemdruck ausgesetzt: Erstens muß er auf eigene Bestandskrisen reagieren (Verminderung des Steueraufkommens bei Wachstumskrisen, Erhöhung unproduktiver Transferzahlungen bei hoher Arbeitslosigkeit, Gefahr des Macht- und Legitimitätsverlustes bei kommenden Wahlen); zweitens wird ihm die Lösung der Folgeprobleme zugemutet, wobei eine Verschiebung horizontaler (zwischen gesellschaftlichen Gruppen) zu vertikaler Konfliktverarbeitung (zwischen Staat und gesellschaftlichen Gruppen) stattfindet, auf Grund dessen der Staat auch seine Fähigkeit zur Konsensbildung oder seine Kapazität der Repression erweitern muß. Man kann so in der Tat von einer Tendenz der Verstaatlichung von Problemlösungsprozessen sprechen (Scharpf), die neue und hohe Anforderungen an die staatlichen Steuerungs- und Organisationsressourcen im entwickelten Kaptialismus stellen. Konzeptionen „aktiver Arbeitsmarktpolitik" können so als Reaktion der sozio-ökonomischen Umwelt verstanden werden.
(2) a) Strukturpolitisch ist die AM-Politik in beiden Ländern kaum entwickelt; selbst die Investitionsfonds in Schweden, die theoretisch dazu die Möglichkeit bieten würden, wurden in dieser Hinsicht kaum aktiviert. Auch die Bevölkerungspolitik ist in beiden Ländern kein gezieltes arbeitsmarktpolitisches Instrument, dagegen hat Schweden ein relativ klares Konzept der Ausländerpolitik (Integrationsmodell) im Gegensatz zur BRD, das sich noch nicht zu einer aktiven Ausländerpolitik entschlossen hat.
Beide Länder haben in den letzten Jahren den finanziellen Ressourcenspielraum für die AM-Politik erhöht, wobei Schweden insgesamt wesentlich mehr Mittel einsetzt als die BRD[5]. Darüber hinaus verfügt die schwedische Arbeitsverwaltung durch verschiedene konjunkturabhängige Fonds (Investitionsfonds, Fonds für die Verbesserung der Arbeitsplatzstruktur u. a.) über zusätzliche Einflußmöglichkeiten auf die Verwendung/Verteilung gesellschaftlich erzeugten Mehrprodukts[6].
b) Beide Länder haben im vergangenen Jahrzehnt zahlreiche Instrumente der „variablen Optionsmaximierung" im sozio-ökonomischen Bereich entwickelt, vor allem auf der Angebotseite (Mobilitätshilfen, Umschulungs- und Weiterbildungsangebote, Teilzeitarbeit, Kurz-

arbeit), wobei aber zu bemängeln ist, daß diese Instrumente kaum gezielt und differenziert gehandhabt werden. In der Regel sind es Angebots-Incentives, deren Nutzung von der Initiative der Erwerbstätigen oder der Betriebe abhängig gemacht wird. Es wird so eine Kongruenz von individuellem Anpassungsverhalten und objektiver Anpassungsnotwendigkeit angenommen, was unrealistisch ist und zum Teil „gegenproduktive Effekte" hervorbringt[7] oder die Ziele nur unter ungünstigen Nutzen/Kosten-Verhältnissen erreichen läßt.

Der angebotene Optionsspielraum für Erwerbstätige und Betriebe wird in Schweden in weit umfangreicheren Maße mit gezielten arbeitsmarktpolitischen Kriterien verbunden als in der BRD; vor allem verfügt Schweden über größere Einwirkungsmöglichkeiten auf Nachfragedeterminanten: z. B. Kontrollmöglichkeiten im Hinblick auf den Anteil älterer und behinderter Arbeitskräfte sowie im Hinblick auf den Frauenanteil; enge Mitwirkung bei regionalpolitischen Incentives und Disincentives (z. B. bei Baugenehmigungen, Industrieansiedlungen); schärfere Handhabung der Meldepflicht im Falle von voraussichtlichen Entlassungen oder Umsetzungen; die Meldepflicht offener Stellen ist geplant; ¹/₂jährige Stornierung von Betriebsstillegungen etc.

Vor allem die Diskussion der konjunkturpolitischen Wirksamkeit der AM-Politik hat gezeigt, daß noch weitere Möglichkeiten denkbar sind, den Optionsspielraum sozio-ökonomisch zu erweitern (Strategien der Arbeitszeit-Variation, Arbeitslosenrotation u. a.); selbst das Arbeitslosenversicherungs-System ließe sich „aktivieren" (Verbesserung des „Rechts auf Arbeit", Ausdifferenzierung freiwilliger Arbeitslosigkeit; Differenzierung nach Risikogruppen).

c) Wir haben festgestellt, daß aktive AM-Politik eine Verbesserung und Erweiterung staatlicher Fähigkeiten erfordert, Konflikte durchzustehen oder Konsensus herzustellen. Ein Indikator dafür, inwieweit der Staat über eine hohe Konflikt- und Konsenskapazität verfügt, könnte daran abgelesen werden, ob und inwieweit AM-Politik auch wenig konfliktfähige Interessen (vor allem die der „Problemgruppen") berücksichtigt. Sicherlich haben beide Länder in den vergangenen Jahren erhebliche Anstrengungen unternommen, die Situation der Problemgruppen zu verbessern (vor allem für ältere und behinderte Arbeitskräfte), wobei Schweden quantitativ wie qualitativ etwas besser abschneidet[8]. Dennoch kann man nicht behaupten, daß die Situation wenig konfliktfähiger Gruppen auf dem Arbeitsmarkt (einzubeziehen wären auch Jugendliche, ungelernte und ausländische Arbeitskräfte) zufriedenstellend ist; dies zeigt sich deutlicher in Zeiten großer Beschäftigungseinbrüche, wenn die Interessen etablierter AM-Gruppen stärker zum Tragen kommen. Die BRD neigt eher zu den Steuerungsinstrumenten der Verbote und Gebote (Quotenregelung, Meldepflicht, Kündigungsschutz etc.) und ergänzt sie durch infrastrukturelle Angebote (geschützte Werkstätten, Eingliederungsbeihilfen etc.); Verbots- und Gebotsinstrumente lassen an Differenzierung und Sanktionsfähigkeit zu wünschen übrig, während die infrastrukturellen Angebote wiederum die Nutzung von individuellen Initiativen abhängig machen. Schweden hat im Laufe der Zeit den oben erwähnten Steuerungsmethoden auch prozedurale Steuerungsinstrumente hinzugefügt, die größere Durchsetzungsfähigkeit bei gleichzeitig größerer Flexibilität zu gewährleisten scheinen. Paradigmatisch dafür sind die Anpassungsgruppen[9]. Während danach gesetzlich die Rahmenbedingungen für eine bessere Eingliederung Älterer und Behinderter in das Erwerbsleben festgelegt und auch erhebliche finanzielle Anreize, aber auch Sanktionsmöglichkeiten zur Verfügung gestellt sind, wird die inhaltliche Ausgestaltung den drittelparitätisch besetzten Anpassungsgruppen überlassen; damit wird nicht nur Flexibilität gegenüber lokalen Arbeitsmarktbedingungen, sondern auch ein unschätzbarer Innovationsspielraum geschaffen.

d) Eine aktive AM-Politik verlangt andere organisatorische Durchsetzungsstrukturen als eine reaktive und kompensatorische AM-Politik. In auffällig synchroner Weise haben in den vergangenen Jahren in vielen hochentwickelten Industrieländern (auch sozialistischen) tiefgreifende Reformen der Arbeitsverwaltung stattgefunden[10]. Im Sinne einer reflexiven Optionsmaximierung und Dekontingentierung der AM Politik scheint handlungstheoretisch sowohl eine Entflechtung der Einnahmen und Ausgaben sowie die Unabhängigkeit langfristiger Strukturpolitik von Konjunktur- und Legislaturperioden erforderlich zu sein.

Das Finanzierungssystem der AM-Politik in der BRD ist noch zu sehr der Tradition kompensatorischer Politik verhaftet. Solange Vollbeschäftigung oder gar Überbeschäftigung herrschte, konnten die aktiven Funktionen der AM-Politik der BA aus den Beiträgen der Arbeitslosenversicherung bzw. aus den Rücklagen finanziert werden. Abgesehen von der Verteilungsungerechtigkeit der Kosten im Verhältnis zum daraus entspringenden Nutzen, werden die Mittel für eine aktive Politik gerade dann knapp, wenn sie in größtem Umfang erforderlich wären, nämlich in Krisenzeiten. In Schweden werden die aktiven Funktionen im wesentlichen aus Haushaltmitteln finanziert. Im Hinblick auf die administrativ-rationalen Ressourcen ist ebenfalls eine strengere Trennung zwischen kompensatorischen und aktiven Funktionen erforderlich. Eine aktive Arbeitsvermittlung z. B. ist beim jetzigen System in der BRD um so weniger möglich, je mehr sie notwendig wäre, weil das Vermittlungspersonal durch Routinetätigkeiten der Bearbeitung von Anträgen auf Arbeitslosengeld und -hilfe absorbiert wird. Wie die schwedische Reform der Arbeitsverwaltung zeigt (vgl. Schmid 1975, S. 101 f.), gibt es Rationalisierungsmöglichkeiten einmal durch eine konsequentere Trennung der Verwaltungs- und Routineaufgaben von aktiven Funktionen, zum anderen durch Reorganisation der aktiven Funktionen nach Schwierigkeitsgraden und Generalisierbarkeiten; der Beratungs- und Vermittlungsdienst kann entlastet werden durch zentrale Aufnahmesektionen, die generelle Informationsfunktionen und leichtere Vermittlungsaufgaben übernehmen. Zu erwägen wäre auch eine Doppelstrategie der Zentralisierung und Dezentralisierung, d. h. eine Verkleinerung der Zahl ständiger Arbeitsämter zugunsten des Ausbaus zentraler Einheiten in größeren funktionalen Arbeitsmärkten, sowie die Einrichtung „ambulatorischer" Dienststellen an Plätzen, wo sich gerade schwierige Anpassungsprozesse abspielen; diesen Weg hat Schweden in der jüngsten Reformperiode eingeschlagen.

Notwendig erscheint auch eine bessere Koordination der verschiedenen Träger aktiver AM-Politik in horizontaler wie in vertikaler Hinsicht. In der BRD konnte es bisher vorkommen, daß Arbeitsämter im Rahmen der Fortbildung bestimmte qualifizierte Arbeitskräfte förderten, ohne daß eine entsprechende Industrieansiedlung gewährleistet war. In Schweden ist die Gefahr einer solchen unkoordinierten Politik geringer, da Industrieansiedlungspolitik/Regionalpolitik weitgehend in den Zuständigkeitsbereich der zentralen Arbeitsmarktbehörde bzw. der Distriktämter fällt.

Es wäre auch zu überlegen, ob längerfristige Planungs- und Programmfunktionen klarer aus der unmittelbaren Arbeitsverwaltung auszudifferenzieren wären. Die Entwicklung in Schweden entspricht diesen Überlegungen in einigen Punkten: Der politische Teil der Forschung wurde hier 1967 an das Arbeitsministerium angegliedert (EFA = Expertengruppe für Arbeitsmarktforschung und ERU = Expertengruppe für Regionalforschung), und die schwedische Regierung berief im März 1974 eine Kommission für langfristige Beschäftigungspolitik, die Überlegungen zu arbeitsmarktpolitischen Strukturreformen anstellen soll.

Im Hinblick auf die Operationalisierung der Ziele[11] sowie die qualitative Erfolgskontrolle sind in beiden Ländern nur wenige Ansätze zu verzeichnen; das „Intelligenzsystem" wurde in beiden Ländern in den vergangenen Jahren erheblich ausgebaut. Obwohl die Informationsverarbeitungskapazität der bundesdeutschen Arbeitsverwaltung (vor allem mit dem IAB, dem in westeuropäischen Ländern nichts vergleichbares gegenübersteht) vergleichsweise hervorragend ist, bestehen hier tatsächlich doch noch große Engpässe: Es fehlen besonders lokalspezifische und tätigkeitsspezifische Daten; Prozeß- und Flußdaten, welche die tatsächlichen Bewegungen der Arbeitskräfte zwischen- und innerbetrieblich wiedergeben; Kausalmodelle; komplexe Entscheidungs- und Simulationsmodelle; Evaluierungsstudien der einzelnen arbeitsmarktpolitischen Instrumente, Kosten-Nutzen-Analysen; Verlaufsanalysen (mit Ausnahme der vorbildlichen Berufsverlaufsanalyse für Männer); und schließlich war die Arbeitsverwaltung selbst noch kaum Gegenstand der Untersuchung.

Insgesamt betrachtet ist die AM-Politik beider hier untersuchten Länder wohl in der Mitte des mehrdimensionalen Kontinuums „mehr aktiv — mehr reaktiv" anzusiedeln, wobei Schweden über einige Erfahrungen und Ideen aktiver AM-Politik mehr verfügt als die BRD.

Literatur (im Text genannt)

BA-Überlegungen 1974 = Bundesanstalt für Arbeit, Überlegungen zu einer vorausschauenden Arbeitsmarktpolitik. Zugleich ein Beitrag der Bundesanstalt für Arbeit zu den „Perspektiven der Arbeitsmarktpolitik" des Bundesministers für Arbeit und Sozialordnung, Nürnberg 1974.

Blankenburg/Schmid/Treiber, „Von der reaktiven zur aktiven Politik. Darstellung und Kritik des Policy Sciences-Ansatzes", in: Grottian/Murswieck (Hrsg.), Handlungsspielräume der Staatsadministration, Hamburg 1974, S. 37—51.

Kerr, Clark, „The balkanization of labor markets", in: E. W. Bakke et al., Labor mobility and economic opportunity, New York 1954.

Kühl, Jürgen, „Zielorientierte Arbeitsmarktpolitik", in: Schmid/Freiburghaus (Hrsg.) 1975, S. 43—55.

Lutz, Burkhart, und *Werner Sengenberger,* Arbeitsmarktstrukturen und öffentliche Arbeitsmarktpolitik. Eine kritische Analyse von Zielen und Instrumenten (Schriftenreihe der Kommission für wirtschaftlichen und sozialen Wandel, Bd. 26), Göttingen 1974.

Mayntz, Renate, und *Fritz Scharpf* (Hrsg.), Planungsorganisation. Die Diskussion um die Reform von Regierung und Verwaltung des Bundes, München 1973; dort vor allem den Aufsatz von Mayntz/Scharpf, „Kriterien, Voraussetzungen und Einschränkungen aktiver Politik", S. 115—145.

Mertens, Dieter, „Aktive Arbeitsmarktpolitik bei Wachstumsreduktion", in: *Schmid/Freiburghaus* (Hrsg.) 1975, S. 36—42.

OECD, Manpower and Social Affairs Committee, Recommendation on an Active Manpower Policy, Paris 1964.

Offe, Claus, Berufsbildungsreform. Eine Fallstudie über Reformpolitik, Frankfurt a. M. 1975.

Ross, Arthur M., „Do we have a new industrial feudalism?", in: American Economic Review, Vol. XLVIII, No. 5 (1958).

Schmid, Günther, Steuerungssysteme des Arbeitsmarkts — Vergleich von Frankreich, Großbritannien, Schweden, DDR und Sowjetunion mit der Bundesrepublik Deutschland (Schriftenreihe der Kommission für wirtschaftlichen und sozialen Wandel, Bd. 84), Göttingen 1975.

Schmid, Günther, und *Hubert Treiber,* Bürokratie und Politik. Zur Struktur und Funktion der Ministerialbürokratie in der Bundesrepublik Deutschland, München 1975 (UTB 422).

Schmid, Günther und *Dieter Freiburghaus* (Hrsg.), Seminar Proceedings of the Conference on active labour market policy, Preprint Series of the International Institute of Management, Berlin 33, Griegstr. 5, I/75—67, Berlin 1975.

Anmerkungen

1) Als Äquivalent dazu sollte die Industrie- oder Regionalpolitik Voraussetzungen für höhere Kapitalmobilität schaffen: Kapital soll womöglich dorthin wandern, wo Arbeitskräftereserven bestehen oder entstehen.
2) Der deutsche Begriff „Politik" differenziert nicht zwischen „policy" (= Programme, Ziele, Pläne) und „politics" (= Konflikt- und Konsensprozesse).
3) Vgl. *Kerr* 1954 und *Ross* 1958; Mechanismen der Bindung von Arbeitskräften an den Betrieb sind: betriebsspezifische Qualifizierung; betriebsspezifische Zusatzgratifikationen wie betriebliche Altersrente u. Prämien, langgezogene Karrierewege, Senioritätsprinzipien, langfristige Arbeitsverträge, Pflege emotionaler Zugehörigkeitsgefühle.
4) Ausführlich zum Steuerungsinstrumentarium der Arbeitsmarktpolitik in hochentwickelten Industrieländern vgl. *Schmid* 1975; ausführlicher für die BRD vgl. *Lutz/Sengenberger* 1974.
5) Die Ausgaben in Schweden für Förderung der beruflichen und geographischen Mobilität, für Arbeitsvermittlung, berufliche Rehabilitation, Erhaltung und Schaffung von Arbeitsplätzen betrugen im Finanzjahr 1973/74 1,89 %/o des Bruttosozialprodukts, in der BRD 1974 dagegen nur 0,65 %/o. Die Zahlen sind allerdings nicht ganz vergleichbar, da ein Großteil der regionalen Förderungsmaßnahmen der BRD (im Gegensatz zu Schweden) nicht unter die Zuständigkeit der Arbeitsverwaltung fällt.

Zur Konzeption einer aktiven Arbeitsmarktpolitik 185

6) Das schwedische Fonds-System gibt Unternehmern steuerliche Anreize, ihre Gewinne teilweise in Fonds „einzufrieren". Die Entnahme dieser Mittel aus den Fonds unterliegt der Kontrolle der schwedischen Arbeitsmarktbehörde, die damit bestimmte Bedingungen verknüpft: Neben der Kontrolle des Zeitpunktes (antizyklisch) bestimmt die Arbeitsmarktbehörde auch weitgehend den Zweck der Investition (z. B. Investitionen in unterentwickelte Regionen, Investitionen zur Humanisierung der Arbeit).
7) Dies zeigt sich sehr deutlich auch in der Praxis der Weiterbildungs- und Umschulungsangebote in der BRD, die von den Beschäftigungsgruppen mit dem größten Arbeitsplatzrisiko am wenigsten genutzt werden.
8) So sind in Schweden z. B. Frauen — im Gegensatz zur BRD — im Weiterbildungsprozeß nicht mehr unterrepräsentiert.
9) Anpassungsgruppen werden in allen Betrieben mit mehr als 50 Beschäftigten eingerichtet. Sie setzen sich zusammen aus Vertretern der entsprechenden Arbeitgeber- und Arbeitnehmerverbände sowie aus Vertretern des entsprechenden Arbeitsamtes.
10) Für Frankreich, Großbritannien, Schweden, DDR und Sowjetunion vgl. *Schmid* 1975.
11) Als bemerkenswerte Vorschläge dazu vgl. BA-Überlegungen 1974.

//
Notwendig: Systematische Arbeitszeitverkürzung

Fritz Vilmar

1. Teilkonzept der Wirtschaftsdemokratie

Das Folgende verstehe ich als Teilkonzept einer von mir seit etwa 10 Jahren auf der Basis des DGB-Grundsatzprogramms entwickelten Gesamtkonzeption der Wirtschaftsdemokratie, deren logische und politische Implikationen hier nicht diskutiert werden können[1].
Immerhin möchte ich, damit nicht unnötige ideologische Vorurteile sich einschleichen, einige kurze Erklärungen dieses Ansatzes geben: Wirtschaftsdemokratie ist ein wirtschaftsordnungspolitisches Gesamtkonzept, das im wesentlichen durch drei Teilkonzepte bestimmt ist:
— volkswirtschaftliche Rahmenplanung
  (volkswirtschaftliche Gesamtrechnung, Nationalbudget und Investionslenkung)
— indirekte und direkte Kontrolle wirtschaftlicher Macht
— Mitbestimmung der Arbeitnehmer auf allen Ebenen des wirtschaftlichen Prozesses.
Es ist also ein Versuch, ausgehend von dem, was die Gewerkschaften in ihrem Grundsatzprogramm dazu ausgesagt haben[2], erstens aus *konkreten* politisch-ökonomischen Disfunktionalitäten, also nicht aus einem staats- oder planwirtschaftlichen Apriori, bestimmte Veränderungsstrategien zu entwickeln; zweitens einen Weg *schrittweiser* und allgemein einsichtiger ökonomischer Strukturveränderungen zu verfolgen, also ein Konzept, das davon ausgeht, daß gerade im ökonomischen Bereich nur durch permanente Reformen, auf der Basis eines breiten Konsens der Aktivbürger, erfolgreich etwas verändert werden kann — also ausdrücklich nicht durch irgendwelche wie auch immer gearteten eruptiven, revolutionären Totalveränderungen; drittens den akademischen, ideologischen Gegensatz von Markt- und Planwirtschaft zu überwinden durch ein Konzept der „mixed economy": Es wird nicht dogmatisch, puristisch einem profitwirtschaftlichen System ein zentralverwaltungswirtschaftliches, planwirtschaftliches gegenübergestellt, sondern es wird die Politik verfolgt, funktionsfähige marktwirtschaftliche Elemente zu erhalten, sie „aufzuheben" im Hegelschen Sinne, sie

Notwendig: Systematische Arbeitszeitverkürzung

gerade dadurch wieder funktionsfähig zu machen, daß sie in einem durch Rahmenplanung und Kontrolle ökonomischer Konzernmacht gesetzten sinnvollen (übrigens sehr weiten) ökonomischen Handlungsrahmen unternehmenspolitisch sich einfügen können. — Dies nur als knappe Vorbemerkung, um den Gesamtrahmen anzudeuten, in dem dieser Beitrag verstanden werden muß.

Notwendig ist eine zweite einleitende Reflexion: Innerhalb des wirtschaftsdemokratischen Gesamtkonzepts ist sowohl die faktisch erwartbare wie auch die normativ gebotene *Wachstumsbegrenzung* ein entscheidendes Datum, aber eben zugleich ein wirtschaftspolitisches Ziel. Denn sowohl die Tatsache, daß wir vermutlich mit geringerem Wirtschaftswachstum[3] mittel- und langfristig werden rechnen müssen, wie *auch* die Tatsache, daß ein geringeres bzw. qualitativ anderes Wachstum volkswirtschaftlich, vor allem ökologisch außerordentlich wünschenswert, bisher aber weder volkswirtschaftlich noch gesellschaftspolitisch bewältigt ist, muß m. E. ein zentrales Element in jedem künftigen Theorieansatz zur Wirtschaftsdemokratie sein — ein relativ neues Element, das in dem gewerkschaftlichen Grundsatzprogramm oder auch in anderen progressiven Wirtschaftsprogrammen, soweit ich sehe, noch nicht vorkommt. Interessanterweise können sich die meisten Linken und linken Organisationen eine optimale Wirtschafts- und Gesellschaftsentwicklung bei Wachstumsbegrenzung bisher ebensowenig vorstellen, wie die Konservativen[4]. Es ist evident, daß die Frage einer systematischen Verknappung der Arbeitszeit bei längerfristiger Wachstumsbegrenzung integrale Bedeutung erlangt. So habe ich in meiner Arbeit zur Wirtschaftsdemokratie das Ziel der Wachstumsbegrenzung mit dem Planungsinstrument Arbeitszeitverkürzung bereits verknüpft: „Im Rahmen einer wirtschaftsdemokratischen Neuordnung werden die vom Plankapitalismus ausgebildeten Lenkungsinstrumente genutzt, aber sie werden qualitativ anders eingesetzt, nämlich im Sinne einer demokratischen Wohlfahrtsplanung, deren Ziel ist, auf Kosten irrationaler Profitsteigerung wie umweltzerstörender Verschleißproduktion die öffentliche infrastrukturelle Entwicklung voranzutreiben, die Realeinkommen der Massen auf einem hohen Niveau ohne funktional überflüssige Differenzierungen zu stabilisieren, das ökonomische Wachstum bei entsprechender Verminderung der allgemeinen Arbeitszeit insgesamt so zu verlangsamen bzw. zu vermindern oder seine Komponenten so zu verändern, daß eine menschenwürdige Umwelt wieder hergestellt werden kann[5]."

Wie bereits erwähnt, wird die tatsächliche weltwirtschaftliche Entwicklung — ich sage im Gegensatz zur herrschenden Meinung: zum

Glück! — verminderte Wachstumsraten zeitigen, so daß der theoretische Streit, ob die — soweit ich sehe, absolut realistischen — Unheilsprognosen des Club of Rome tendenziell zutreffen oder nicht, praktisch zweitrangig werden könnte — so existenzwichtig er *prinzipiell* für uns alle ist. Feststehen dürfte auf jeden Fall, daß die arbeitsmarktpolitischen Instrumente einer demokratischen Wirtschaftspolitik bisher bei uns sehr stark unterentwickelt geblieben sind (im Gegensatz etwa zu Schweden, wo Arbeitsmarktpolitik zentrale wirtschaftspolitische Bedeutung genießt). Bei uns ist Arbeitsmarktpolitik bislang eine abhängige Variable, ein Appendix, einer Wirtschaftspolitik gewesen, die durch andere Faktoren bestimmt und eben auch fehlgeleitet wurde. Es ist sogar erstaunlich, in welchem Maße in der öffentlichen Diskussion die Frage einer Reduzierung des Angebots an Arbeitskraft[6] auf massiven Widerstand stößt. Bezeichnend war beispielsweise die Reaktion von Unternehmern in einem Seminar, wo von mir die These notwendiger Arbeitszeitverkürzung vorgetragen wurde: „Was — jetzt Arbeitszeitverkürzung? — In der Krise muß mehr gearbeitet werden, damit wir am Weltmarkt wettbewerbsfähig bleiben. Wir sind doch vom Export abhängig!" Daß diese Art von Wirtschafts- und Unternehmenspolitik Existenzsicherung auf Kosten von weiterer und erhöhter Arbeitslosigkeit bedeutet, bleibt nicht nur vielen Unternehmern verborgen — oder gleichgültig.

2. Den Bann des Wachstumsfetischismus brechen

Diese einleitenden Feststellungen leiten unmittelbar über zu meiner Ausgangsthese: Die bürgerliche wie auch die marxistische Nationalökonomie stehen — mit entgegengesetzten Schlußfolgerungen — im Banne eines Wachstumsfetischismus', der Ökonomie lediglich als expansive florieren sieht und das allgemeine Wohlstandsziel der Vollbeschäftigung nur bei hinreichenden Wachstumsraten für erreichbar hält[7]. Kaum eine der ökonomischen Schulen hat bis heute das Faktum höchstwahrscheinlich säkular sich vermindernder Wachstumsraten verarbeitet, noch vor allem die im Trend durchaus ernst zu nehmenden ökologischen Prognosen — was immer man über einzelne Voraussage-Berechnungen etwa des Club of Rome sagen mag — über den katastrophalen, die Existenz der zivilisierten Menschheit bedrohenden Charakter weiteren unbegrenzten quantitativen Produktionswachstums. In der marxistischen Diskussion ist erstmals in dem zitierten Buch von W. Harich das auch für diesen Theorie- und Politikbereich

völlig unbewältigte Problem eines Kommunismus mit beschränktem Wirtschaftswachstum aufgegriffen worden[8].
Insbesondere die Vollbeschäftigungspolitik der westlichen Industrienationen, ihr wichtigstes Legitimationsproblem, mündete bislang mit der Zwanghaftigkeit eines scheinbar unbestreitbaren Sachgesetzes in der Zielsetzung der Herstellung bzw. Wiederherstellung des notwendigen Wirtschaftswachstums *als der einzig denkbaren Arbeitsplatzsicherungs- bzw. -beschaffungspolitik*[9]. Die „Investitionsneigung" der Unternehmer und die damit verbundenen Pressionspolitiken der Privatindustrie gegenüber dem Staat konnte und kann deshalb zum obersten Ziel staatlichen Handelns avancieren, völlig unabhängig davon, ob diese oder jene Neuinvestition volkswirtschaftlich sinnvoll, und d. h. auch: ökologisch zu verantworten ist[10].
Würden ausbleibende expansive Investitionen nicht Arbeitslosigkeit zur Folge haben, erschiene diese Verklammerung nicht als fast zwangsläufig (von der Folge weniger expansiver Staatsausgaben bzw. stärkerer Steuerprogression einmal abgesehen[11]), so würden sie schlagartig ihre pressive wirtschafts- und gesellschaftspolitische Bedeutung verlieren. Eine Arbeitsmarktpolitik der systematischen Verknappung des Gesamtangebots an Arbeitszeit mit Hilfe entsprechender Tarifpolitik würde den Fetischcharakter des Wirtschaftswachstums um jeden Preis zerstören, und damit einen entscheidenden Beitrag zur konjunkturunabhängigen Vollbeschäftigungspolitik — und darüber hinaus: zur Demokratisierung und ökologischen wie auch betrieblichen Humanisierung der Wirtschaft leisten.
Verwirklichung des Rechts auf Arbeit (Vollbeschäftigung) konnte bisher nicht als oberstes wirtschaftspolitisches Ziel (sondern nur als eins von mehreren) anerkannt werden, weil Arbeitsmarktpolitik weithin nur als abhängig von ökonomischer Wachstumspolitik konzipiert und realisiert worden ist. Wenn diese — wie zur Zeit! — nicht in der Lage ist, bestimmte für Vollbeschäftigung erforderliche volkswirtschaftliche Wachstumsraten zu erreichen (ohne das Ziel relativer Geldwertstabilität völlig aus dem Auge zu verlieren), so zeigt sich *Arbeitsmarktpolitik reduziert auf ein Set palliativer Maßnahmen* wie Arbeitslosenunterstützung, Verminderung der Ausländerquote, Kostensubventionierung von Arbeitsplatzbeschaffung, zusätzliche Mobilitätshilfen etc.
Wenn darüber hinaus integrierte Konjunktur- und Arbeitsmarktprognosen ergeben, daß selbst bei einer Überwindung der Depression 1974/75, bei wieder ansteigendem Wirtschaftswachstum Massenarbeitslosigkeit nicht überwunden werden wird, vielmehr auf längere Zeit (bis hinein in die 80er Jahre!) mit hoher Massenarbeitslosigkeit ge-

rechnet werden muß, und wenn der Präsident der Bundesanstalt für Arbeit, Josef Stingl, feststellt (lt. Handelsblatt vom 6./7. 2. 1976): „Wir werden nie mehr so niedrige Arbeitslosenzahlen wie in früheren Jahren haben" — so besagt dies nichts anderes, als daß die bisherige, konventionelle Arbeitsmarktpolitik an ihrem Ende ist. Eine Wende aber kann in dieser Situation nur eine gewerkschafttliche Politik systematischer Arbeitszeitverkürzung schaffen.

3. Gewerkschafliche Arbeitszeitpolitik: Alternative zum Investitionsfetischismus

Folgende wirtschaftspolitische Zielkorrektur ist notwendig, die in fortgeschrittener Gewerkschaftspolitik wie der der IG Metall schon immer angelegt war: Arbeitsmarktpolitik muß, qualitativ neu konzipiert, zur unabhängigen wirtschaftspolitischen Variablen werden: *Sie muß, mit Hilfe des Instruments der Tarifverträge, d. h. einer gewerkschaftlichen Arbeitszeitpolitik (die durch eine ganz anders programmierte bzw. strukturierte Konzertierte Aktion gestützt sein sollte!), das Gesamtarbeitszeitvolumen der in der BRD Beschäftigten* (mit Modifikationen im öffentlichen Dienst) *so dosieren — zur Zeit also: reduzieren —, daß bei jedem erreichbaren bzw. erstrebenswerten volkswirtschaftlichem Wachstum, ja sogar bei Nullwachstum oder Rezession Beschäftigung für (nahezu) alle gesichert wird.* Daß dies möglich ist, zeigen die Alternativrechnungen des Instituts für Arbeitsmarkt- und Berufsforschung[12], die z. B. ergeben haben, daß 650 000 neue Arbeitskräfte gebraucht würden, wenn alle Arbeitnehmer der BRD *eine* Stunde pro Woche weniger arbeiten würden; ein Urlaubstag mehr ist gleich 100 000 Arbeitskräfte.

Überhaupt ist an dieser Stelle darauf hinzuweisen, daß — bisher von der öffentlichen wirtschaftspolitischen Diskussion viel zu wenig beachtet — das der Bundesanstalt für Arbeit angeschlossene „Institut für Arbeitsmarkt- und Berufsforschung" im Laufe der vergangenen Jahre Beachtliches zur Beratung von Arbeitsmarktpolitik und nicht zuletzt zu einer Politik systematischer Verkürzung von Arbeitszeit geleistet hat. So sei hier nur auf die umfassende statistische Berechnung von Dieter Mertens „Längerfristige Arbeitsmarktprognose bei alternativer Arbeitsmarkt- und Gesellschaftspolitik"[13] verwiesen, deren außerordentlich informative quantitative Ergebnisse in den zusammenfassenden Berichten über die Ergebnisse der Arbeiten des Instituts[14] wie folgt zusammengefaßt wird:

"Die quantitative Auswirkung von politischen Tendenzen (Arbeitskräfteeinschränkung durch Bildungs- und Sozialpolitik, Arbeitskräfteausdehnung durch Frauenerwerbstätigkeit, Wehrpolitik, Bildungspolitik, Zuwanderungspolitik) läßt sich für jedes einzelne quantifizierte politische Ziel angeben.
Beispiele:

1 Jahr mehr Erstausbildung	= 2 % weniger Arbeitsvolumen
1 % höherer Gymnasiastenanteil	= 2 % weniger Arbeitsvolumen
1 % mehr Hochschüler	= 0,15 % weniger Arbeitsvolumen
1 % höhere Frauenerwerbsquote	= 0,18 % weniger Arbeitsvolumen
5 Jahre frühere Pensionierung	= max. 1,2 % mehr Arbeitsvolumen
10 % höhere Erwerbsquote der Rentner (65—70)	= max. 2,6 % weniger Arbeitsvolumen = 1,3 % mehr Arbeitsvolumen
1 weiterer arbeitsfreier Tag je Jahr	= 0,4 % weniger Arbeitsvolumen
1 Wochenarbeitsstunde	= 2,8 % des Arbeitsvolumens."

Die Gewerkschaften und insbesondere die IG Metall waren die ersten, die bereits vor mehr als einem Jahrzehnt auf die Notwendigkeit von schrittweiser Arbeitszeitverkürzung als Strategie gegen das Wegrationalisieren (insbesondere durch Automation) von Arbeitsplätzen hingewiesen haben. Bereits in den sechziger Jahren[15] haben Berechnungen der IG Metall gezeigt, daß die erfolgreiche Kampagne für die schrittweise Durchsetzung der 40-Stunden-Woche die Entstehung eines Millionenheeres von Arbeitslosen (bzw. von durch Rationalisierung „Freigesetzten") verhindert hat. Die massenhafte Einführung von Kurzarbeit in den vergangenen Monaten, die immerhin Hunderttausende (zeitweilig) vor totaler Arbeitslosigkeit bewahrt hat, ist ebenfalls als eine — freilich planlose — Form einer Politik der Arbeitszeitverkürzung anzusehen.

Das Instrument der Verkürzung/Verknappung der Gesamtarbeitszeit ist also nicht neu — es kommt in der gegenwärtigen Wende der (westlichen) Weltwirtschaftsentwicklung zu stark verminderten Wachstumsraten allerdings darauf an, dies bislang nur pragmatisch oder gar nur von Fall zu Fall angewandte Instrument zu einer *systematischen stabilitäts-politisch orientierten Arbeitsmarktstrategie* ersten Ranges zu erheben.

4. Arbeitszeitverkürzung bei vermindertem Wirtschaftswachstum

Die klassische tarifpolitische Formel „Arbeitszeitverkürzung bei vollem Lohnausgleich" kann in einer ökonomischen Periode ohne hohe Wachstumsraten freilich nurmehr in modifizierter Form realisiert werden: Da der erforderliche Einkommensausgleich für systematische Arbeitszeitverkürzung einen Teil der tarifpolitisch realisierbaren Einkommenssteigerungen aufzehrt, bleibt für reale (absolute) Einkommenssteigerungen u. U. nicht oder wenig mehr als der Ausgleich der Inflationsrate. In diesem Sinne wurde bereits im April 1975 in einer Studie der IG Metall („Die Lage der Automobilindustrie in der BRD") eindeutig die Schlußfolgerung formuliert: „Um die Freisetzung von Arbeitskräften bei gedrosseltem Wachstum, aber weitergehendem technischen Fortschritt so gering wie möglich zu halten, *muß die Arbeitszeit herabgesetzt werden. Nur auf diese Weise läßt sich die verbleibende Nachfrage nach Arbeitskraft auf mehr Beschäftigte als bisher verteilen,* läßt sich der Arbeitsmarkt in einer einigermaßen angespannten Verfassung halten, und die drohende Arbeitslosigkeit vermeiden. Zur Ausschöpfung dieser Möglichkeiten *müßte bei kommenden Tarifverhandlungen innerhalb der Forderungspakete bei gegebenem Belastungsrahmen (!)* ein größeres Gewicht auf die Forderungen nach Verlängerung des Urlaubs gelegt werden."

In die gleiche Richtung zielen die Ausführungen des Leiters der Wirtschaftsabteilung der IG Metall, *Rudolf Kuda*[16]: „Unrealistisch wäre eine Strategie, die auf eine Einschränkung des tarifpolitischen Forderungsvolumens insgesamt hinausläuft. Das wäre der Fall bei einer Finanzierung von Arbeitszeitverkürzung durch *Realeinkommenseinbußen, d. h. durch eine Verschlechterung des materiellen Lebensstandards der Arbeitnehmer* ... Ernsthaft zu diskutieren ist dagegen eine Strategie, die im Rahmen eines gegebenen Forderungsvolumens eine *Umstrukturierung zu Lasten nomineller Lohn- und Gehaltsforderungen und zugunsten qualitativer Forderungen ins Auge faßt.* Erwogen wird deshalb ausschließlich eine Arbeitszeitverkürzung mit vollem Lohnausgleich."

Wie eine solche Arbeitszeitverkürzung „bei vollem Lohnausgleich" (ein allerdings nicht ganz exakter Ausdruck!), aber „zu Lasten nomineller Lohnforderungen" sich darstellen kann, möge das folgende vereinfachte Rechenbeispiel zeigen:

Arbeitszeitverkürzung (um 1 Wochenarbeitsstunde)
mit vollem Lohnausgleich

Monatlich 160 Std. à DM 10,— = DM 1600,—
plus 5,3 %/o (85,—)   = DM 1685,—
Monatlich 156 Std. à DM 10,— = DM 1560,—
plus 8 %/o (125,—)   = DM 1685,—

Bei diesem m. E. durchaus realitätsnahen Beispiel ist also der reale Lohnausgleich erzielt, eine nominale 8%/oige Lohnerhöhung jedoch

wirkt sich aufgrund des Wegfalls von 4 Arbeitsstunden pro Monat realiter nur als Lohnerhöhung von 5,3 % aus — d. h. bei einem nominell 8%igen Tarifergebnis wäre bei gleichzeitiger Arbeitszeitverkürzung immer noch der Ausgleich der Inflationsrate, also die Wahrung des Realeinkommens-Standards gewährleistet.
Im Herbst 1975 hat der 2. Vorsitzende der IG Metall in einem Aufsatz der Gewerkschaftszeitung ‚Metall' (lt. Metall-Pressedienst vom 6. 11. 1975) die Politik systematischer Arbeitszeitverkürzung sich voll zu eigen gemacht: Der unmenschliche Zustand, daß neben den Kurzarbeitern über eine Million Arbeitslose die Krise ausbaden müssen, solle durch die *Aufteilung der Arbeit auf alle Hände und Köpfe*[17] beseitigt werden, so schreibt Hans Mayr. Wenn die Unternehmer alle möglichen Ausflüchte gegen eine solche Verteilung der Arbeit erfänden, so könne das nur einen Grund haben: sie möchten die Arbeitslosigkeit als Waffe der Angst, als Druckmittel für höhere Arbeitsleistung und als Peitsche der Disziplinierung in den Betrieben und Büros einsetzen. *H. Mayr* widerlegt auch das Argument, Arbeitszeitverkürzung könne aus weltwirtschaftlichen Konkurrenzgründen nicht akzeptiert werden: „Das Argument, eine Verkürzung der Jahresarbeitszeit verursache erhöhte Kosten, zieht nicht. Denn kürzere Arbeitszeit als Mittel gegen Arbeitslosigkeit wird von den Gewerkschaften in *allen* durch die Wirtschaftskrise betroffenen Industriestaaten mit privatwirtschaftlicher Ordnung gefordert." Selbst wenn das die Kosten wirklich erhöhen würde, seien die Voraussetzungen im internationalen Wettbewerb wieder gleich. *Mayr* weist darauf hin, daß die amerikanischen Gewerkschaften die hohe Arbeitslosigkeit in ihrem Land — über 8 Millionen — mit der 35-Stunden-Woche in möglichst kurzer Frist bekämpfen wollen. Die Industriegewerkschaft Metall erstrebe in der Bundesrepublik eine Verlängerung des Jahresurlaubs an. In allen anderen von der Krise betroffenen Industriestaaten gebe es ähnliche Absichten.
In der Tat meldete beispielsweise der „Vereinigte Wirtschaftsdienst" am 23. September, daß, während die Gewerkschaften in ganz Frankreich Massenkundgebungen zugunsten einer Verbesserung der Arbeitsbedingungen und einer wirksamen Bekämpfung der Arbeitslosigkeit organisiert hätte, „ein kleiner Ministerrat grünes Licht zur Eröffnung von Konsultationen mit den Arbeitgeberverbänden und den Gewerkschaften für eine Herabsetzung der Altersgrenze und der wöchentlichen Arbeitszeit gegeben" (hat)[18]. Die Forderung des britischen Gewerkschaftsführers *Jack Jones* auf dem Kongreß der europäischen Gewerkschaften im April 1976 in London, die europäischen Gewerkschaften sollten gemeinsam eine Strategie zur Verwirklichung der

35-Stunden-Woche ingangsetzen, ist in diesem Zusammenhang also absolut folgerichtig und bestätigt den von *Mayr* prognostizierten Trend.

5. Zusätzliche Erfolgsbedingungen

Der entscheidende Einwand gegen die Strategie systematischer Arbeitszeitverkürzung ist natürlich: daß eine Wochenarbeitsstunde weniger oder eine Woche Jahresurlaub mehr nicht im selben Moment die Einstellung von 500- oder 600 000 Arbeitslosen bedeutet. Niemand wird so naiv sein, eine derartige plötzliche und Ad-hoc-Wirkung von der — ohnehin nur schrittweise solche Arbeitszeitverkürzung realisierenden — Tarifpolitik zu erwarten. Vielmehr ist eine Reihe von Bedingungen zu nennen, die mitgedacht und mitrealisiert werden müssen, soll dieses wirtschaftsdemokratische Teilkonzept Erfolg haben:
1. ist davon auszugehen, daß Arbeitszeitverkürzungen — die BRD-Gewerkschaften favorisieren dabei die Form des verlängerten Jahresurlaubs — relativ unmittelbare zusätzliche Arbeitskräfte-Nachfrage nur in großen Werken erzeugen, die auch bei nur wenig ansteigender Nachfrage den Wegfall von ein bis drei Prozent des Arbeitskraftvolumens nicht durch Rationalisierungsmaßnahmen kompensieren können (von Überstunden ist gesondert zu reden).
2. Langfristige (fälschlich „strukturell" genannte) Arbeitslosigkeit auch bei wieder zu erwartenden wirtschaftlichen Wachstumsraten von drei bis fünf Prozent droht wesentlich dadurch bestehen zu bleiben, daß erhöhte Nachfrage durch immer weiter fortschreitende Rationalisierung/Automation, also erhöhte Produktivität der Arbeit, verkraftet wird und daß zusätzlich durch Rationalisierung immer weiter Arbeitskräfte „freigesetzt" werden, die nicht (wie in der bisherigen stürmisch expandierenden wirtschaftlichen Entwicklung) in erweiterten Produktions- oder Distributionsanlagen Beschäftigung finden können. Verknappung des Arbeitskräfte-Angebots würde in diesem Prozeß den Bestand von Massenarbeitslosigkeit allein schon dadurch vermindern, *daß dem Rationalisierungsprozeß ein Prozeß von Arbeitszeitverminderung korrespondiert,* der die immer weitere Freisetzung von arbeitenden Menschen verhindert und damit die „Absorption" der Arbeitslosen insgesamt erleichtert (statt daß, wie heute, durch Wegrationalisieren von Arbeitsplätzen im konjunkturellen Aufschwung die „industrielle Reservearmee" immer neu aufgefüllt wird, auch wenn es in Teilbereichen zu erheblichen Neueinstellungen kommt).

3. Durch eine verstärkt solidarische Politik der Betriebsräte/Vertrauenskörper, durch zusätzlich tarifpolitisch zu erkämpfende Festlegungen, wenn nötig aber durch Gesetz, ist die *Genehmigung von Überstunden* in unserer Wirtschaft radikal auf absolute Ausnahmefälle zu reduzieren[19]. Gleichzeitig sind wesentlich systematischer als bisher Möglichkeiten der Teilzeitbeschäftigung von zur Zeit Arbeitslosen, die Einführung von Gleitzeitregelungen und andere Maßnahmen, die zur *Flexibilität des Arbeitskräfte-Einsatzes* unter Einbeziehung gegenwärtig Arbeitsloser führen, durchzusetzen;
4. durch weitere tarifpolitische Maßnahmen (qualitative Tarifverträge zur Humanisierung der Arbeitsbedingungen!) ist *Vorsorge gegen zu erwartende Versuche des Managements zu treffen, durch Intensivierung der Arbeit* (Erzwingung höherer Arbeitsleistungen) *Arbeitszeitverkürzungen ohne Neueinstellungen zu kompensieren.*
5. Eine Vollbeschäftigungspolitik, die nicht länger primär auf (wieder) erreichbarer ökonomischer Expansion, sondern (mindestens gleichrangig) auf systematischer Verknappung des Gesamt-Arbeitszeitangebots beruht, verschärft *Verteilungskonflikte*, die durch eine flankierende neue, nicht-prozentuale Tarifpolitik gelöst werden müssen. Bei verminderten oder ausbleibenden Realeinkommenssteigerungen können die strukturellen Einkommensungerechtigkeiten in unserem profitwirtschaftlichem System nicht länger durch Hoffnungen auf unaufhaltsame Steigerung des „Wohlstands für alle" überkompensiert werden. Daher muß die bereits in Ansätzen erkennbare, notwendige Neuorientierung der gewerkschaftlichen Einkommens-Tarifpolitik konsequent durchgesetzt werden: Anstelle der Politik linearer (prozentualer) Einkommenssteigerung, die in den vergangenen Jahren eine durch nichts legitimierbare Kluft zwischen dem Einkommen des unteren und oberen Drittels der Einkommenbezieher hat entstehen lassen, muß eine die Bezieher geringer Einkommen „privilegierende" Tarifpolitik (z. B. durch gleiche Sockelbeträge für alle) treten, die im Ergebnis Reallohnsteigerungen primär für die unteren Einkommensgruppen zeitigt. Die Forderungen der ÖTV sowie der Post- und Eisenbahnergewerkschaft für 1976 haben sich erfreulicherweise diese notwendige neue Tarifpolitik der gleichen Geldbeträge zueigen gemacht.
Diese neue Tarifpolitik verdient und erfordert volle politische Unterstützung gerade seitens derer, die sich — etwa im öffentlichen Bildungswesen — als Vertreter einer progressiven Gesellschaftspolitik verstehen. Es ist deshalb von grundsätzlicher Bedeutung, daß eine große Reihe von Hochschullehrern in einer Adresse an die Tarif-

kommissionen der genannten Gewerkschaften sich mit deren Politik ausdrücklich solidarisiert hat:
„In einer Zeit der wirtschaftlichen Rezession, in der erzielbare Einkommenssteigerungen kaum zum Ausgleich des inflationären Kaufkraftschwundes reichen, muß es oberstes Gebot konsequenter Gewerkschaftspolitik sein, in erster Linie die Bezieher kleiner Einkommen soweit wie möglich vor einer Verminderung ihres materiellen Besitzstandes zu schützen. Es liegt auf der Hand, daß die Folgen der gegenwärtigen Stagflation den, der DM 1500,— verdient, ungleich härter trifft, als den Beamten, insbesondere des höheren Dienstes, der das Doppelte oder Dreifache verdient. Es wäre sozialpolitisch unverantwortlich und unvereinbar mit den Prinzipien gewerkschaftlicher Solidarität, die Politik prozentualer Einkommenserhöhungen, die in den vergangenen Jahren ohnehin das Wohlstandsgefälle zwischen Minder- und Hochverdienenden in einer durch nichts gerechtfertigten Weise verschärft hat, heute und künftig noch wie bisher weiter zu betreiben. Einkommensdifferenzierungen sind in unserer Gesellschaft weit über das durch das Leistungsprinzip begründbare Maß hinausgetrieben worden. Wenn in der Gegenwart und Zukunft einer wachstumsschwächeren Wirtschaft eine Tarifpolitik gleicher oder annähernd gleicher Geldzuschläge für alle verwirklicht wird, so ist es lächerlich, dies als Gleichmacherei zu verketzern. Solche Tarifpolitik ist vielmehr der dringend notwendig gewordene Beginn eines Abbaus völlig ungerechtfertigter Verschärfung der ohnehin bestehenden Einkommensunterschiede."

6. Arbeitszeitverkürzung und makroökonomische Stabilitätspolitik

Es scheint mir evident, daß eine unter den genannten — insbesondere einkommenspolitischen — Bedingungen verwirklichte Politik der systematischen Arbeitszeitverkürzung eine optimale stabilitätspolitische Alternative darstellt zur Hinnahme langfristiger konjunktureller und struktureller Massenarbeitslosigkeit und/oder zur Unterwerfung der Gesellschafts- und Wirtschaftspolitik unter das Diktat unternehmerischer „Investitionsneigung"; d. h. der von den Kapitaleignern als hinreichend profitabel erachteten Kapitalverwertung (wobei eine solche autonome Arbeitsmarktpolitik im Bündnis mit den Gewerkschaften naturgemäß nur *eins* der erforderlichen Instrumente ist, um dieses Diktat aufzuheben [s. u.]).
Gleichzeitig leistet eine solche Arbeitsmarktstrategie einen kaum zu

Notwendig: Systematische Arbeitszeitverkürzung

überschätzenden Beitrag zur Humanisierung der Arbeitsbedingungen: Zum Abbau von Existenzangst angesichts drohender Arbeitslosigkeit (Abbau der „Industriellen Reservearmee"!) und zur Verminderung eines — ökologisch widersinnig und volkswirtschaftlich überflüssig gewordenen — Arbeitsstreß'. Dies gilt freilich nur dann, wenn Arbeitszeitverkürzung in echte Erholungszeiten umgesetzt wird (dahin zielt der gewerkschaftspolitische Trend zum *sechs*wöchigen Urlaub!) und wenn Tarifverträge, wie die der IG Metall in Nordwürttemberg-Nordbaden, zur Humanisierung der Arbeits*ablauf*bedingungen die Politik der Arbeitszeitverkürzung flankieren.

Vor allem aber ist eine Politik der systematischen Arbeitszeitverkürzung eine unerläßliche, m. E. die entscheidende Bedingung für die Abwendung der schleichenden ökologischen Katastrophe, deren Tatbestand von „bürgerlichen" wie marxistischen Ökonomen solange hinweggeredet werden muß, wie *Wachstum-um-jeden-Preis* als oberstes ökonomisches Axiom, — ja, was den Kapitalismus betrifft, als unersetzliche ökonomische Stabilitätsbedingungen — angenommen wird, — von den wachstumsbesessenen Staatsausgaben-Planern ganz zu schweigen.

Eine Arbeitsmarktstrategie systematischer Regulierung — z. Z. primär: Verknappung — des gesamten Arbeitszeit-Angebots ist nicht geeignet, kurzfristigen Wirtschaftsschwankungen zu begegnen, sondern kann nur mittel- und langfristig abschätzbarem Arbeitskräftebedarf stabilitätsgerechte Arbeitskräfteangebote gegenüberstellen (wobei bekanntlich völlig ausreichende Flexibilitätsreserven bei spezifischen und *kurzfristigen Booms* durch Überstunden etc. erhalten bleiben).

Damit ist aber zugleich ausgesprochen, daß volkswirtschaftliche Arbeitszeitplanung zwar hier und jetzt — d. h. auch unter gegebenen privatwirtschaftlichen Verhältnissen mit ihren periodischen Konjunkturschwankungen — durchaus im Interesse der abhängig arbeitenden Massen ingangesetzt werden kann, aber letztlich *in* einer volkswirtschaftlich sinnvollen Weise nur im *Zusammenhang eines funktionierenden Systems ökologischer, gesellschaftlicher und volks- bzw. (mindestens) europa-wirtschaflicher Rahmenplanung* konzipiert und realisiert werden kann. Die im DGB-Grundsatzprogramm genannten, aber durch ökonomische Theorie noch wesentlich zu konkretisierenden wirtschaftsdemokratischen Instrumente der Investitionslenkung, der verschiedenen Formen der Kontrolle wirtschaftlicher Macht und der Mitbestimmung der Betroffenen auf allen Ebenen des wirtschaftlichen Prozesses sind m. E. dabei unabdingbare Elemente einer wirksamen

Stabilisierung und Demokratisierung der ökonomischen Entscheidungsprozesse.

Anmerkungen

1) Vgl. aber dazu die relativ detaillierte zusammenfassende Darstellung: *Fritz Vilmar*, Wirtschaftsdemokratie, in: ders. (Hg.), Industrielle Demokratie in Westeuropa, Reinbek 1975, S. 26—77).
2) Was übrigens mehr ist, als die meisten Gewerkschafter selber wissen. Mit dem Gewerkschaftlichen Grundsatzprogramm von 1963 und den Gewerkschaften verhält es sich so ähnlich wie mit dem Schönberg-Konzert, von dem Karl Kraus schon 1912 schrieb: Das Niveau war hoch, aber es war keiner drauf.
3) Verminderte Wachstumsraten (hier: verarbeitende Industrie) und damit Beschäftigungsraten liegen eindeutig im geschichtlichen Trend (Jahresdurchschn.):
W. r.: 1950—60: + 10,5 %; 61—70 + 6,0 %; 71—74: + 3,8 %;
B. r.: 1950—60: + 5,5 %; 61—70: + 0,7 %; 71—74: — 1,2 %.
(Zit. nach Kuda — vgl. Anm. 1, S. 11 — a. a. O. S. 18).
4) Vgl. dazu *Wolfgang Harich*, Kommunismus ohne Wachstum, Rowohlt 1975.
5) *F. Vilmar*, Grundlagen der Wirtschaftsdemokratie, a. a. O. S. 37.
6) Der auch vom Institut für Arbeitsmarkt- und Berufsforschung verwendete Ausdruck „Arbeitsvolumen" scheint mir weniger prägnant, weil doppeldeutig: Es geht nicht um *Arbeits*volumen, sondern um *Arbeitskraft*volumen!
7) In der marxistischen Nationalökonomie und Kapitalismuskritik wird oft behauptet, daß Arbeitsmarktpolitik sich in erster Linie nur auf die Erhöhung der Kapitalrentabilität zur Verbesserung der Investitionsneigung beziehen könne. Daraus ergibt sich eben die Schlußfolgerung der Nicht-Reformierbarkeit des ökonomischen Systems, das nur, solange man unaufhörlich für profitable Kapitalverwertung sorgt, relative Stabilität und Vollbeschäftigung zeitigt. Im Gegensatz dazu würde die bürgerliche Ökonomie argumentieren, daß solche ökonomischen Existenzbedingungen nicht negative, sondern durchaus positive, nämlich vorantreibende Effekte haben; die Förderung der Investitionsneigung der Unternehmer sei eben ein ehernes Fortschrittsgesetz.
8) *Harich* nennt in diesem Gespräch die alte marxistische Vision absurd, im Kommunismus würden, wie der bekannte Ausspruch heißt, „alle Sprungquellen des genossenschaftlichen Reichtums voller fließen". Ich würde diese These freilich so nicht übernehmen; ich könnte mir z. B. durchaus eine längerfristige Politik der Bevölkerungsbegrenzung vorstellen, bei der das Wohlstandsziel umfassender Bedürfnisbefriedigung sehr viel besser erreicht werden kann als gegenwärtig voraussehbar.

Notwendig: Systematische Arbeitszeitverkürzung 199

9) Als ein Beispiel für zahllose (Frankfurter Rundschau v. 22. 10. 75): „Nach Berechnungen des Bundeswirtschaftsministeriums müßten die Bruttoanlageinvestitionen der gewerblichen Wirtschaft pro Jahr um knapp acht Prozent steigen, um die für eine nachhaltige Reduzierung der Arbeitslosigkeit ... mittelfristig erforderlichen Arbeitsplätze zu schaffen. Das stellte ... der ... zuständige Abteilungsleiter im Hause Friderichs, Hans Tietmeyer, auf der Jahrestagung des Instituts der Deutschen Wirtschaft fest ..."
10) Ich brauche das hier nicht weiter zu belegen; es genügt, auf die wirtschaftspolitischen Debatten der jüngsten Zeit hinzuweisen, etwa auch auf Brandts beschwörende Versicherungen, der, wie er es genannt hat, „Investitionsfreundlichkeit der SPD" angesichts der ideologisch falsch interpretierten Investitionssteuerungs-Debatte der Jungsozialisten seitens der konservativen Presse, — oder auf die Gegenthese der CDU: Die Politik der schleichenden Sozialisierung (ein Merkmal des demokratischen Sozialismus, wie Müller-Armack es vor einiger Zeit genannt hat) unterhöhle schrittweise das marktwirtschaftliche System, zerstöre „das Investitionsklima" und bewirke damit überhaupt erst die gegenwärtige Depression.
11) Die Folgen weniger expansiver Steuereinnahmen und daher auch Staatsausgabenpolitik darf selbstverständlich bei einer politischen Reflexion des gesamten Wachstumsbegrenzungsproblems nicht außer acht gelassen werden; selbstverständlich haben sich die Politiker an steigende Budgetraten genauso gewöhnt, wie Unternehmer an Profitraten und — nicht zuletzt — auch Betriebsräte und Gewerkschaftspolitiker an eine problemlos expandierende Reallohnentwicklung. Aber man kann davon ausgehen, daß diese Barrieren, die aus der bisherigen Regierungs- und Gewerkschaftspolitik resultieren, immer noch eher überwindbar sind als die der scheinbar unüberwindbaren „ökonomischen Zwangsläufigkeiten".
12) Zur Arbeitsmarktentwicklung bis 1980, in: Mitteilungen 1974/1).
13) In: Mitteilungen 10/69, S. 781 ff.
14) Quintessenzen aus der Arbeitsmarkt- und Berufsforschung 1968/71, S. 39.
15) Vgl. *Günther Friedrichs*, Technischer Fortschritt und Beschäftigung in Deutschland, in: ders. (Hg.) Automation und technischer Fortschritt in Deutschland und USA, Frankfurt 1963, S. 80 ff.
16) *Rudolf Kuda*, Wirtschafts- und tarifpolitische Konzepte gegen die Arbeitslosigkeit, in: Frankfurter Hefte 11/75, S. 17 ff. (Hervoh. v. mir, F. V.)
17) Um so bedenklicher, wenn demgegenüber die Information der FR zutrifft, „das wollen die gewerkschaftlichen Tarifstrategen nicht — noch nicht. Vermutet der IG Chemie-Vorsitzende Karl Hauenschild: ‚Ich glaube, es ist im Moment nicht die richtige Zeit, den Kollegen ein solches Solidaritätsopfer abzuverlangen (!?), wenigstens solange nicht, als in den anstehenden Tarifrunde höchstens ein Ausgleich für die

Teuerung herausgeholt werden kann... Ich jedenfalls hätte nicht den Mut dazu'." (Zit. nach G. *Kübler,* Arbeit für alle — die neue Verteilungsfrage, in: Frankf. Rundsch. v. 24. 1. 76).
18) Vgl. dazu *Kuda,* a. a. O., 25 f., der auf den höheren Erholungswert hinweist sowie vor allem auf die gegenüber einer Wochenarbeitsstundenverminderung wesentlich geringere Kostenbelastung: „Erhöhung der Lohnkosten (bei Verlängerung des Jahresurlaubs um eine Woche; F. V.) um lediglich etwa 2 Prozent. Sie würde sich also im Rahmen des gesamtwirtschaftlichen Produktivitätszuwachses für ein Jahr bewegen, diesen sogar nur knapp zur Hälfte ausschöpfen. Gleichzeitig würde dadurch rein rechnerisch fast eine Halbierung der derzeitigen Arbeitslosenquote ermöglicht."
19) Hier liegt natürlich ein innergewerkschaftliches Konfliktfeld: Betriebsräte haben oft in einer sehr fragwürdigen Kompromißbereitschaft Betriebsleitungen (genehmigungspflichtige) Überstunden zugestanden, haben im Tausch dagegen häufig gewisse Vorteile ausgehandelt und natürlich erhebliche übertarifliche Einkommensteigerungen für viele Belegschaften erreicht — ein Faktor, der oft sogar als eine besonders gute Leistung der Betriebsräte gewertet wurde und deren Wiederwahlchancen gestärkt hat. Dies kann heute eine gefährliche Barriere gegen solidarische betriebliche Beschäftigungspolitik werden, denn solche Politik schafft in depressiven Phasen der Wirtschaft Vollbeschäftigung plus Überstunden für eine Mehrheit bei Dauerarbeitslosigkeit für eine Minderheit.

# Aspekte der Arbeitsmarktpolitik in der DDR

Jürgen Straßburger

1. Einleitung

Das Thema stellt in seiner Begriffswahl bereits eine Herausforderung besonderer Art dar: Inwieweit können bei der Analyse sozialistischer Systeme — und hier der DDR — überhaupt der Begriff „Arbeitsmarkt" und die daraus hergeleiteten Begriffe „Arbeitsmarkttheorie" bzw. „Arbeitsmarktpolitik" analytisch Verwendung finden? Die marxistisch-leninistische Theorie versteht unter dem Begriff Arbeitsmarkt einen durch die Verwandlung der Arbeitskraft der Arbeiter in eine Ware entstandenen spezifischen Markt der *kapitalistischen* Gesellschaftsordnung, der die Gesamtheit von Angebot und Nachfrage nach Arbeitskräften umfaßt. Durch das allgemeine Gesetz der „kapitalistischen Akkumulation" dirigiert, ist das Verhältnis zwischen Angebot und Nachfrage auf dem Arbeitsmarkt stets so, daß die Einhaltung des „kapitalistischen Lohngesetzes" gesichert ist und der Preis der Arbeitskraft (Lohn) nie wesentlich über ihren Wert (Reproduktionskosten) steigen kann. Damit unterliegt der Arbeitsmarkt direkt den zyklischen Schwankungen des kapitalistischen Reproduktionsprozesses[1].
Soviel, wenn auch sehr verkürzt, zum Begriff des Arbeitsmarktes und seiner Verortung durch die marxistisch-leninistische Theorie.
Wenn — konsequent hieraus gefolgert — mit der Beseitigung des Privateigentums an den Produktionsmitteln, also der Auflösung des Gegensatzes von Lohnarbeit und Kapital die Arbeitskraft ihren Warencharakter verliert, tritt nach marxistisch-leninistischer Auffassung an die Stelle des von Störungen betroffenen (kapitalistischen) Arbeitsmarktes notwendig eine *gesellschaftliche Organisation der Arbeit*, welche, von den veränderten Produktionsverhältnissen geprägt, einen neuen, sozialistischen Charakter der Arbeit hervorgebracht hat bzw. hervorbringen soll. Da die theoretisch fixierten Bestimmungen des sozialistischen Charakters der Arbeit[2] theorieimmanent als *objektiv existent* gelten, aber erst „durch die umfassende Ausübung der wirtschaftlich-organisatorischen und kulturell-erzieherischen Funk-

tionen des sozialistischen Staates in der Leitung und Planung der Volkswirtschaft und der gesellschaftlichen Gesamtentwicklung sowie durch das bewußte Handeln der Menschen"[3] zur „realen Wirklichkeit"[4] werden, stellen sie, ihres theoretisch-ideologischen Anspruchs entledigt, nicht mehr, aber auch nicht weniger dar, als gewünschte bzw. wünschenswerte Ziele eines auf die Arbeitskraft gerichteten Planungs- und Lenkungssystems, wobei das System und die Aufgabenstellung der Planung/Lenkung der Arbeit/Arbeitskraft außerordentlich vielschichtig mit der ökonomischen und gesellschaftlichen Gesamtplanung verbunden sind.

Durch die Planung der Arbeit (einschließlich der Arbeitskräftelenkung) als wichtigem Bestandteil des Systems der staatlich organisierten Planung soll das gesellschaftliche Arbeitsvermögen[5] „den Erfordernissen einer optimalen ökonomischen Entwicklung und der sozialistischen Rationalisierung entsprechend und in Übereinstimmung zwischen gesellschaftlichen Erfordernissen und den Interessen der Werktätigen mit höchstem Nutzeffekt eingesetzt"[6] werden.

Betrachten wir die Planung der Arbeit isoliert von anderen staatlichen Teilplänen (was im Rahmen dieses Beitrages nicht anders möglich ist), so ist die Differenzierung des Planungsprozesses auf dem Gebiet der Arbeit nach I. Planungsgebieten und II. Zeithorizonten von Interesse.

I. Die Planungsgebiete charakterisieren die Hauptgegenstände bzw. Richtungen der Planung auf dem Gebiet der Arbeit. Diese werden in Abhängigkeit von den Zeiträumen der Planung durch entsprechende Planungsgrößen bzw. Kennziffern weiter differenziert. So bestehen spezifische Aufgaben der Planung der Arbeit auf folgenden Planungsgebieten:

1. Planung der Steigerung der Arbeitsproduktivität einschließlich der Planung von Maßnahmen der wissenschaftlichen Arbeitsorganisation (WAO)[7].
2. Planung der Arbeitskräfteentwicklung und des Arbeitskräfteeinsatzes sowohl zahlenmäßig als auch strukturell.
3. Planung der Bildung und der Kaderentwicklung. Dieser Planungsabschnitt umfaßt die Ausbildung von Facharbeitern, Meistern, Technikern, Hoch- und Fachschulkadern sowie Qualifizierungs- und Weiterbildungsmaßnahmen.
4. Planung der Entwicklung des Arbeitseinkommens und
5. die volkswirtschaftliche und territoriale Bevölkerungs- und Arbeitskräfteplanung und Bilanzierung.

Aspekte der Arbeitsmarktpolitik in der DDR 203

Wenn die Planung der Steigerung der Arbeitsproduktivität nicht nur als Mittelpunkt, sondern als Ausgangspunkt der gesamten Planung der Arbeit verstanden wird, so findet dieser Umstand seine Begründung darin, daß das *höchstmögliche und stetige Wachstum* der Arbeitsproduktivität als ein *ökonomisches Gesetz* des Sozialismus gilt. Die Verwirklichungsbedingungen für dieses Gesetz werden in der Durchsetzung des wissenschaftlich-technischen Fortschritts auf dem Wege der sozialistischen Rationalisierung gesehen: „Die Planaufgabe zur Steigerung der Arbeitsproduktivität ist eine Mindestforderung, eine Forderung des sozialistischen Staates an die Arbeiter, an die Wissenschaftler, an die Techniker, an die Wirtschaftsleiter, ein solches Tempo des Wachstums und ein solches Niveau der Arbeitsproduktivität zu erreichen, das zur Lösung der politischen und ökonomischen Aufgaben zur Gestaltung der entwickelten sozialistischen Gesellschaft erforderlich ist[8]."
Entsprechend der Anordnung über die Methodik zur Ausarbeitung des Volkswirtschaftsplanes 1973 und 1974 erarbeitet die Staatliche Plankommission in Abstimmung mit den Industrieministerien in der ersten Etappe der Planung eine wissenschaftlich begründete Konzeption zur Steigerung der Arbeitsproduktivität, die den wirtschaftsleitenden Organen, Betrieben und Kombinaten in einer Grundnomenklatur wichtiger Plankennziffern und Berechnungskennziffern als staatliche Aufgabe übergeben wird. Auf diese Weise sollen die wesentlichen volkswirtschaftlichen Entwicklungsproportionen sichergestellt werden, soll die optimale Ausnutzung der produktiven Fonds garantiert und ein schnelles Wachstum und die ökonomisch zweckmäßigste Verwendung des Nationaleinkommens durchgesetzt werden.
Zusammen mit den Maßnahmen der wissenschaftlichen Arbeitsorganisation, den Kennziffern der Ökonomie der vergegenständlichten Arbeit (u. a. Materialökonomie in Form von Materialverbrauchsnormen) und der Fondsausnutzung ermöglichen die Kennziffern der Steigerung der Arbeitsproduktivität eine Einschätzung des zu erwartenden bzw. zu erreichenden ökonomischen Fortschritts und bilden zugleich die Grundlage für die Planung des Bedarfs an Arbeitskräften[9].
In einem darauffolgenden Arbeitsschritt kann nunmehr die Arbeitskräftebestandsentwicklung und die Deckung des Arbeitskräftebedarfs durch die Berufsausbildung, die Qualifizierung, die Ausbildung von Hoch- und Fachschulkadern sowie die Erschließung von Arbeitskräftereserven geplant werden.

Da der planerisch ermittelte Arbeitskräftebedarf im Normalfall aus der tatsächlich im Land (Bezirk bzw. Kreis) vorhandenen Arbeitskräftezahl gedeckt werden muß, ist die voraussichtliche Bevölkerungs- und Arbeitskräfteentwicklung im Gebiet zu ermitteln. Durch diese territoriale Arbeitskräftebilanzierung soll die Übereinstimmung von Arbeitskräftebedarf und Deckung sichergestellt werden.

Die Planung des Arbeitseinkommens letztlich soll zusammen mit außerhalb der Lohn- und Prämienfonds bereitgestellten Aufwendungen für die Arbeits- und Lebensbedingungen die planmäßig erweiterte Reproduktion der Arbeitskraft gewährleisten und den Kampf um die Steigerung der Arbeitsproduktivität bzw. der gesamten ökonomischen Effektivität stimulieren[10]. Zugleich ist die Planung des Arbeitseinkommens quantitativ als Resultat der Ergebnisse der Planung der Arbeitsproduktivität und der Arbeitskräfteentwicklung zu sehen.

II. Durch die Differenzierung der Planung der Arbeit nach Zeithorizonten wird eine Aussage und Zweckbestimmung bezüglich der Dauer des Planungszeitraumes vorgenommen. Es wird unterschieden zwischen Prognose, langfristiger Planung und Fünfjahresplanung, Jahresplanung und kurzfristiger operativer Planung.

Die Prognose, welche einen Zeitraum von zwanzig Jahren und mehr umfaßt, soll im Rahmen auszuarbeitender Hauptrichtungen und Grundproportionen der volkswirtschaftlichen Entwicklung auf dem Gebiet der Arbeit „die Entwicklung der Effektivität der gesellschaftlichen Arbeit, die Entwicklung der Bevölkerung insgesamt und der Bevölkerung im arbeitsfähigen Alter, die Bestandsentwicklung der Arbeitskräfte, der Hoch- und Fachschulkader sowie der Facharbeiter und die Grundrichtung der Einkommensentwicklung"[11] beinhalten.

Der langfristige Plan konkretisiert die Aussagen der Prognose für einen Zeitraum von 15 Jahren. Mit der langfristigen Planung werden bereits wesentliche Grundfragen und Strukturveränderungen in Form von Entwicklungszielen für die Volkswirtschaft festgelegt. So beinhaltet der langfristige Plan die Entwicklung der Steigerung der Arbeitsproduktivität, die Entwicklung der Beschäftigten in ihrer Grundstruktur nach Zweigen und nach ihrer erforderlichen Qualifizierung sowie konkretere Zeithorizonte der Veränderung in der Lohn- und Gehaltsstruktur der Werktätigen.

Die Aufgaben des Fünfjahrplanes leiten sich unmittelbar aus der Aufgabenstellung der langfristigen Planung ab. Hier werden bereits quantitative und qualitative Aufgabenstellungen für die einzelnen Planjahre formuliert.

Der Jahresplan beinhaltet die für den Zeitraum eines Jahres konkre-

tisierten Aufgaben zur Realisierung der im Fünfjahrplan festgelegten Entwicklungsziele. Die auf die betriebliche Ebene beschränkte operative Planung (Monats-, Wochen-, Tagespläne) dienen der Absicherung bei der Durchführung des Jahresplanes.
Die Notwendigkeit der prognostischen und der langfristigen Planung der Arbeit wird begründet 1. durch die Ausbildungszeit, die alle Stufen der Ausbildung bis zum langfristigen Einsatz umfassen soll, 2. durch die aufzuwendende Zeit zur Realisierung der personellen und materiellen Voraussetzungen für den Aufbau bzw. die Veränderung der Ausbildung und 3. durch den angenommenen Zeithorizont, in dem sich wesentliche gesellschaftliche, ökonomische und terminliche Veränderungen vollziehen.
Unter Berücksichtigung all dieser Faktoren wird in der DDR für die verschiedenen Qualifikationsgruppen die Notwendigkeit einer differenzierten Länge des Zeitraumes der Vorausschau in folgenden Größenordnungen vorgenommen:
— bei Hochschulkadern zwischen 15 und 20 Jahre
— bei Fachschulkadern zwischen 10 und 15 Jahre
— bei Facharbeitern zwischen 5 und 6 Jahre[12].
In der Literatur wird darauf hingewiesen, daß die methodischen Grundlagen der prognostischen Planung auf dem Gebiet der Arbeit noch unvollkommen sind[13].
Ist damit die Grundstruktur der Planung der Arbeit unter makroökonomischen Gesichtspunkten grob skizziert, soll im Folgenden noch ein kurzer Überblick über die Planung der Arbeitskräfte aus betriebswirtschaftlicher Sicht gegeben werden[14].

2. Arbeitskräftebedarfsanalyse auf betrieblicher Ebene

Da den Betrieben die Anzahl der Arbeiter und Angestellten und die Anzahl der Produktionsarbeiter von den übergeordneten Planungsinstanzen (jeweils in Personen und Vollbeschäftigteneinheiten) vorgegeben werden, verbleibt dem Betrieb die Aufgabe der differenzierten Aufschlüsselung der vorgegebenen Arbeitskräftezahl auf die einzelnen Bereiche des Betriebes bzw. auf die verschiedenen Beschäftigtengruppen. Drei verschiedene Methoden zur Durchführung dieser Aufgabe werden vor allem angewendet:
1. Die Normzeitmethode
2. Die Arbeitsplatz- bzw. Stellenplanmethode und
3. Berechnungen mit Hilfe von Einsatzkennziffern.

1. Mit dem Einsatz der Normzeitmethode wird der Bedarf an Arbeitskräften ermittelt, deren Leistungen im betrieblichen Produktionsablauf durch technisch-begründete Arbeitsnormen (TAN = Technische Arbeitsnormen) erfaßbar sind.
Nachdem durch die im *Produktionsplan* vorgesehene Erzeugnismenge multipliziert mit den nach Berufs- und Lohngruppen unterteilten Normzeiten je Erzeugnis die für das geplante Produktionsprogramm benötigten Arbeitsstunden errechnet worden sind, wird dieses absolute Ergebnis unter Berücksichtigung der geplanten Maßnahmen zur Entwicklung der Arbeitsproduktivität und der geplanten durchschnittlichen Normerfüllung, differenziert nach Berufs- und Lohngruppen relativiert.
Die Genauigkeit des zu ermittelnden Ergebnisses wird erhöht, indem als weitere Größe die Zahl der *möglichen* Arbeitsstunden je Arbeitskraft im Planjahr berechnet wird. Die notwendige Anzahl an Arbeitskräften je Berufs- und Lohngruppe ergibt sich dann letztlich aus der Formel:

$$\text{Anzahl der Arbeitskräfte} = \frac{\text{benötigte Arbeitsstunden für die geplante Produktion im Planjahr}}{\text{mögliche Arbeitsstunden je Arbeitskraft im Planjahr}}$$

Es ist nochmals zu betonen, daß die exakte Ermittlung des Arbeitskräftebedarfs nach der Normzeitmethode das Vorhandensein technisch-begründeter Arbeitsnormen *und* einen detaillierten Produktionsplan voraussetzt. Da technisch-begründete Arbeitsnormen gegenwärtig lediglich für einen Teil der materiellen Produktionsarbeiten ausgearbeitet sind, findet die Normzeitmethode vor allem für die Jahresplanung des Bedarfs an Produktionsgrundarbeitern Anwendung.
2. Im Gegensatz zur Normzeitmethode kann mit der Arbeitsplatz- bzw. Stellenplanmethode der Arbeitskräftebedarf aller Beschäftigtengruppen ermittelt werden.
In den Bereichen der materiellen Produktion geht die Ermittlung des Arbeitskräftebedarfs mit Hilfe der Arbeitsplatz- bzw. Stellenplanmethode von der notwendigen Besetzung der Maschine, der Anlage oder des Arbeitsplatzes mit Arbeitskräften, unterteilt nach Berufs- und Lohngruppen aus. Unter Berücksichtigung des Schichtsystems und der möglichen Arbeitstage je Arbeitskraft im Planjahr wird der Bedarf an Arbeitskräften berechnet.
Basiert die Ermittlung der benötigten Produktionsarbeiter in diesem Fall auf der Arbeitsplatzmethode, so wird der Bedarf an ingenieur-

technischem Personal, Wirtschaftlern und an Verwaltungs-, Hilfs- und Abrechnungspersonal mit Hilfe der Stellenplanmethode ermittelt. Ausgangspunkt und Berechnungsgrundlage für diese Methode sind — unter Berücksichtigung der Entwicklungstendenzen der Mechanisierung und Automatisierung der Produktion, der technologischen Verfahren und der Produktionsorganisation etc. — die betrieblichen Struktur- und Funktionspläne.

Die Entwicklung der Arbeitsplatz- und Stellenplanmethode zur Analyse des Bedarfs an Arbeitskräften ist auf das engste verknüpft mit der Entwicklung der betrieblichen Arbeitsplatzkartei[15].

Unter die gleichen Voraussetzungen fällt die Ermittlung des Bedarfs an Arbeitskräften mit Hilfe von *Besetzungsnormen*. Diese finden Anwendung für die Bedarfsermittlung im Bereich der Bedienung und Kontrolle von Großgeräten, Apparaturen, Aggregaten und Anlagen sowie bei Mehrmaschinenbedienung. Ausgehend von der Arbeitsaufgabe stellt die Besetzungsnorm die erforderlichen Arbeitskräfte nach Anzahl und Qualifikation fest. Rechnerisch ist für die Bestimmung der notwendigen Arbeitskräftezahl das je Schicht oder Zeiteinheit anfallende Arbeitsvolumen, ausgedrückt in Arbeitskraftminuten oder -stunden die Ausgangsgröße:

$$A = \sum_{i=1}^{n} (H_{AV_i} \times t_{AV_i} \times Ak_{AV_i}) \quad [Akmin]$$

A = Arbeitsvolumen (Akmin)
n = Anzahl der verschiedenartigen Arbeitsverrichtungen
H_{AV_i} = Häufigkeit des Anfalls der i-ten Arbeitsverrichtung
$t_{V_{A_i}}$ = Zeitaufwand für die Ausführung der i-ten Arbeitsverrichtung [min]
Ak_{AV_i} = Anzahl der Arbeitskräfte, die für die Ausführung der i-ten Arbeitsverrichtung benötigt wird (AK)

Ist das absolute Arbeitsvolumen [in Akmin] gefunden, wird diesem der reale produktive Arbeitszeitfonds einer Arbeitskraft je Schicht gegenübergestellt. So ergibt sich die Besetzungsnorm aus der Formel:

$$BN = \frac{A}{t_{Sch} - t_E} \quad [AK]$$

BN = Besetzungsnorm / AK
t_{Sch} = Schichtzeit der Arbeitskraft
t_E = Zeit für natürliche Bedürfnisse und arbeitsbedingte Erholungspausen [min]

Der Hinweis in der Literatur, das wissenschaftlich begründete Besetzungsnormen „sich nur in Verbindung mit der optimalen Gestaltung der Arbeits- und Produktionsbedingungen ermitteln [lassen]"[16] trifft voll zu, da weder technisch bedingte noch vom Menschen ausgehende „Störungen" des Produktionsablaufes mit in die Berechnungen eingehen.
Für die Berechnung des Arbeitskräftebedarfs pro Jahr im Geltungsbereich der Besetzungsnormen kommt letztlich folgende Formel zur Anwendung:

$$\text{Anzahl der erforderlichen Arbeitskräfte} = \frac{K \sum_{i=1}^{d} BN_{W_i} + BN_T}{Z_A} \quad [AK]$$

$$K \text{ für Mehrschichtregime} = \frac{Z}{d \times AZ_n}$$

K für Einschichtregime $= 1$

$$Z_A = \frac{AZ_m}{AZ_n}$$

Z = geplanter Produktionszeitfonds der Anlage im Jahr/Std.
d = Anzahl der Schichten im Schichtregime
AZ_n = nominelle Arbeitszeit einer Arbeitskraft im Jahr/Std.
AZ_m = mögliche Arbeitszeit einer Arbeitskraft im Jahr/Std.
BN_{W_i} = Besetzungsnorm der i-ten Wechselschicht/Ak
BN_T = Besetzungsnorm der Tagesschicht/Ak
Z_A = Faktor, der den Anteil der möglichen Arbeitszeit an der nominellen Arbeitszeit einer Arbeitskraft pro Jahr angibt.

3. Im Gegensatz zur Ermittlung des Arbeitskräftebedarfs nach den bisher vorgestellten Methoden liefert die Bedarfsermittlung mittels Einsatzkennziffern lediglich grobe Angaben. Als Einsatzkennziffern werden verwendet:
1. Anzahl der Produktionsarbeiter je Million Mark Fremdmittel
2. Anzahl der Produktionsarbeiter oder der Beschäftigten je 1000 Mark Warenproduktion oder Eigenleistung.
Die notwendige Arbeitskräftezahl wird durch die Multiplikation der Einsatzkennziffer mit dem Gesamtwert der Grundmittel in Millionen Mark oder der gesamten Warenproduktion bzw. der Eigenleistung in 1000 Mark ermittelt.
Bei beiden Rechenvorgängen sind die Arbeitskräfte nach Berufs- und Lohngruppen differenziert zu ermitteln. Dient die Berechnung des

Arbeitskräftebedarfs auf der Grundlage von Einsatzkenziffern im Rahmen der betrieblichen Jahresplanung lediglich als Überschlagsrechnung, so wird dieser Methode im Rahmen der Prognose, der langfristigen Planung und der Fünfjahrplanung zur Ermittlung von Entwicklungstendenzen des Bedarfs an Arbeitskräften für die makroökonomische Planung noch immer eine größere Bedeutung beigemessen.

3. Aktuelle Probleme der Arbeitskräfteplanung und -lenkung

Die aktuelle Diskussion der Arbeitskräfteplanung und -lenkung in der DDR wird bestimmt durch den besonderen Stellenwert der Erhöhung der ökonomischen Effektivität als grundlegender Bedingung zur Lösung der vom VIII. Parteitag der SED 1971 gestellten Hauptaufgabe. Hauptweg der Effektivierung ist die Intensivierung des Reproduktionsprozesses mit dem Schwerpunkt der sozialistischen Rationalisierung. Inhalt ist das effektivere Wirksamwerden des vorhandenen Potentials an Arbeitskräften, Grundfonds und Material.
Als wesentlich für die Intensivierung wird angesehen, „daß sich Volumen, Struktur und Qualifikation der vorhandenen Arbeitskräfte weitgehend mit der aus den gesellschaftlichen Bedürfnissen abgeleiteten und nach Umfang und Struktur der vorhandenen Grundfonds und ihrer Erweiterung erforderlichen Arbeitsplatzstruktur in Übereinstimmung befinden und diese Übereinstimmung auf höherer Stufe ständig neu gesichert wird"[17]. Aus dieser Zielprojektion ergeben sich für die Arbeitskräfteplanung und -lenkung in der DDR aktuell vor allem drei Probleme:
1. Aufgrund des gegenwärtig bereits sehr hohen Beschäftigungsgrades läßt sich das gesellschaftliche Arbeitsvermögen quantitativ nur noch in geringem Umfang erweitern.
2. Entscheidendes Kriterium für das weitere proportionale Wirtschaftswachstum ist daher die Steigerung der Arbeitsproduktivität, um mit dem *vorhandenen* Beschäftigtenpotential das Produktionsvolumen zu erhöhen.
3. Der unter diesen Bedingungen besonders dringliche *effektive* Einsatz des vorhandenen gesellschaftlichen Arbeitsvermögens erfordert eine möglichst rasche Anpassung an regionale und strukturelle Veränderungen der Wirtschaftsstruktur, die mit Hilfe der Aus- und Weiterbildung sowie gezielter Arbeitskräftelenkung erreicht werden muß[18].

1. Während im Zeitraum von 1950—1960 in der DDR noch Möglichkeiten einer extensiven Erweiterung des eingesetzten gesellschaftlichen Arbeitsvermögens bestanden — vor allem durch die Gewinnung zusätzlicher Arbeitskräfte aus der nicht berufstätigen Bevölkerung — nahm die Zahl der Berufstätigen im Zeitraum von 1960 bis 1970 kaum noch zu. Auch im gegenwärtigen Fünfjahrplan-Zeitraum (1971—1975) ist über die Bevölkerungsstruktur keine Entlastung der angespannten Arbeitskräftesituation zu erwarten. Erst im Zeitraum nach 1975 wird eine spürbare Zunahme der Berufstätigen erwartet, da geburtenstarke Jahrgänge in das Berufsleben treten und gleichzeitig die absolute Zahl der ins Rentenalter kommenden Personen infolge der schwächeren Besetzung dieser Jahrgänge (als Folge des Geburtenausfalls im Ersten Weltkrieg und starker Dezimierung im Zweiten Weltkrieg) zurückgeht. Die gegenwärtige Planperiode jedoch wird hinsichtlich der Arbeitskräftesituation zum einen durch eine starke Überalterung der Bevölkerung und zum anderen durch den enormen Bevölkerungsrückgang, der vor allem durch die Abwanderung in die BRD bedingt war, bestimmt. Immerhin verließen 2,7 Mio Menschen zwischen 1949 und 1961 die DDR.

Aufgrund dieser ungünstigen Situation war die DDR gezwungen, ihre vorhandenen Arbeitskräftereserven in hohem Maße zu mobilisieren. Dies gelang insbesondere durch die Einbeziehung der Frauen in den Arbeitsprozeß und die Weiterbeschäftigung von Rentnern.

Wenn die DDR gegenwärtig mit über 50 %/o eine der höchsten Erwerbsquoten (Erwerbsquote = Anteil der Erwerbstätigen an der Gesamtbevölkerung) der Welt hat (BRD 45 %/o), so zeigt dies zugleich, daß kaum noch Reserven vorhanden sind.

Zwar gilt die Tendenz zur Vollbeschäftigung[19] unter sozialistischen Bedingungen als normal und erstrebenswert, gleichzeitig wird aber davon ausgegangen, daß die planmäßig proportionale Entwicklung der Volkswirtschaft Arbeitskräftemangel ausschließen muß[20]. Da diese Forderung bisher nicht annähernd eingelöst ist, wird festgestellt, daß es eine echte Lösung dieses Problems „nur auf der Grundlage einer solchen Planung geben /kann/, die nur mit einem gesicherten Arbeitsvermögen arbeitet und durch eventuelle Reserven Mobilisierungsmöglichkeiten für eine zusätzliche Produktion oder Leistung schafft[21]."

Zu Recht werden planmethodische Veränderungen gefordert, die z. B. eine widerspruchsfreie Abstimmung zwischen der Planung arbeitskräfteintensiver Investitionen und der Arbeitskräfteplanung und Lenkung sichern.

Eine besondere Rolle spielt unter diesen Bedingungen — bei gleich-

Aspekte der Arbeitsmarktpolitik in der DDR

zeitig notwendigen Strukturveränderungen — die Frei- und Umsetzung von Arbeitskräften. So wurde bereits 1973 die Forderung erhoben: „Wir benötigen hier, auf der Grundlage der sozialpolitischen Prinzipien des VIII. Parteitages der SED, flexible arbeitsrechtliche Regelungen und materielle Sicherungen bzw. auch Stimuli, um Werktätige — ohne ein unzumutbares Risiko zu verlangen — auf andere volkswirtschaftlich wichtige Arbeitsplätze überzuleiten und ihnen dabei die erforderliche gesellschaftliche Hilfe zu gewähren[22]."

2. Da die Betriebe bisher zu einem „sparsamen" Umgang mit Arbeitskräften kaum stimuliert werden — eine Arbeitskräftefondsabgabe entsprechend der existierenden Produktionsfondsabgabe wurde zwar schon häufig diskutiert, in der Praxis aber nie erprobt — kann es unter wirtschaftlichen Gesichtspunkten für den Betrieb günstiger sein, weniger kapitalintensiv dafür aber mit mehr Arbeitskräften (also arbeitsintensiver als auf Grund technologischer Möglichkeiten nötig) zu produzieren. So zielt die Stimulierung zur Freisetzung von Arbeitskräften gegenwärtig vornehmlich auf die *individuelle* materielle Interessiertheit ab. Ein Verfahren dieser Art der Einsparung von Arbeitsplätzen ist die „Stschokino-Methode". Auf Beschluß des Ministerrates der DDR im Juni 1973 in 23 Betrieben zur Erprobung eingeführt, gilt die Stschokino-Methode gegenwärtig als ein wichtiges Verfahren der Steigerung der Arbeitsproduktivität durch Freisetzung von Arbeitskräften. Unter der Losung „Mit weniger Beschäftigten mehr produzieren" wird dieses Ziel dadurch stimuliert, daß die infolge des Wegfalls von Arbeitskräften entstehenden Lohneinsparungen zu mindestens 50 % den an der Produktionssteigerung beteiligten Werktätigen zugute kommt.

Allerdings soll mit der Stschokino-Methode nicht lediglich eine mechanische Reduzierung der betrieblichen Arbeitskräftezahl erreicht werden, sondern die Werktätigen sollen zugleich dazu angeregt werden, mangelnde betriebliche Organisation aufzudecken und zu beseitigen, die Rationalisierung voranzutreiben und auf eine verbesserte Arbeitsorganisation hinzuwirken. Konsequenterweise wurde in den ausgewählten Betrieben zugleich mit der Anwendung der Stschokino-Methode auch mit ersten Maßnahmen der Verwirklichung der wissenschaftlichen Arbeitsorganisation (WAO) begonnen. Mit dem Planjahr 1974 wurde die WAO als Bestandteil des Planteils „Wissenschaft und Technik" in die betriebliche Planung integriert. Im Zusammenhang mit der Entwicklung und Anwendung der wissenschaftlichen Arbeitsorganisation steht die Forderung nach einem zu entwickelnden „Lohn- und Tarifprojekt". Dabei wird es vor allem darum gehen, zu einem

für die gesamte DDR verbindlichen Tarifsystem zu gelangen, und gleichzeitig den Anteil des Tariflohns am Arbeitslohn zu ungunsten des Mehrleistungslohnes (Leistungsentlohnung) prozentual zu erhöhen[23]. Die Voraussetzungen hierzu scheinen mit der Vervollkommnung der Methoden der Arbeitsklassifizierung und mit der Einführung einer neuen Arbeitskräftesystematik gegeben zu sein.
Stschokino-Methode und wissenschaftliche Arbeitsorganisation haben sich in der Praxis als Methoden intensiver Nutzung des Arbeitsvermögens bewährt. Vorläufig muß allerdings offen bleiben, ob die mit der Stschokino-Methode und der WAO einhergehende Intensifikation der Arbeit ein anderes Ziel, nämlich die Verbesserung der materiellen Arbeitsbedingungen, nicht erheblich gefährdet.
3. Das Problem der effektiven Nutzung des gesellschaftlichen Arbeitsvermögens ist aufs Engste mit dem Problem der optimalen qualitativen und quantitativen Strukturierung des Arbeitsvermögens verbunden. In der DDR-internen Diskussion geht es im Augenblick vornehmlich um das Problem „richtiger" Proportionen von Beschäftigtengruppen zueinander, wobei vor allem auf die Beseitigung zu hoher Beschäftigungsanteile im betrieblichen Verwaltungsbereich abgestellt wird.
So wird in einer Verfügung des Ministers für Erzbergbau, Metallurgie und Kali u. a. gefordert:
„Um zu sichern, daß das Verhältnis zwischen der Anzahl der Produktionsarbeiter und der Anzahl der übrigen Beschäftigten zugunsten des Anteils der Produktionsarbeiter verbessert wird und um zugleich eine effektivere Nutzung der Arbeitszeit der übrigen Beschäftigten zu gewährleisten, sind Arbeitskräftenormative zu entwickeln, in der Praxis zu erproben und einzuführen[24]."
Voraussetzung für die Anwendung von Arbeitskräftenormativen ist eine einheitlich anwendbare, verbindliche Richtlinie für die Gliederung der Beschäftigten. Diese wurde, allerdings erst für den Fünfjahrplanzeitraum 1976—1980, als „Rahmenrichtlinie für die neue Gliederung der Beschäftigten der Industrie und des Bauwesens" Anfang 1975 herausgegeben (GBl DDR, Teil I Nr. 1 v. 8. 1. 1975).
Mit der neuen „Gliederung der Beschäftigten" soll den Betrieben vor allem die Möglichkeit einer Verbesserung der Planung und Abrechnung der Arbeitskräfte sowie der Arbeitsproduktivität gegeben werden. Die Bedeutung der neuen Beschäftigtengliederung hinsichtlich des angesprochenen strukturellen Problems (Verhältnis der in der Produktion zu den in der Verwaltung Tätigen) wird darin gesehen, daß die neue Gliederung die zahlenmäßige Entwicklung der direkt in der Produktion Tätigen eindeutig sichtbar macht. Zugleich können die Be-

Aspekte der Arbeitsmarktpolitik in der DDR 213

triebe nunmehr die in den produktionsvorbereitenden Bereichen Beschäftigten sowie das Leitungs- und Verwaltungspersonal gesondert erfassen. Aufgrund dieser Tatsache wird erwartet, daß die Betriebe besser als bisher auf die zahlenmäßige Entwicklung dieser Gruppen einwirken können, d. h. konkret, daß die Erarbeitung von Arbeitskräftenormativen für den Verwaltungsbereich in Angriff genommen werden kann.
Die durch Anwendung von Arbeitskräftenormativen freigesetzten Arbeitskräfte sollen sodann für Arbeitsaufgaben in der Produktion gewonnen werden. Daß dies kein leichtes Unterfangen ist, macht eine Äußerung des Sektorenleiters im Ministerium für Erzbergbau, Metallurgie und Kali deutlich: „Wer meint, die Probleme ließen sich durch ein einfaches ‚Umsetzen von Arbeitskräften' lösen, verkennt nicht nur die arbeitsrechtliche Situation, sondern unterschätzt auch die *möglichen negativen politischen Auswirkungen* (Hervorhebung J. St.). Es gehören Geduld und Einfühlungsvermögen dazu, um die persönlichen Belange der Werktätigen mit den gesellschaftlichen Interessen in Einklang zu bringen[25]." Diese Äußerung für den Bereich der „betrieblichen Arbeitskräftelenkung" getan, gilt sicherlich in gleichem Maße für die gesamtwirtschaftliche Arbeitskräftelenkung.
Wenn der Minister für das Hoch- und Fachschulwesen darauf hinweist, daß „die Bereitschaft der Jugendlichen, die persönlichen und beruflichen Interessen mit den gesellschaftlichen Erfordernissen in Übereinstimmung zu bringen, ... eine wesentliche Voraussetzung für eine erfolgreiche Studienbewerbung"[26] sei, so kommt in dieser Äußerung das gegenwärtige Verständnis einer Politik der Arbeitskräftelenkung zum Ausdruck, das — offensichtlich nicht hinreichend gesamtgesellschaftlich vermittelt — ausschließlich auf staatlich-gesamtwirtschaftliche Interessenlagen orientiert ist.
Von besonderer Bedeutung — und wohl auch besonderer Schwierigkeit — ist die Arbeitskräftelenkung im Bereich der beruflichen Erstausbildung. Am 1. September 1975 mußten 210 000 Schulabgänger auf 270 Ausbildungsberufe verteilt werden. Bereits Mitte Februar 1975 hatten über 150 000 dieser Schulabgänger einen Lehrvertrag abgeschlossen[27]. Im Jahre 1974 „konnten über 70 Prozent der Schulabgänger bereits nach der ersten Bewerbung einen Lehrvertrag für einen Beruf abschließen, der ihrem Wunsch entsprach oder nahekam. Im Kreis Wittenberg, Bezirk Halle, erhalten seit Jahren sogar über 90 Prozent der Schüler nach der Erstbewerbung ihren Lehrvertrag[28]."
Abgesehen von den maximal 30 Prozent von Schulabgängern, deren Berufswünsche oder individuellen Voraussetzungen „nicht mit dem

im Lehrstellenverzeichnis ausgewiesenen gesellschaftlichen Bedarf an Berufsnachwuchs übereinstimmen"[29], kann die Arbeitskräftelenkung in diesem Bereich als recht erfolgreich angesehen werden. Der Schlüssel dieses Erfolges ist eine intensive Berufsberatung, an der Schulen, Betriebe, Jugendorganisationen und staatliche Organe beteiligt sind.
So werden in den Bezirken Suhl, Dresden, Cottbus und Leipzig die Berufswünsche der Schüler bereits von der 6. Klasse an vom Klassenleiter erfaßt, vom Rat des Kreises ausgewertet und dem voraussichtlichen Bedarf gegenübergestellt[30]. Auf diese Weise kann bereits recht frühzeitig eine systematische Berufsaufklärung und -orientierung im Zusammenwirken zwischen Schule, Betrieb, Elternhaus und Jugendorganisation sowie dem Rat des Kreises und dem Berufsberatungszentrum erfolgen.
Die Bildung von Berufsinteressengruppen unter den Schülern, die von Fachleuten der Betriebe betreut werden, ermöglichen ein frühzeitiges „Kennenlernen" des späteren Lehrberufes. Die Lehrer sind verpflichtet, Schüler ohne Berufsvorstellungen — oder aber mit „falschen" Berufsvorstellungen — auf „ausgewählte Berufsinteressengruppen zu orientieren"[31]. In mehreren Bezirken der DDR — so u. a. im Bezirk Cottbus — werden seit einigen Jahren „Tage der Berufsberatung" durchgeführt. Derartige Veranstaltungen dienen vor allem der Berufsaufklärung und -orientierung über Berufe, „für die noch wesentliche Disproportionen im Vergleich der Lehrstellen zu den Interessenten bestehen, beziehungsweise die unter Schülern noch weitgehend unbekannt sind"[32]. In einer großen Anzahl von Oberschulen der DDR ist die Berufsberatung fester Bestandteil des Schuljahresarbeitsplanes und der Klassenleiterpläne. Die Klassenleiter müssen die Erfüllung dieses Planes ebenso abrechnen wie die Erfüllung der sonstigen Lehrpläne.
Von besonderer Bedeutung für die Gewinnung von Lehrlingen ist auch die *Qualität* des polytechnischen Unterrichtes für die Berufsausbildung im Betrieb. So hat der VEB Gaskombinat Schwarze Pumpe, Stammbetrieb, 73 Prozent seiner künftigen Lehrlinge aus dem Kreis Spremberg hierdurch gewinnen können.
Mit der „Anordnung über Berufsberatungszentren und Berufsberatungskabinette" (GBl DDR Teil I Nr. 18 v. 28. April 1975) wurden die Aufgaben und die Arbeitsweise dieser Einrichtungen für die gesamte DDR einheitlich geregelt. Nachdem 1967 mit dem Aufbau von Berufsberatungszentren begonnen wurde, bestanden im Mai 1975 bereits ca. 90 derartige Stellen. Noch im Laufe des Jahres 1975 sollten weitere 70 hinzukommen. Die Berufsberatungszentren unterstehen den Räten der Kreise und arbeiten eng mit den Betrieben, Genossenschaf-

ten und Einrichtungen des Territoriums, mit den Wehrkreiskommandos, den Oberschulen sowie Hoch- und Fachschulen, mit den FDJ-Kreisleitungen und anderen gesellschaftlichen Organisationen zusammen. Wenn es der Umfang der beratenden Aufgaben notwendig macht, ist es auch Betrieben, Genossenschaften und Einrichtungen erlaubt, eigene Berufsberatungskabinette einzurichten. Angesichts dieser Entwicklung kommt dem Berufsberater in der DDR zunehmende Bedeutung für die Arbeitskräftelenkung zu. Aus diesem Grund soll abschließend ein Zitat über Charakter und Bedeutung der Tätigkeit des Berufsberaters Aufschluß geben: „Die Tätigkeit des Berufsberaters richtet sich nach der pädagogisch akzentuierten Grundkonzeption der sozialistischen Berufsberatung. Das erfordert, die Berufsberatung als zielgerichteten, systematischen und langfristigen Prozeß der Bildung und Erziehung zu gestalten und dabei die gesellschaftlichen Erfordernisse voll zu berücksichtigen. Diese Erfordernisse widerspiegeln sich in der Planung der Schulabgänger für eine Berufsausbildung, in den Zulassungsquoten für das Hoch- und Fachschulstudium sowie dem Nachwuchsbedarf der bewaffneten Organe. Darin wird gleichzeitig sichtbar, wie der Berufsberater mit seiner Arbeit zur Entwicklung einer der sozialistischen Gesellschaft entsprechenden Klassenstruktur beiträgt, zum zweckmäßigen Einsatz des gesamtgesellschaftlichen Arbeitsvermögens und zur Entwicklung sozialistischer Persönlichkeiten. Der Berufsberater darf sich deshalb nicht von einseitigen Gesichtspunkten leiten lassen. Vielmehr bilden politische, soziale, ökonomische und pädagogische Aspekte und Ziele eine Einheit. Sie bestimmen die Tätigkeit unserer Berufsberater[33]."

4. Schlußbemerkung

Läßt die überwiegend formale Darstellung einiger Aspekte der Arbeitskräfteplanung und -lenkung in der DDR zunächst durchaus die Vermutung zu, daß den planenden Organen ein in theoretisch-methodischer Hinsicht relativ vollkommenes Planungskonzept vorliegt, so zeigt doch die uns analysierbare Praxis (soweit diese uns zugänglich ist), daß
1. die widerspruchsfreie Abstimmung der Arbeitskräfteplanung und -lenkung mit den übrigen Planteilen des Volkswirtschaftsplanes und den betrieblichen Plänen bisher nicht hinreichend gelungen ist. Dies wird deutlich z. B. an dem häufig beklagten Auseinanderfallen zwischen vorhandener Qualifikation der Werktätigen und ihrem tatsäch-

lichen Arbeitseinsatz. Hierbei kommt es, die Arbeitsplatzanforderungen als Bezugsposten genommen, sowohl zu relativer Überqualifikation als auch zu relativer Unterqualifikation.
2. die staatliche Arbeitskräfteplanung und -lenkung sehr häufig von falschen oder unrealistischen Planungsansätzen ausgegangen ist. Ein besonders gravierendes Beispiel für derartige Fehleinschätzungen stellt die Kaderbedarfsplanung und Absolventenlenkung im Hochschulwesen der DDR dar[34].
3. die bisher entwickelten Instrumente zur Durchsetzung arbeitskräfteplanerischer Ansätze nicht in dem Umfang greifen, wie dies für eine vollkommene Planerfüllung wünschenswert wäre bzw. daß diese in unerwünschter Richtung wirksam werden wie etwa das in der DDR erhebliche Fluktuationsproblem deutlich macht.

Gerade diese aufgezeigten Mängel der Arbeitskräfteplanung und -lenkung machen einerseits die Anwendung marktkonformer Instrumente (Lohnpolitik, materielle Stimuli) erforderlich, andererseits wirken diese Instrumente sehr häufig störend auf die Planungs- und Lenkungsarbeit zurück. Auch auf dieser Ebene gibt es bisher keine durchweg harmonische Ergänzung von „Plan und Markt". Die DDR wird mit diesem Widerspruch noch einige Zeit leben müssen.

Anmerkungen

1) Vgl. Autorenkollektiv: Lexikon der Wirtschaft; Arbeit. Berlin 1970[2] S. 83.
2) Entsprechend der „Ökonomik der Arbeit "ist der sozialistische Charakter der Arbeit durch folgende Merkmale gekennzeichnet:
   1. Die sozialistische Arbeit beruht auf dem sozialistischen Eigentum und vereinigt die Produzenten unmittelbar mit den Produktionsmitteln; sie ist entsprechend den gesellschaftlichen Eigentumsverhältnissen von Ausbeutung freie Arbeit.
   2. Die Arbeit dient unmittelbar der immer besseren Befriedigung der materiellen und kulturellen Bedürfnisse des Volkes und ist Arbeit auf der Grundlage der modernen Erkenntnisse von Wissenschaft und Technik; sie ist durch Herausbildung einer sozialistischen Arbeitskultur geprägt.
   3. Die Arbeit wird in der Gesellschaft planmäßig organisiert und trägt unmittelbar gesellschaftlichen Charakter, die Gemeinschaftsarbeit wird wesensbestimmend.
   4. Die materiellen und kulturellen Bedürfnisse der Werktätigen werden auf der Grundlage der Übereinstimmung zwischen den gesellschaftlichen

Erfordernissen und den Interessen der Kollektive und der Einzelnen zur wichtigsten Triebkraft der Arbeit.

5. In zunehmendem Maße werden vorhandene Unterschiede zwischen geistiger und körperlicher Arbeit, zwischen industrieller und landwirtschaftlicher Arbeit überwunden. Durch wissenschaftliche Organisation der Arbeit werden eine hohe Rationalität und Effektivität der Arbeit gesichert und dem Sozialismus adäquate Arbeitsbedingungen geschaffen. (Autorenkollektiv: Ökonomik der Arbeit. Berlin 1974⁶, S. 35.)

3) a. a. O., S. 47.
4) ebenda.
5) Unter „gesellschaftlichem Arbeitsvermögen" wird die Gesamtheit der im Arbeitsprozeß anwendbaren Kenntnisse, Fähigkeiten und Fertigkeiten aller arbeitsfähigen Mitglieder der Gesellschaft verstanden. Hiervon zu unterscheiden ist das „genutzte gesellschaftliche Arbeitsvermögen", welches lediglich das im gesellschaftlichen Arbeitsprozeß in der Volkswirtschaft aktiv tätige (eingesetzte) gesellschaftliche Arbeitsvermögen, verkörpert durch die Anzahl der Berufstätigen, ihr Qualifikationsniveau und ihre Arbeitszeit umfaßt.
Vgl. Presse-Informationen Nr. 133 (4199) v. 18. 11. 1975, S. 11.
6) Autorenkollektiv: Ökonomik der Arbeit. a. a. O., S. 560.
7) Die wissenschaftliche Arbeitsorganisation (WAO) „ist ein wichtiger Bestandteil der sozialistischen Rationalisierung und beschäftigt sich mit den Bedingungen für die Tätigkeit der Menschen im Produktions- und Arbeitsprozeß. Ihre Aufgabe ist es, das Zusammenwirken der Werktätigen mit ihren Arbeitsmitteln ... und Arbeitsgegenständen im Arbeitsprozeß sowie der Arbeitsumwelt zu gestalten. Das geschieht auf der Grundlage wissenschaftlicher Erkenntnisse und Erfahrungen. Dabei ist es stets das Ziel, solche Arbeitsbedingungen zu schaffen, die hohe Leistungen ermöglichen sowie die allseitige Entwicklung der Persönlichkeit fördern." Presse-Informationen Nr. 133 (4199) vom 18. 11. 1975, S. 11 f.
8) Autorenkollektiv: Ökonomik der Arbeit. a. a. O., S. 575.
9) „Die Planung der quantitativen und qualitativen Entwicklung sowie des rationellen Einsatzes und der effektiven Nutzung des gesellschaftlichen Arbeitsvermögens steht in enger Verbindung mit der Planung der Produktion und der Arbeitsproduktivität. Dabei muß berücksichtigt werden, daß sich infolge der zunehmenden Bedeutung der Leistungen der nichtproduzierenden Bereiche der Volkswirtschaft für die Intensivierung des volkswirtschaftlichen Reproduktionsprozesses und für die Lösung der Hauptaufgabe die Zahl der Beschäftigten in diesen Bereichen erhöht. Die volkswirtschaftliche Planung dieser Zusammenhänge führt zu zahlreichen Entscheidungsfragen, die unter Beachtung langfristig einzuhaltender Rahmenbedingungen beantwortet werden müssen. Es sind dies vor allem:
— Welches Verhältnis zwischen dem potentiellen Arbeitsvermögen, das

durch den arbeitsfähigen Teil der Bevölkerung verkörpert wird, und dem gesellschaftlich genutzten Arbeitsvermögen ist volkswirtschaftlich optimal?

— Auf welchem Wege kann die Proportionalität zwischen dem einsetzbaren und dem auf Grund der Zahl der Arbeitsplätze, ihrer Struktur und ihrer zeitlichen Auslastung benötigten Arbeitsvermögen hergestellt werden?

— Wie ist die Grundfondsreproduktion in den einzelnen Zweigen und Bereichen zu gestalten, damit die zeitliche Auslastung der Grundfonds erhöht bzw. Arbeitskräfte freigesetzt werden?

— Wie sind längerfristig die Schulabgänger auf die Bildungswege und die Hoch- und Fachschulkader auf die Wirtschaftsbereiche, Zweige und Betriebe zu verteilen, damit sie entsprechend der von ihnen erworbenen Qualifikation in den produzierenden und nichtproduzierenden Bereichen eingesetzt werden können?

— Welche Faktoren beeinflussen in den einzelnen Zweigen im Planungszeitraum maßgeblich den Produktivitätsfortschritt und wie lassen sie sich besonders wirkungsvoll stimulieren?

— Wie müssen die Zeitnormative und technisch begründeten Arbeitsnormen gestaltet werden, damit sie zur Herstellung echter Leistungsbeziehungen zwischen der Entwicklung der Arbeitsproduktivität und der Entwicklung des Arbeitslohnes beitragen?

— Welche Wege sind zu beschreiten, um die Rolle des Arbeitslohnes als wichtigstem Faktor der persönlichen, materiellen Interessiertheit zu erhöhen und die staatliche Lohnpolitik durchzusetzen?

— Wie ist der Prämienfonds einzusetzen, um die Initiative der Werktätigen auf hohe Planziele und eine allseitige Erfüllung hoher Planaufgaben zu richten und hohe Leistungen zu stimulieren?"
Autorenkollektiv: Volkswirtschaftsplanung, Lehrbuch, a. a. O., S. 289 f.
10) Vgl. unter Fußnote 9) die letzten vier Punkte.
11) Autorenkollektiv: Ökonomik der Arbeit. a. a. O., S. 567.
12) Vgl. ebenda.
13) Vgl. ebenda.
14) Vgl. zu den folgenden Ausführungen: Autorenkollektiv: Sozialistische Betriebswirtschaft. Lehrbuch. Berlin 1974. S. 309 ff.
15) Die Arbeitsplatzkartei ist die karteimäßige Erfassung der Ergebnisse komplexer Analysen (Arbeitsstudium) über die augenblickliche und künftige Beschaffenheit der Arbeitsplätze in einem Betrieb. Sie dient der Gestaltung einer rationellen Betriebs- und Arbeitsorganisation, der Arbeitsklassifizierung, der Ausarbeitung von Arbeits- und Besetzungsnormen, der Arbeitskräfteplanung (s. o.), der Planung der Qualifizierung und Berufsausbildung, der Einführung zweckmäßiger Lohnformen, dem Gesundheits- und Arbeitsschutz sowie der Arbeitskräftelenkung. Vgl. Autorenkollektiv: Lexikon der Wirtschaft — Arbeit. a. a. O., S. 94.
16) a. a. O., S. 311

17) Autorenkollektiv: Problem'e der Proportionalität zwischen gesellschaftlichem Arbeitsvermögen und Arbeitsplätzen. Berlin 1973. S. 10.
18) Zu Punkt 1.—3. vgl. *Selle, K.*, Einige Probleme der Arbeitskräftelenkung in der DDR. Arbeitspapier im Auftrag des International Institute of Management Berlin für die Arbeitsmarktkonferenz 24.—26. 4. 1975 in Berlin.
19) Die Vollbeschäftigung im Sozialismus hat einen dynamischen Verlauf und gilt als „ein schrittweiser Prozeß der Umwandlung von potentiellem in effektives Arbeitsvermögen". *Sachse, E.*, Neue Aspekte der Entwicklung des Arbeitsvermögens bei der Steigerung der Arbeitsproduktivität. Sozialistische Arbeitswissenschaft. *17.* 7, 1973, S. 521. „Die Objektivierung der Bestimmung der Vollbeschäftigung erfordert... eine Objektivierung der Arbeitsmöglichkeiten von Frauen, Rentnern und Invaliden und der dafür erforderlichen politischen, sozialen, ökonomischen und technischen Bedingungen. Man kann jedoch sagen, daß in der DDR, bei Berücksichtigung noch einiger vorhandener Arbeitskräftereserven in territorialer Hinsicht und in der Frauenbeschäftigung, im Prinzip das Stadium der Vollbeschäftigung erreicht ist." Ebenda.
20) ebenda.
21) ebenda.
22) ebenda.
23) Da auf dieses Problem in diesem Zusammenhang nicht näher eingegangen werden kann, vergleiche hierzu: *Straßburger, J.*, Lohnsystem und Lohnformen in der DDR. Kommunität. Vierteljahreshefte der Evangelischen Akademie. Nr. 77, Berlin 1975, S. 194 f. Es muß festgehalten werden, daß die auf der Grundlage der Arbeitsklassifizierung zu entwickelnde Tariflohngestaltung einen Schritt zur weiteren Vervollkommnung des ökonomischen Gesetzes der Verteilung nach der Arbeitsleistung darstellen soll. Dies vorausgesetzt, muß die Arbeitsklassifizierung die Anforderungen an das Arbeitsvermögen der Werktätigen analytisch ermitteln und „deren Struktur und Höhe nach gesellschaftlich einheitlichen Maßstäben ... bestimmen" (*Erhard, A.; Lorenz, A.*, Theorie und Praxis der Arbeitsklassifizierung, Berlin 1971, S. 21). Damit geht in die Arbeitsklassifizierung das Problem der *Bewertung* unterschiedlicher Anforderungen an die Arbeitskraft mit ein. Neben einer Reihe noch ungelöster theoretischer Probleme (Reduktion komplizierter auf einfache Arbeit) wirft das Bewertungsproblem auch in der Praxis Schwierigkeiten auf, da über die Methoden der Messung von Arbeitsanforderungen (Messung der Aufwendungen von Nerven, Hirn und Muskelkraft etc.) Meinungsverschiedenheiten bestehen, gleichzeitig aber auch die Instrumente zur Objektivierung derartiger Messungen nicht hinreichend entwickelt sind. Weiterhin wird mit der vorgegebenen Norm, „daß qualifizierte Arbeit von der sozialistischen Gesellschaft höher anerkannt werden (soll) als elementare Arbeit ohne besondere Anforderungen an das Arbeitsvermögen" (a. a. O., S. 17), die objektive

Anforderungsermittlung von vornherein einer als höherwertig geltenden gesellschaftlichen Zielsetzung, nämlich über das Tarifsystem Qualifizierungsanreize zu schaffen, geopfert.

Die gesamte Bewertungsproblematik erforderte eine umfangreichere Diskussion, die allerdings im Rahmen dieses Referats nicht zu leisten ist.

24) Zitiert nach: *Degen, E.*, Wie wir zu Arbeitskräftenormativen gelangen. Arbeit und Arbeitsrecht. *30.* 6, 1975, S. 172.
25) a. a. O., S. 175.
26) *Böhme, H.-J.*, Wo liegen die Schwerpunkte der Zulassungen zum Hochschulstudium für das Studienjahr 1976/77? Presse-Informationen Nr. 85 (4151) vom 25. Juli 1975, S. 2.
27) Vgl. *Kuhn, H.*, Fortschritte auf dem Gebiet der Berufsaufklärung und -orientierung. Presse-Informationen Nr. 35 (4101) vom 25. März 1975, S. 2.
28) bis 32) ebenda.
33) *Gericke, B.*, Aufgaben und Arbeitsweise der Berufsberater in der DDR. Arbeit und Arbeitsrecht. *29.* 23. 1974, S. 699.
34) Vergleiche zu diesem Problem: *Glaessner, G. J.*, Kaderbedarfsplanung und Absolventenlenkung im Hochschulwesen der DDR, in: Forschungsinstitut der Friedrich-Ebert-Stiftung (Hrsg.): Student und Studium in der DDR. Studentische Politik. *4.* 7/8, 1971, S. 41—47.

Literaturhinweise

1. Einführende Arbeiten zur Arbeitsökonomie; theoretische und empirische Ansätze sowie politische Optionen betonende Übersichten

Armbruster, W., Bodenhöfer, H. J. und Winterhager, W. D., Arbeitswirtschaftliche Probleme einer aktiven Bildungspolitik, in: Mitteilungen aus der Arbeitsmarkt- und Berufsforschung (MittAB) 4/1968.
Battelle-Institut (Hrsg.) Untersuchungen zur Klärung der methodischen Möglichkeiten einer quantitativen und qualitativen Vorausschau auf den Arbeitsmarkt in der Bundesrepublik Deutschland, Frankfurt 1968.
Bloom, G. F. und Northrup, H. R., Economics of Labor Relations, Illinois 1973.
Brown (Phelps), E. H., The Economics of Labor, New Haven 1963.
Bundesanstalt für Arbeit (Hrsg.), Überlegungen zu einer vorausschauenden Arbeitsmarktpolitik, Nürnberg 1974.
Buttler, G. und Vajna, Th., Arbeitsmarktindikatoren, Köln 1972.
Cartter, A. M. und Marshall, F. R., Labor Economics; Wages, Employment and Trade Unionism, Homewood/Ill. 1972.
Coddington, A., Theories of the Bargaining Process, London 1968.
Corina, J., Labour Market Economies: A Short Survey of Recent Theory, London 1972.
Der Bundesminister für Arbeit und Sozialordnung (Hrsg.), Arbeitsmarktpolitik in der Bundesrepublik Deutschland; Bericht der Bundesregierung an die OECD, Bonn 1972.
Doeringer, P., und Piore, M. J., International Labour Markets and Manpower Analysis, Lexington 1971.
Fleisher, B. M., Labor Economics, Theory and Evidence, Englewood Cliffs/New Jersey 1970.
Gallaway, L. E., Manpower-Economics, Homewood 1971.
Gaulke, K. P., Qualitative Arbeitsmarktsteuerung; Probleme und Möglichkeiten, DIW-Schriften, Sonderheft 101, Berlin 1974.
Helfgott, R. B., Labor Economics, New York 1974.
Kleinhenz, G., Mertens, D. und Pagenstecher, U., Neue Dimensionen der Arbeitsmarktpolitik in der BRD, in: Schriften des Vereins für Socialpolitik, Berlin 1975.
Kühl, J. u. a., Bezugssystem für Ansätze einer Theorie der erwerbswirtschaftlichen und kontrahierten Arbeit, in: MittAB 4/1975.
Külp, B. und Schreiber, W. (Hrsg.), Arbeitsökonomik, Köln 1972.

Lester, R. A., Economics of Labor, New York 1964.
Lutz, B. und Sengenberger, L., Arbeitsmarktstrukturen und öffentliche Arbeitsmarktpolitik; Eine kritische Analyse von Zielen und Instrumenten, Göttingen 1974.
Mabry, B. D., Economics of Manpower and the Labor-Market, New York 1973.
Mertens, D., Arbeitsmarkt- und Berufsforschung; Aufgaben und Praxis der Bundesanstalt für Arbeit, Stuttgart 1971.
ders., Der Arbeitsmarkt als System von Angebot und Nachfrage, in: MittAB 3/1973.
ders., Der unscharfe Arbeitsmarkt; Eine Zwischenbilanz der Flexibilitätsforschung, MittAB 4/1973.
OECD (Hrsg.), Manpower-policy in Germany, Paris 1974.
Offe, C., Bildungssystem, Beschäftigungssystem und Bildungspolitik, in: Deutscher Bildungsrat, Gutachten und Studien der Bildungskommission, Stuttgart 1975.
Perlman, R., Labor Theory, New York 1969.
Rees, A., The Economics of Work and Pay, New York u. a., 1973.
Reynolds, L. G., Labor Economics and Labor Relations, Englewood Cliffs, N. J. 1974.
Ross, A. M. (Hrsg.), Employment Policy and the Labor Market, Berkeley and Los Angeles 1967.
Thomas, K., Analyse der menschlichen Arbeit, Stuttgart 1969.
Schmid, G., Steuerungssysteme des Arbeitsmarktes — Vergleich von Frankreich, Großbritannien, Schweden, DDR und Sowjetunion mit der Bundesrepublik Deutschland, in: Schriftenreihe der Kommission für wirtschaftlichen und sozialen Wandel, Bd. 84, Göttingen 1975.
Thomas, K., Analyse der menschlichen Arbeit, Stuttgart 1969.
Walton, R. E. und McKersie, R. B., A Behavioral Theory of Labor Negotiations, New York u. a. 1965.
Williams, C., Labor Economics, New York 1970.

2. *Literatur zu den einzelnen Abschnitten*

Zu I. Nachfrageorientierte oder produktionsorientierte Arbeitsmarktkonzeption

Blechschmidt, G., und Gerlach, F., Inflation, Krise und Arbeiterklasse — am Beispiel der BRD 1970—1975, in: Altvater, E., Brandes, V. und Reiche, J., Inflation — Akkumulation — Krise, I, Handbuch 3, Köln 1976.
Bolle, M., Art. Keynesianismus, in: Eynern, G. von (Hrsg.), Wörterbuch zur politischen Ökonomie, Opladen 1973.
Brufs, U., Arbeitslosigkeit unter Angestellten — Aspekte einer langfristigen Krisenentwicklung in der BRD, in: WSI-Mitteilungen, Heft 2, 1976.

Friedmann, W., Reallohn und Beschäftigung, Ein Beitrag zur Ungleichgewichtsanalyse des gesamtwirtschaftlichen Arbeitsmarktes, Köln 1975.
Hildebrandt, E., Entwicklung der Beschäftigungsstruktur und der Arbeitslosigkeit in der Bundesrepublik, in: Probleme des Klassenkampfs, Heft 19/20/21, 1975.
Kalmbach, P. (Hrsg.), Der neue Monetarismus, München 1973.
Kühl, J., Arbeitsmarktpolitik bei mittelfritsigen Ausbildungs- und Arbeitsplatzdefiziten, in: WSI-Mitteilungen, Heft 2, 1976.
Leijonhufvud, A., Über Keynes und den Keynesianismus, Köln 1973.
Maneval, H., Die Phillips-Kurve, Tübingen 1973.
Nowotny, E. (Hrsg.), Löhne, Preise, Beschäftigung, Frankfurt 1974.
Phelps, E. S. u. a. (Hrsg.), Microeconomic Foundations of Employment and Inflation Theory, London 1971.
Reyher, L., Beschäftigungspolitische Alternativen zu hoher Arbeitslosigkeit, in: WSI-Mitteilungen, Heft 2, 1975.
Riese, H., Art. Arbeit, in Eynern, G. von (Hrsg.), Wörterbuch zur politischen Ökonomie, Opladen 1973.
Sachverständigenrat zur Begutachtung der wirtschaftlichen Entwicklung, Jahresgutachten.
Schneider, H. K. u. a. (Hrsg.), Stabilisierungspolitik in der Marktwirtschaft Schriften des Vereins für Socialpolitik, NF. Bd. 85, I/II, Berlin 1975.
Vogt, W. (Hrsg.), Seminar: Politische Ökonomie, Frankfurt/M. 1973.
WSI-Forum, Stabilisierungspolitik, in: WSI-Studien zur Wirtschafts- und Sozialforschung, Nr. 27, Köln 1975.

Zu II. Strukturelemente des Arbeitsmarktes

Averitt, R., The Dual Labour Economy, New York 1968.
Cain, C. G., The Challenge of Dual and Radical Theories of the Labor Market to Orthodox Theory, Institute for Research on Poverty, Discussion Papers 225 — 1975.
Doeringer, P. B. und Piore, M. J., International Labor Markets and Manpower Analysis, Lexington Mass. 1971.
Freiburghaus, D. und Schmid, G., Theorie der Segmentierung von Arbeitsmärkten, in: Leviathan 3/1975.
Gensior, S. und Krais, B., Arbeitsmarkt und Qualifikationsstruktur; Zur Problematik der Ermittlung und Verallgemeinerung von Qualifikationsanforderungen, in: Soziale Welt 25, Heft 3, 1974.
dies., Modelltheoretische und empirische Untersuchungen in der Arbeitsmarkt- und Berufsforschung als Beitrag zur Erfassung des Verhältnisses von Beschäftigungssystem und Ausbildungsbereich, in: Gensior/Krais/Paulsen/Wolf: Gesellschaft, Arbeit, Bildung, Frankfurt/M. 1976.
Holt, C. C. u. a., Manpower Policies to Reduce Inflation and Unemployment, in: Lloyd Ulman (Hrsg.) Manpower Programs in the Policy Mix, Baltimore and London 1973.

Lutz, B. und Sengenberger, W., Arbeitsmarktstrukturen und öffentliche Arbeitsmarktpolitik; Eine kritische Analyse von Zielen und Instrumenten, Kommission für wirtschaftlichen und sozialen Wandel, Bd. 26, Göttingen 1974.

Phelps, E. S. u. a. (Hrsg.), Microeconomic Foundations of Employment and Inflation Theory, New York 1970.

Stigler, G. J., Information in the Labour Market, in: Journal of Political Economy 70/1962.

Zu III. Arbeitsmarkt und Bildungswesen

Altvater, E., Huisken, F., Materialien zur Politischen Ökonomie des Ausbildungssektors, Erlangen 1971.

Armbruster, W., Arbeitskräftebedarfsprognosen als Grundlage der Bildungsplanung, in: Studien und Berichte, Max-Planck-Institut für Bildungsforschung, Berlin 1971.

Armbruster, W. u. a., Expansion und Innovation; Bedingungen und Konsequenzen der Aufnahme und Verwendung expandierender Bildungsangebote, in: Studien und Berichte, a. a. O., Berlin 1971.

Arrow, K. J., Higher Education as a Filter, in: Journal of Public Economy 1973, Heft 4.

ders., Some Modells of Racial Discrimination in the Labor Market, in: A. Pascal (Hrsg.), Racial Discrimination in American Life; Lexington/Mass. 1972.

Dahrendorf, R., Bildung ist Bürgerrecht, Hamburg 1971.

Deutschmann, M., Qualifikation und Arbeit; Zur Kritik funktionalistischer Ansätze der Bildungsplanung, Berlin 1974.

Fricke, E. und W., Auf dem Wege zu einer dynamischen Theorie der Qualifikation, in: Soziale Welt, 25. Jahrg., Heft 4/1974.

Gensior, S. und Krais, B., Arbeitsmarkt und Qualifikationsstruktur. Zur Problematik der Ermittlung und Verallgemeinerung von Qualifikationsanforderungen, in: Soziale Welt, 25. Jahrg., Heft 3/1974.

Gottschalch, W., Bedingungen und Chancen politischer Sozialisation, Frankfurt/M. 1972.

Hartung, D., Nuthmann, R., Status- und Rekrutierungsprobleme als Folgen der Expansion des Bildungssystems, Berlin 1975.

Heindlmeyer, P. u. a., Berufsausbildung und Hochschulbereich, Pullach 1973.

Kipp, M., und Seubert, R., Einige Klärungsversuche zur Qualifikationsproblematik, in: Die Deutsche Berufs- und Fachschule, Band 71, Heft 3, 1975.

Krafft, A. u. a., Hochqualifizierte Arbeitskräfte in der Bundesrepublik Deutschland bis 1980, in: Schriftenreihe Hochschule 6, Bonn 1971.

Lutz, B., Krings, I., Überlegungen zur sozio-ökonomischen Rolle akademischer Qualifikation, in: HIS-Brief 18, Hannover 1971.

Offe, C., Bildungssystem, Beschäftigungssystem und Bildungspolitik — Ansätze zu einer gesamtgesellschaftlichen Funktionsbestimmung des Bildungssystems, in: Deutscher Bildungsrat, Gutachten und Studien der Bildungskommission, Stuttgart 1975.
Rothschild, M., Models of Market Organization with Imperfect Information: A Survey; in: Journal of Political Economy 1973.
Spence, M., Market Signaling; Doctoral Dissertation, Dept. of Economics, Harvard University, 1972.
Straumann, P. R., Neue Konzepte der Bildungsplanung, Hamburg 1974.

Zu IV. Alternative arbeitsmarktpolitische Strategien

Blankenburg, J. u. a., Von der reaktiven zur aktiven Politik. Darstellung und Kritik des Policy-Sciences-Ansatzes, in: Grottian, P., Murswieck, A., (Hrsg.), Handlungsspielräume der Staatsadministration, Hamburg 1974.
Doeringer, P. B., und Piore, M. P., International Labor Markets and Manpower Analysis, Lexington 1971.
Leipert, Ch., Soziale Indikatoren; Überblick über den Stand der Diskussion, in: Konjunkturpolitik, 19. Jahrg., Berlin 1973.
Kern, H. u. a., Neue Formen betrieblicher Arbeitsgestaltung, in: Forschungsberichte des Soziologischen Forschungsinstituts Göttingen, Göttingen 1975.
Klein, L., Die Entwicklung neuer Formen der Arbeitsorganisation, in: Schriftenreihe der Kommission für wirtschaftlichen und sozialen Wandel, Band 20, Göttingen 1975.
Kuda, R., Wirtschafts- und tarifpolitische Konzepte gegen die Arbeitslosigkeit, in: Frankfurter Hefte, 11/1975.
Projektgruppe im WSI, Grundelemente einer arbeitsorientierten Einzelwirtschaftslehre, in: WSI-Studien zur Wirtschafts- und Sozialforschung, Nr. 23, München 1973.
Schmid, G., Steuerungssysteme des Arbeitsmarkts — Vergleich von Frankreich, Großbritannien, Schweden, DDR und Sowjetunion mit der Bundesrepublik Deutschland, in: Schriftenreihe der Kommission für wirtschaftlichen und sozialen Wandel, Bd. 84, Göttingen 1975.
Schmid, G., und Freiburghaus, D. (Hrsg.), Seminar Proceedings of the Conference on Active Labour Market Policies in Selected Countries, Held by the Internationales Institut für Management und Verwaltung des Wissenschaftszentrums Berlin, Berlin 1975, Preprint No. I/75—67.
Vilmar, F., Wirtschaftsdemokratie, in: ders. (Hrsg.), Industrielle Demokratie in Westeuropa, Reinbek 1975.
Winterhager, W. D., Humanisierung der Arbeitswelt, Berlin/New York 1975.

Hinweise zum Arbeitsmarktproblem in sozialistischen Systemen am Beispiel der DDR:
Autorenkollektiv: Ökonomik der Arbeit, Berlin (DDR) 1974.
Autorenkollektiv: Sozialistische Betriebswirtschaft, Berlin (DDR) 1974.

Autorenkollektiv: Probleme der Proportionalität zwischen gesellschaftlichem Arbeitsvermögen und Arbeitsplätzen, Berlin (DDR) 1973.

Selle, K.: Einige Probleme der Arbeitskräftelenkung in der DDR, in: Schmid, G.; Freiburghaus, D. (Hrsg): Seminar Proceedings..., a. a. O.

Das Literaturverzeichnis kann angesichts der Fülle der vorliegenden Literatur nicht vollzählig sein. Hinzuweisen ist insbesondere auf Zeitschriften, die regelmäßig Arbeiten zur Arbeitsmarktpolitik aufnehmen. An erster Stelle sind die „Mitteilungen aus der Arbeitsmarkt- und Berufsforschung", die „Materialien aus der Arbeitsmarkt- und Berufsforschung" und die „Forschungsdokumentation zur Arbeitsmarkt- und Berufsforschung" zu nennen, die von der Bundesanstalt für Arbeit (teilweise zusammen mit dem Bundesministerium für Arbeit und Sozialordnung) herausgegeben werden. Auch die „Gewerkschaftlichen Monatshefte" und die „WSI-Mitteilungen" (Wirtschafts- und Sozialwissenschaftliches Institut des DGB) stellen regelmäßig Beiträge zum Arbeitsmarktproblem zusammen. Die in den Anmerkungen zu den einzelnen Aufsätzen genannte Literatur ist in den vorstehenden Literaturhinweisen nur teilweise aufgenommen und soll daher gesondert beachtet werden.

Zu den Autoren

Elmar Altvater, Dipl.-Vw., geb. 1938. Studium der Ökonomie und Soziologie in München. Promotion zum Dr. oec. publ. Seit 1970 Professor für Politische Ökonomie am Fachbereich Politische Wissenschaft der FU Berlin. Wichtigste Veröffentlichungen: Die Weltwährungskrise (1969), Gesellschaftliche Produktion und ökonomische Rationalität (1969), Wertgesetz und Monopolmacht (Das Argument, 1975), Mitherausgeber: Materialien zur Politischen Ökonomie des Ausbildungssektors (1971), Inflation — Akkumulation — Krise, 2 Bände (1976); zahlreiche Aufsätze zu Fragen der Politischen Ökonomie, vor allem in der Zeitschrift ,Probleme des Klassenkampfs'.
Michael Bolle, Dipl.-Vw., geb. 1941; Studium der Volkswirtschaftslehre, 1969 Promotion zum Dr. rer. pol.; 1971—1972 Assistenzprofessor an der FU Berlin, Fachbereich Wirtschaftswissenschaft. 1972—1974 Prof. für Makroökonomie und allg. Wirtschaftspolitik an der FHW Berlin. Seit 1974 Prof. für politische Ökonomie, insb. staatliche Wirtschaftspolitik an der FU Berlin, Fachbereich Politische Wissenschaft. Schwerpunkte der Lehre und Forschung sind allg. Wirtschaftspolitik, politische Ökonomie, Beschäftigungs-, Wachstums- und Verteilungstheorie sowie Systemtheorie und Wirtschaftskybernetik. Wichtigste Veröffentlichungen: Kurz- und langfristige Analyse ungleichgewichtiger makroökonomischer Angebot-Nachfrage-Systeme, Berlin 1971. Keynessche und neoklassische Verteilungstheorie in statischer und dynamischer Analyse, Zeitschrift für die Gesamte Staatswissenschaft, 1971; Geld, Wachstum und Beschäftigung, Zeitschrift für die Gesamte Staatswissenschaft, 1973; Aufsätze zur politischen Ökonomie in Eynern, G. v. (Hrsg.), Wörterbuch zur Politischen Ökonomie, Opladen 1973. Simulation eines ökonomischen Makrosystems auf dem Digitalcomputer, in Baetge, J, (Hrsg.), Grundlagen der Wirtschafts- und Sozialkybernetik, Opladen 1975.
Ulrike Fischer, Dipl.-Volksw., geb. 1946 in Dresden; 1967—1972 Studium der Volkswirtschaftslehre an der Freien Universität Berlin; 1973—1975 Forschungsassistentin im „Modellversuch zur Entwicklung von Studiengängen für Wirtschaftswissenschaftler an einer integrierten Gesamthochschule"; Forschungsschwerpunkte: Allgemeine Volkswirtschaftslehre und -politik, Bildungsökonomie und Bildungspolitik, Praxisorientierung sozialwissenschaftlicher Ausbildung, Arbeitsmarkttheorie und -politik. Seit 1973 Lehrtätigkeit an der Fachhochschule für Wirtschaft Berlin und der Freien

Universität Berlin auf den Gebieten Volkswirtschaftstheorie und -politik; Bildungsökonomie und -politik.
Veröffentlichungen: Endlich, S., Fischer, U., Volkholz, S., Sozio-ökonomische Analyse des allgemeinbildenden Schulwesens in der BRD, Berlin 1973; weitere Arbeiten in: Modellversuch Wirtschaftswissenschaft, FU-Dokumentation 1/75.

Dieter Freiburghaus, Dipl.-Volkswirt. Studien in Mathematik, Volks- und Betriebswirtschaft in Bern, St. Gallen und FU Berlin. Seit 1974 am Internationalen Institut für Management und Verwaltung des Wissenschaftszentrums Berlin. Zuerst Beschäftigung mit Fragen der sozialen Lage der ausländischen Arbeiter in der BRD, gegenwärtig Untersuchungen zur Arbeitsmarktpolitik, insbesondere Politiken zur Bekämpfung der Unterbeschäftigung.
Wichtigste Veröffentlichungen: Freiburghaus/Müller, Zur Struktur des Krisenproblems bei Marx, Berlin 1973; Schmid/Freiburghaus, Techniken Politischer Planung, in: Leviathan 3/1974; Freiburghaus/Schmid, Theorie der Segmentierung von Arbeitsmärkten, in: Leviathan 3/1975.

Sabine Gensior, Dipl.-Soz., geb. 1945 in Oberottendorf Krs. Pirna. Studium der Soziologie, Politologie und Volkswirtschaft in den USA und in Berlin. Seit 1971 wissenschaftliche Mitarbeiterin am Institut für Soziologie der FU Berlin. Lehr- und Forschungsgebiete: Arbeitsmarktforschung, Analysen des Verhältnisses von Ausbildungsbereich, Arbeitsmarkt und Beschäftigungssystem.

Beate Krais, Dipl.-Soz., geb. 1944 in Leipzig. Studium der Soziologie, Politologie und Psychologie in Paris, Tübingen und Berlin. Von 1970—75 wissenschaftliche Mitarbeiterin am Institut für Soziologie der FU Berlin, seit Oktober 1975 am Max-Planck-Institut für Bildungsforschung. Lehr- und Forschungsgebiete: Arbeitsmarktforschung, Analysen des Verhältnisses von Ausbildungsbereich, Arbeitsmarkt und Beschäftigungssystem.
Wichtigste Veröffentlichung von Gensior/Krais: „Zur Vergesellschaftung von Erziehung und Ausbildung in der bürgerlichen Gesellschaft", in: Blätter für deutsche und internationale Politik, 4/73, „Zur Diskussion um die Berufsausbildung", in: Blätter für deutsche und internationale Politik, 6/73, „Modelltheoretische und empirische Untersuchungen in der Arbeitsmarkt- und Berufsforschung als Beitrag zur Erfassung des Verhältnisses von Beschäftigungssystem und Ausbildungsbereich", in: Gensior/Krais/Paulsen/Wolf: Gesellschaft, Arbeit, Bildung, Frankfurt a. M. 1976.

Hans-Joachim Möbes, Dipl.-Vw., Wissenschaftlicher Mitarbeiter am Institut für Theorie der Wirtschaftspolitik der Freien Universität Berlin. Lehr- und Forschungsgebiete: Wissenschaftstheorie, Bildungsökonomie, Arbeitsmarkttheorie, Kapitaltheorie, Theorie aggregierter Märkte. Veröffentlichungen: Art. Bildungsökonomie, in Eynern, G. v. (Hrsg.), Wörterbuch zur Politischen Ökonomie, Opladen 1973; zusammen mit Heindlmeyer, P., Heine, U., Riese, H.: Berufsausbildung im Hochschulbereich, Pullach 1973.

Zu den Autoren

Hajo Riese, geb. 1933 in Wiener Neustadt (Österreich). Studium der Wirtschaftswissenschaften in Kiel und Wien. Promotion 1959 an der Universität Kiel. Nach mehrjähriger Tätigkeit bei der Prognos AG Erstellung einer Studie über den Bedarf an Hochschulabsolventen in der Bundesrepublik Deutschland im Auftrag des Wissenschaftsrats. 1966 Habilitation an der Universität Basel; 1967 Professor an der Hochschule für Sozial- und Wirtschaftswissenschaften Linz. Seit 1970 Professor an der Freien Universität Berlin und Direktor des Instituts für Theorie der Wirtschaftspolitik.

Wichtigste Veröffentlichungen: Der Bedarf an Hochschulabsolventen in der Bundesrepublik Deutschland, Wiesbaden 1967; Das Ertrags-Kosten-Modell in der Bildungsplanung, in: Bildungsökonomie — Eine Zwischenbilanz. Friedrich Edding zum 60. Geburtstag, Stuttgart 1969; Das Ende einer Wachstumstheorie, in: Kyklos, Bd. 23, Bern 1970, Ordnungsidee und Ordnungspolitik — Kritik einer wirtschaftspolitischen Konzeption, in: Kyklos, Bd. 25, Bern 1972; Schritte zu einer ökonomischen Theorie der Evolution, in: Schriftenreihe des Wirtschaftswissenschaftlichen Seminars Ottobeuren, Bd. 1, Tübingen 1972; (mit Peter Heindlmeyer, Uwe Heine, Hans-Joachim Moebes) Berufsausbildung und Hochschulbereich. Eine quantitative Analyse für die Bundesrepublik Deutschland, Pullach 1973; Wohlfahrt und Wirtschaftspolitik, Hamburg 1975.

Günther Schmid, geb. 1942; Studium der Politik, Geschichte und Soziologie in Freiburg und Berlin; Dipl.-Pol., Dr. phil.; 1970—74 Assistent am Fachbereich Politische Wissenschaft Berlin; zur Zeit Wissenschaftler am Internationalen Institut für Management und Verwaltung des Wissenschaftszentrums Berlin,

Veröffentlichungen: Funktionsanalyse und politische Theorie, Düsseldorf 1974; zusammen mit Hubert Treiber, Bürokratie und Politik, München 1975; zusammen mit Ulrich Degen und Rudolf Werner, Planung im entwickelten Kapitalismus, Berlin 1975; Steuerungssysteme des Arbeitsmarktes, Göttingen 1975; Aufsätze zur Wissenschafts-, Planungs- und Arbeitsmarkttheorie in Politische Vierteljahresschrift und Leviathan.

Jürgen Straßburger, geb. 1945; Studium der Politischen Wissenschaft und Volkswirtschaftslehre an der Freien Universität Berlin; Mai 1971 bis Dezember 1973 Teilzeitassistent am FB 15 (Politische Wissenschaft) an der Freien Universität Berlin; seit Januar 1974 Wissenschaftlicher Assistent am Zentralinstitut für Sozialwissenschaftliche Forschung (ZI 6) an der FUB in der Abteilung DDR-Forschung und Archiv. Arbeitet an einer Dissertation mit dem Thema: Wissenschaftliche Arbeitsorganisation und Arbeitslohn in der DDR.

Wichtigste Veröffentlichungen: Wissenschaftliche Arbeitsorganisation der DDR. Methodische Vorüberlegungen zu einer Analyse. Deutschland-Archiv 8.2, 1975, Wissenschaftliche Arbeitsorganisation in der DDR. Deutschland-Archiv 8.6, 1975, Lohnsystem und Lohnformen in der DDR. Kommunität. Vierteljahreshefte der Evangelischen Akademie, Nr. 77, Berlin, Dezember

1975; Mitarbeit an: Bundesministerium für innerdeutsche Beziehungen (Hrsg.): DDR-Handbuch, Ffm. 1975.

Fritz Vilmar, geb. 1929, Professor für politische Wissenschaften an der Freien Universität. Studierte zunächst Theologie, später politische Soziologie; Promotion zum Dr. phil; 1959—1970 Referent in der Bildungsabteilung der IG Metall. 1970—1973 Forschungsauftrag der Carl-Backhaus-Stiftung über „Modelle der Demokratisierung und Humanisierung der industriellen Arbeitswelt"; 1971—1975 Lehrauftrag für Soziologie an der Gesamthochschule Kassel; 1972 Wahl in den Vorstand des „Konzils der Friedensforscher" der DGFK; 1975 Berufung in die Fachkommission „Humanisierung des Arbeitslebens" des Bundesforschungsministeriums.

Wichtigste Veröffentlichungen: „Rüstung und Abrüstung im Spätkapitalismus", 1965, 6. Auflage 1973; „Sozialistische Friedenspolitik für Europa", 1972; „Strategien der Demokratisierung" (2 Bände), 1973; Herausgabe und Mitautorschaft einer zweibändigen Sammlung von praktischen Modellen und Länderberichten „Menschenwürde im Betrieb" und „Industrielle Demokratie in Westeuropa".

MIX
Papier aus verantwortungsvollen Quellen
Paper from responsible sources
FSC® C105338

If you have any concerns about our products,
you can contact us on
ProductSafety@springernature.com

In case Publisher is established outside the EU,
the EU authorized representative is:
**Springer Nature Customer Service Center GmbH
Europaplatz 3, 69115 Heidelberg, Germany**

Printed by Libri Plureos GmbH
in Hamburg, Germany